第2部分　案例项目

案例项目导读

北塞至畔绥公路为旧路改建项目，是百色市地方路网的重要组成部分。其中，No.1合同段位于广西壮族自治区百色市右江区境内，起点K10+000位于百色市北塞乡附近，终点位于百色市畔绥镇附近，桩号K33+000。

北塞至畔绥公路No.1合同段路线全长23 km，路基宽度为8.5 m，采用水泥混凝土路面。

A公司接到编制招标控制价的任务。招标委托人要求A公司在开标前5天公布招标控制价（最高投标限价）。

北塞至畔绥公路No.1合同段工程在规定的媒体上公布公开招标信息后，共有10家施工单位报名参与项目投标，B公司是其中的一家。在项目招标规定的投标截止日期之前，B公司需要编制投标文件并参与项目投标。

模块 1 公路工程造价基础

案例任务 1 公路工程造价认知

1.1 任务引入

北塞至畔绥公路 No.1 合同段已进入招投标阶段，A 公司负责编制招标控制价（最高投标限价），B 公司需要编制投标报价。造价文件编制涉及的造价基础知识涵盖了工程构造与识图、基建程序、招投标管理、工程造价、合同管理等方面，在开始编制造价文件之前，应熟知上述公路工程造价基础知识。

1.2 任务目标

帮助学习者梳理公路工程造价文件编制需要熟知的基础知识，以及如何应用这些知识编制各种造价文件。

1.3 任务书

阅读和学习公路工程造价的基础知识，了解公路工程建设各阶段造价工作及其依据、方法，明确项目招投标阶段有哪些造价工作，招标人和投标人需要编制哪些造价文件，编制造价文件的依据和方法是什么。

1.4 任务实施

1.4.1 公路基本建设程序

公路基本建设有着细致的分工和广泛的外部协调关系。一个公路项目从计划到竣工交付使用，要经过许多阶段和环节。它们互相衔接，循序渐进，其整个建设过程中的各个阶段和先后次序即为基本建设程序。

根据《公路建设监督管理办法》（交通部令 2006 年第 6 号）第九和第十条，政府投资和企业投资的公路建设项目实施，应按表 2.1.1 所列程序进行。

表 2.1.1 政府投资和企业投资的公路建设项目实施

政府投资公路建设项目	企业投资公路建设项目
根据规划，编制项目建议书	根据规划，编制工程可行性研究报告
	组织投资人招标工作，依法确定投资人
根据批准的项目建议书进行工程可行性研究，编制可行性研究报告	投资人编制项目申请报告，按规定报项目审批部门核准

续表

政府投资公路建设项目	企业投资公路建设项目
根据批准的可行性研究报告,编制初步设计文件	根据核准的项目申请报告,编制初步设计文件,其中涉及公共利益、公众安全、工程建设强制性标准的内容应当按项目隶属关系报交通主管部门审查
根据批准的初步设计文件,编制施工图设计文件	根据批准的初步设计文件,编制施工图设计文件
根据批准的施工图设计文件,组织项目招标	根据批准的施工图设计文件,组织项目招标
根据国家有关规定,进行征地拆迁等施工前准备工作,并向交通主管部门申报施工许可	根据国家有关规定,进行征地拆迁等施工前准备工作,并向交通主管部门申报施工许可
根据批准的项目施工许可,组织项目实施	根据批准的项目施工许可,组织项目实施
项目完工后,编制竣工图表、工程决算和竣工财务决算,办理项目交、竣工验收和财产移交手续	项目完工后,编制竣工图表、工程决算和竣工财务决算,办理项目交、竣工验收
竣工验收合格后,组织项目后评价	竣工验收合格后,组织项目后评价

启发与思考

某跨海大桥桩基施工时,合同中有关桥梁桩基的报价是“机械成孔灌注桩”的单价。某承包公司施工时,其公司领导为经营效益,要求项目经理采用人工挖孔施工。项目部在施工过程中发现采用此方法,一是会给施工工人造成安全隐患,二是由于海水潮涨潮退,也无法正常施工,因此果断采用机械成孔进行桩基成孔作业,避免了因人工挖孔造成的塌孔返工和工人可能出现的人身安全带来的损失。

1.4.2 公路工程施工招标与投标

招标是指在货物、工程和服务的采购行为中,招标人通过事先公布的采购和要求,吸引众多的投标人按照同等条件进行平等竞争,按照规定程序并组织技术、经济和法律等方面专家对众多的投标人进行综合评审,从中择优选定项目中标人的行为过程。其实质是以较低的价格获得最优的货物、工程和服务。

投标是指投标人应招标人的邀请,根据招标公告或投标邀请书规定的条件,在规定的期限内,向招标人递交投标文件的行为。

《中华人民共和国招标投标法》规定,招标方式分为公开招标、邀请招标两种。国际上常采用的招标方式还有第三种——议标。

公开招标,又称为竞争性招标,即由招标人在报刊、电子网络或其他媒体上刊登招标公告,吸引众多企业单位参加投标竞争,招标人从中择优选择中标单位的招标方式。

邀请招标,也称为有限竞争招标,是一种由招标人选择若干供应商或承包商,向其发出投标邀请,由被邀请的供应商、承包商投标竞争,从中选定中标者的招标方式。

议标，也称为非竞争性招标或指定性招标。这种方式是业主邀请一家，最多不超过两家承包商来直接协商谈判。这实际上是一种合同谈判的形式。这种方式适用于工程造价较低、工期紧、专业性强或军事保密工程。其优点是可以节省时间，容易达成协议，迅速展开工作；缺点是无法获得有竞争力的报价。

公路工程施工公开招标程序一般如图 2.1.1 所示。

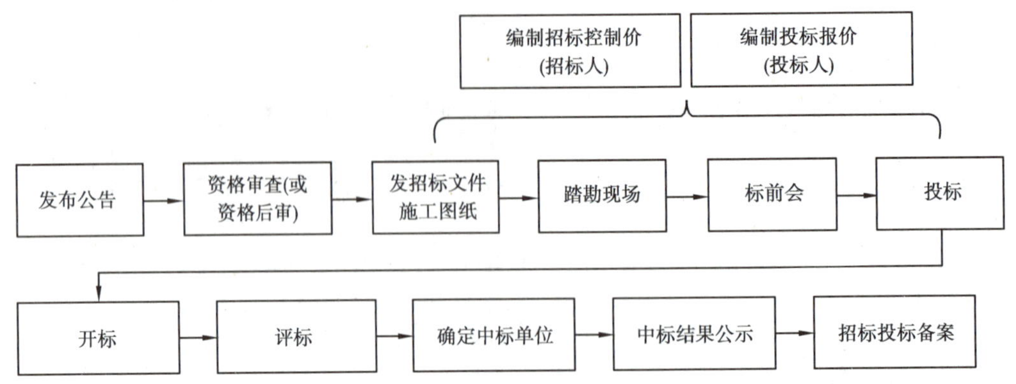

图 2.1.1 公路工程施工公开招标程序

根据《中华人民共和国招标投标法实施条例》(2019 年修订)，招标人设有最高投标限价的(或招标控制价)，应当在招标文件中明确最高投标限价(招标控制价)或最高投标限价(招标控制价)的计算方法，招标人不得规定最低投标限价。

投标人提交两个及以上投标报价的，投标报价低于成本或高于招标文件设定的最高投标限价，投标文件没有对招标文件的实质性要求和条件作出响应的，评标时属于废标。

启发与思考

被称为"新世界七大奇迹之一"的超级工程港珠澳大桥，预估造价 729.4 亿元，这么巨大的投资，如何筹集建设资金？经过多方论证分析，在常用的几种筹集方式即国家出资、贷款、BOT、PPP 中，选择了由内地、香港和澳门三方业主资本金+贷款方式。为什么不采用目前常见的社会资本的 BOT 或 PPP 模式呢？这个项目属于国家边防基础设施，更多要体现国家利益的需要，而不应该进行社会融资和获取经济收益。因此，项目筹资方案由三地政府深入讨论，创新性地形成了最后的方案，即三地政府一致同意按照"效益费用比相同原则"分摊资本金，即香港占比 50.2%、内地占比 35.1%、澳门占比 14.7%，由中国银行牵头的银团提供贷款。如果没有合作、没有创新、没有科学研究的精神，这一超级工程不可能在 8 年建成通车。如今，港珠澳大桥这一国家工程、国之重器，体现了我国综合国力、自主创新能力，体现了勇创世界一流的民族志气。

1.4.3 各阶段造价文件及其编制内容

一个大型的公路建设项目(如特大桥、特大隧道或新建高速公路)的建设程序较完整，建设阶段、编制依据和编制目的不同，则编制审核的造价文件也不同。一般的公路建设项目，根据需要只编制审核其中部分造价文件。各建设阶段及编制审核的造价文件名称如图 2.1.2、表 2.1.2 所示。

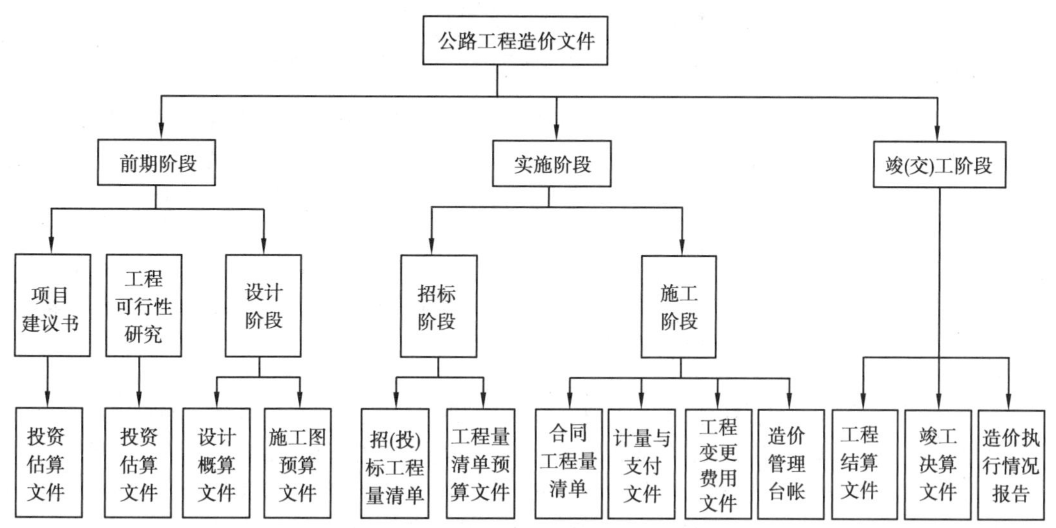

图 2.1.2 公路工程造价文件

表 2.1.2 造价文件编制范围及内容

序号	造价文件	编制范围及内容
1	项目建议书投资估算	在规划与研究阶段，根据基本建设前期工作的深度和要求，根据项目建议书、《公路工程估算指标》(JTG/T 3821—2018)和类似工程的有关资料编制的造价文件，是对拟建工程所需投资的预先测算和确定
2	工程可行性研究报告投资估算	在工程可行性研究阶段，根据可行性研究报告、《公路工程估算指标》(JTG/T 3821—2018)和类似工程的有关资料编制的造价文件，确定近期建设方案和建设项目成本，研究经济上可行性
3	设计概算	在项目初步设计阶段，根据初步设计文件、《公路工程概算定额》(JTG/T 3831—2018)、各类费用定额和编制办法编制的造价文件，计算和确定建设项目从筹建至竣工验收的全部建设费用
4	修正概算	在项目初步设计进行修正时(技术设计阶段)，对初步设计所定的技术方案和施工方案作出完善和补充、修正工程内容，在此基础上编制的造价文件，修正概算与设计概算的作用、编制依据、编制程序和编制方法基本一致
5	施工图预算	在项目施工图设计阶段，根据施工图设计文件、《公路工程预算定额》(JTG/T 3832—2018)、《公路工程建设项目概算预算编制办法》(JTG 3830—2018)和工程所在地人工、材料、机械等预算价格编制的造价文件，是反映工程造价和考核施工图设计经济合理性的经济文件。进行招标的项目，施工图预算是承发包人造价确定、工程招标的标底或造价控制值的编制依据
6	招标控制价与投标报价	由招标单位(或委托招标代理机构)以招标工程量清单、设计概算或施工图预算为基础编制的造价文件为招标控制价，是建设单位对工程项目造价的目标期望值或工程项目最高投标限价(有时还有下限控制价)。以建筑安装工程费为主，一般不应超过概算或预算造价
		由投标单位根据招标工程量清单、招标文件及施工企业自身条件，计算完成招标工程所需各项费用的经济文件为投标报价，是投标文件商务标的重要组成部分，是投标的关键和核心。中标单位的投标报价将成为工程承包价的主要基础，在施工过程中起着制约作用

续表

序号	造价文件	编制范围及内容
7	计量支付文件	在施工阶段,根据合同约定可采用按月结算、分段结算或其他结算方式等,由建设单位(业主)、监理工程师和承包人共同完成,根据承包人的合格工程量按合同进行合理计价并办理支付,包括计量、计价和支付工作,形成的经济文件
8	工程结算	项目竣工后,由建设单位(业主)、监理工程师和承包人共同完成,根据承包人完成的全部合格工程量按合同进行合理计价和支付形成的造价文件,反映建设项目全部建筑安装工程费用
9	竣工决算	项目完工交付使用阶段,由建设单位(业主)根据工程竣工结算及其他有关工程资料,按一定的格式和要求编制的文件。竣工决算全面反映项目从筹建至交付使用全过程的造价,包括各项资金的使用情况和设计概算执行的结果,是公路建设成果和财务情况的总结性文件。竣工决算是一个工程项目的实际造价

1.4.4 公路造价文件的编制依据

1)设计图纸

公路设计图的内容很多,主要有道路工程图、桥涵工程图、隧道工程图、防护工程图、路线交叉设计图、交通工程及沿线设施设计图、环境保护工程图及工程数量表、筑路材料图表、施工组织计划等。

2)《公路工程标准施工招标文件》(2018 年版)

《公路工程标准施工招标文件》(2018 年版)是我国公路行业招投标必须遵循的范本,自 2018 年 3 月 1 日起,依法必须进行招标的公路工程应当使用《公路工程标准施工招标文件》(2018 年版),其他公路项目可参照执行。在具体项目招标过程中,招标人可以根据项目实际情况,编制项目专用文件,与《公路工程标准施工招标文件》(2018 年版)共同使用,但不得违反国家有关规定。

招标文件组成为:

第一章　招标公告/投标邀请书
第二章　投标人须知
第三章　评标办法
第四章　合同条款及格式
第五章　工程量清单
第六章　图纸(另册)
第七章　技术规范(另册)
第八章　工程量清单计量规则(另册)
第九章　投标文件格式

《公路工程标准施工招标文件》(2018 年版)是工程量清单计价的主要依据,其中的第五章工程量清单和第八章工程量清单计量规则,已经成为工程量清单计价的范本。

《公路工程标准施工招标文件》(2018 年版)附录采用电子招标投标条款示例,明确了信息化时代采用电子招标投标方式时招标文件条款调整的具体要求。

3)《公路工程建设项目概算预算编制办法》(JTG 3830—2018)及地方补充规定

《公路工程建设项目概算预算编制办法》(JTG 3830—2018)规定了概预算造价的各项费用确定方法、相关的取费基数及费率。

各省、自治区等根据不同情况,对《公路工程建设项目概算预算编制办法》(JTG 3830—2018)进行相关补充,形成重要的编制办法补充规定文件。

《公路工程建设项目概算预算编制办法》(JTG 3830—2018)广西补充规定主要有:

①广西壮族自治区交通厅文件:"关于印发公路工程建设项目估算概算预算编制办法广西补充规定的通知(桂交建管发〔2019〕39 号)",主要是对广西人工费单价、规费等取用的规定(见附录5)。

②广西壮族自治区交通工程造价管理站文件:"关于发布广西公路工程机械台班车船使用税标准的函(桂交监造价函〔2019〕16 号)",主要是对广西车船使用税取用的规定。

4)公路工程定额

公路工程定额是在正常的生产条件下,合理组织施工、合理使用材料和机械前提下,完成单位合格产品所必需的人工、材料、机械设备及资金消耗的限额标准。同时,定额中还规定了相应的工程内容和要达到的质量标准及安全要求。

定额是经过科学的测定、分析、计算后用数字加以规定的法定尺度,是组织施工的基础,也是计算工料机、资金消耗的依据,还是工程计价的主要依据。定额反映了一定时期的社会生产力水平,既考虑先进合理性,还要考虑正常条件下,大多数人经过努力可达到且少数人可超额的情况,具有相对的稳定性。随着生产技术的提高和生产管理的变化,定额需要及时进行修订及补充。

现行公路定额体系及用途如表 2.1.3 所示。

表 2.1.3 现行公路定额体系及用途

定额名称	用途
估算指标	项目建议书投资估算、工程可行性研究报告投资估算
概算定额	初步设计概算、技术设计概算
预算定额	施工图设计预算、招标控制价
施工定额(企业定额)	成本核算、投标报价

5)计价有关文件

计价有关文件指国家及有关部门颁布的与计价相关的文件,例如:财政部、税务总局、海关总署公告 2019 年第 39 号"关于深化增值税改革有关政策的公告",交通运输部公告 2019 年第 26 号"关于调整《公路工程建设项目投资估算编制办法》(JTG 3820—2018)和《公路工程建设项目估算概算预算编制办法》(JTG 3830—2018)中'税金'有关规定的公告",交通运输部路网监测与应急处置中心"关于 2018 新编办新定额是否适用于农村公路建设项目的复函",交通运输部路网监测与应急处置中心交路网函〔2019〕266 号"关于请提供(2018 版)定额使用意见的函"。

6)公路造价管理软件

目前,行业内使用的公路造价管理软件主要有同望 WECOST 公路工程造价管理软件(简称同望公路造价软件)、纵横公路工程造价管理软件(简称纵横公路造价软件)、中交京纬公路工程造价软件 XJTW、海巍公路造价软件、海德纵横公路工程造价系统 HEAD SmartCost 等。

以同望 WECOST 公路工程造价管理软件为例,软件中的计价依据包括的主要文件如表 2.1.4 所示。

表 2.1.4　同望公路造价软件计价依据

工程阶段	计价依据简称	计价依据的文件
项目建议书	【部 2018 建】	《公路工程建设项目投资估算编制办法》(JTG 3820—2018)、《公路工程估算指标》(JTG/T 3821—2018)、《公路工程预算定额》(JTG/T 3832—2018)、《公路工程机械台班费用定额》(JTG/T 3833—2018)
工程可行性研究	【部 2018 可】	
初步设计、修正设计	【部 2018 概】	《公路工程建设项目概算预算编制办法》(JTG 3830—2018)、《公路工程概算定额》(JTG/T 3831—2018)、《公路工程预算定额》(JTG/T 3832—2018)、《公路工程机械台班费用定额》(JTG/T 3833—2018)
施工图设计	【部 2018 预】	《公路工程建设项目概算预算编制办法》(JTG 3830—2018)、《公路工程预算定额》(JTG/T 3832—2018)、《公路工程机械台班费用定额》(JTG/T 3833—2018)
招标	【部 2018 清】	《公路工程标准施工招标文件》(2018 年版)、《公路工程建设项目概算预算编制办法》(JTG 3830—2018)、《公路工程预算定额》(JTG/T 3832—2018)、《公路工程机械台班费用定额》(JTG/T 3833—2018)

案例任务 2　公路工程造价软件操作

2.1　任务引入

北塞至畔绥公路 No.1 合同段进入土建施工招标阶段,距离开标时间还有 21 天。开标前 5 天,招标人应公布招标控制价,而投标截止时间前投标人应完成投标报价。在有限的时间内,要快速准确地完成招标控制价或投标报价文件编制,必须应用公路工程相关造价管理软件才能完成任务。

2.2　任务目标

本案例主要帮助学习者使用公路工程造价管理软件,通过操作示例说明软件的操作方法以及应用软件编制造价文件的步骤。

2.3　任务书

应用公路工程造价管理软件完成北塞至畔绥公路 No.1 合同段工程量清单计价文件编制流程,包括新建项目、列清单项并填写相应工程量、套用定额并填写相应工程量、工料机分析及汇总、取费、计算、报表预览、导出导入文件等操作。

启发与思考

1997 年,同望科技股份有限公司成立并发布公路工程造价软件,成为当时唯一一家能为公路工程建设提供电算化造价软件的民营企业。2002 和 2003 年,昆明海巍科技有限公司、珠海纵横创新软件有限公司相继成立,形成公路工程造价管理应用市场的三足鼎立局面。在两家新秀公司的竞争下,促进同望科技股份有限公司不断改进软件的用户体验,如今发展成为上市公司,而其他两家公司面对强大的同望科技股份有限公司,采取创新发展理念,积极寻找突破,从而成为各自立足和站稳市场的利器。海巍公路造价软件创新研究的一个建设项目下多个项目同分项组价批量应用、施工图预算分项转换生成工程量清单分项等成为其优势。纵横公路造价管理软件以其免费网络版、定制广东公路造价编审专用软件和材料调差软件、养护管理软件等弥补用户需求成为其优势。

竞争带来发展,创新方能立足。

2.4 任务实施

2.4.1 同望公路造价软件操作方法

1)安装与运行(表2.1.5)

表2.1.5 同望公路造价软件安装步骤

序号	操作说明	操作界面截图
1	左键双击或右键打开安装包,安装软件	同望WECOST公路造价软件10.1.0
2	进入安装界面,点击【下一步】	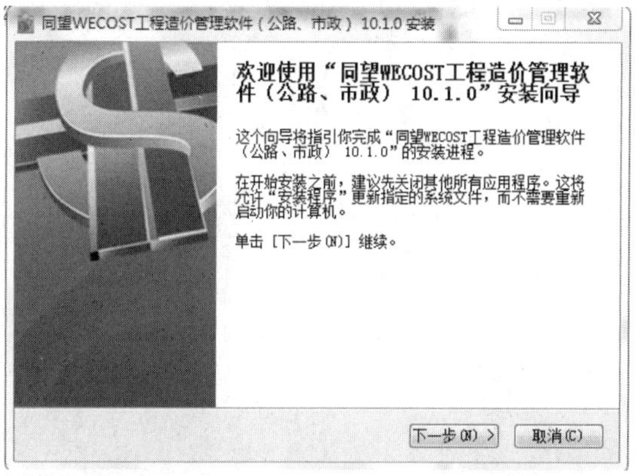
3	选择接受许可证协议条款,点击【下一步】	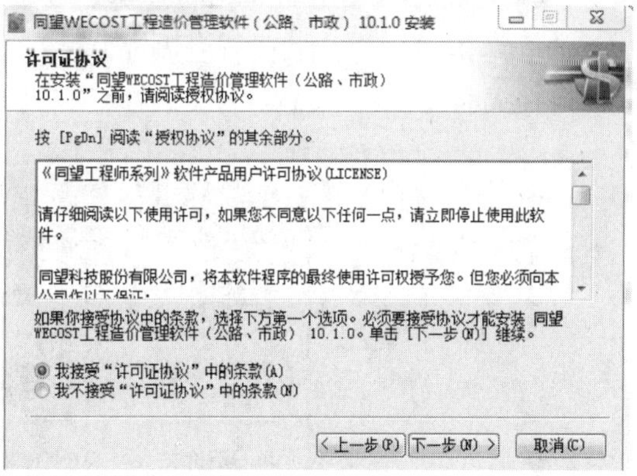

续表

序号	操作说明	操作界面截图
4	默认安装路径,点击【下一步】或点击【浏览】,改变安装路径,点击【下一步】,进入安装过程	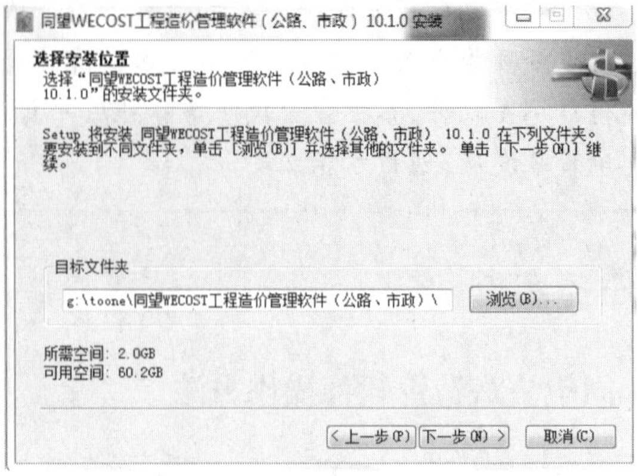
5	安装成功,点击【完成】	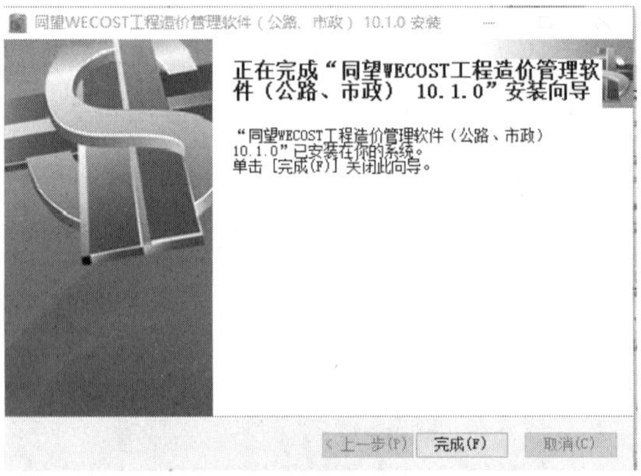
6	生成桌面图标	

2)造价文件编制流程(图 2.1.3)

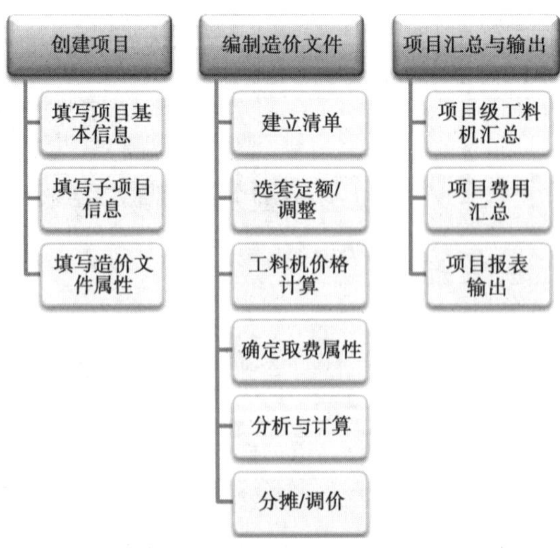

图 2.1.3　造价文件编制流程

3)创建项目及造价文件(表 2.1.6)

表 2.1.6 同望公路造价软件创建项目及造价文件操作步骤

序号	操作说明	操作界面截图
1	左键双击或右键打开软件,运行程序,进入软件登录界面,选择【锁登录】(正式版,需插入锁)或【账号登录】(学习版,需输入天工会员账号及密码)	
2	点击【项目管理】下拉菜单或右键【新建项目】	
3	填写新建项目属性,正确选择工程阶段	
4	左键单击,选择已建项目,点击【项目管理】下拉菜单或右键【新建子项目】或【造价文件】	

续表

序号	操作说明	操作界面截图
5	输入文件名称、起止桩号、所在地、建设性质、工程阶段，选择计价依据，确定新建造价文件。计价依据：做施工图预算，应选择【部2018预】计价依据；做清单招投标，应选择【部2018清】计价依据	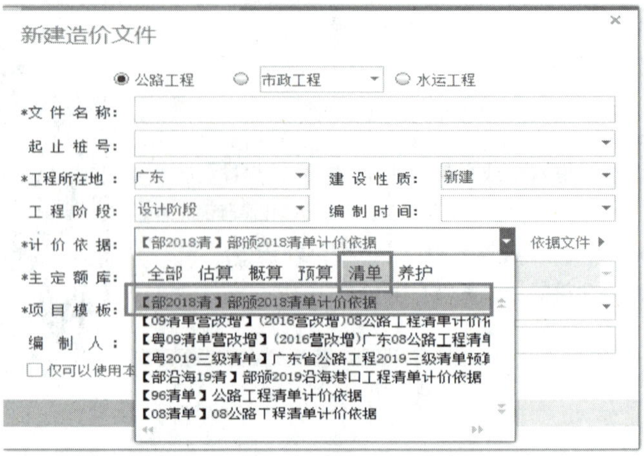
6	完成新建造价文件，左键双击造价文件或右键打开已建造价文件，进入造价文件编制界面	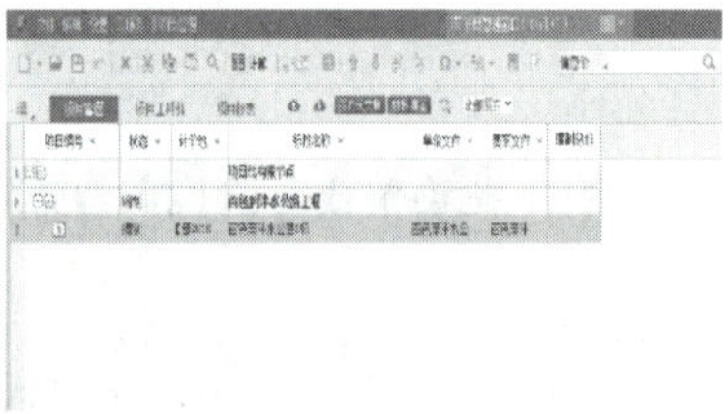 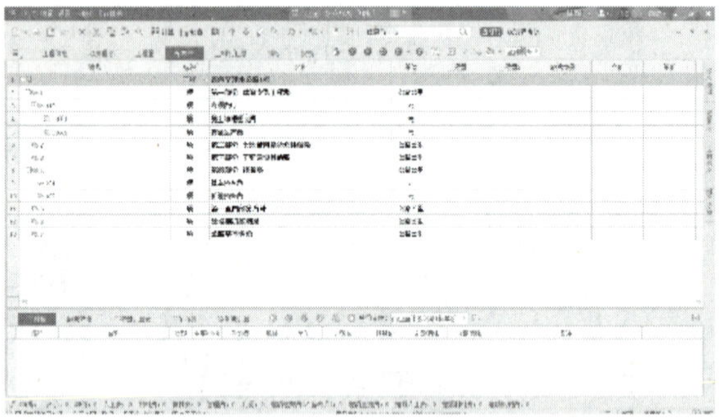

4）编制造价文件（表2.1.7）

表2.1.7　同望公路造价软件造价文件编制步骤

序号	操作说明	操作界面截图
【设置】界面：设置精度、自动计算、填写工程量和自动保存文件时间等参数		
1	点击【设置】菜单，左键单击【自动计算】，点击【选项】下拉菜单，填写自动保存时间和是否自动填写工程量等	

续表

序号	操作说明	操作界面截图
【预算书】界面:列工程量清单、套用定额、调整定额,计算、填写工程量		
2	点击【预算书】进入清单或预算编制界面	
3	预算书界面,点击【标准模板】,清单子目直接双击添加或打勾,点击【添加选中】	
4	右键或【预算书】下拉菜单→导入→导入 Execl 数据→切换工程量清单模式→选择→导入数据→确定,导入固化清单(有格式要求)	

续表

序号	操作说明	操作界面截图
5	投标时,可【清单锁定】,再进行下一步	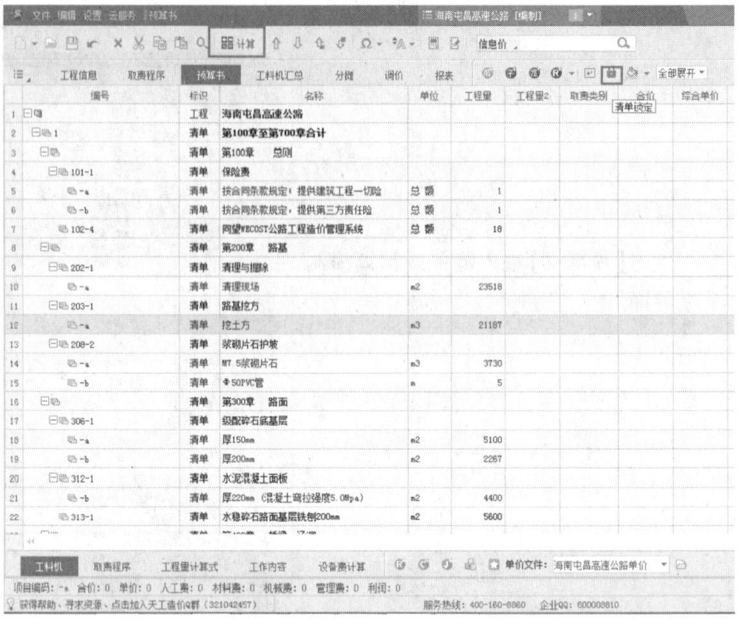
6	选中第 200 ~ 第 700 章的清单子目,点击【定额库】,选择定额,进行组价	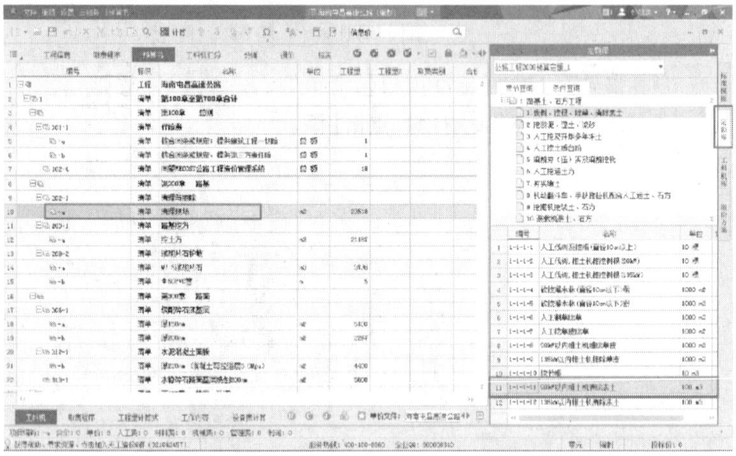
7	若对某些清单套定额组价不太熟悉,可以参考【组价方案】功能	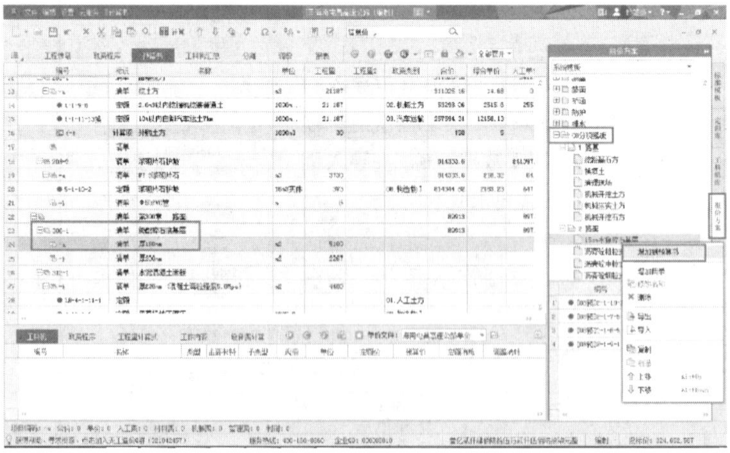

续表

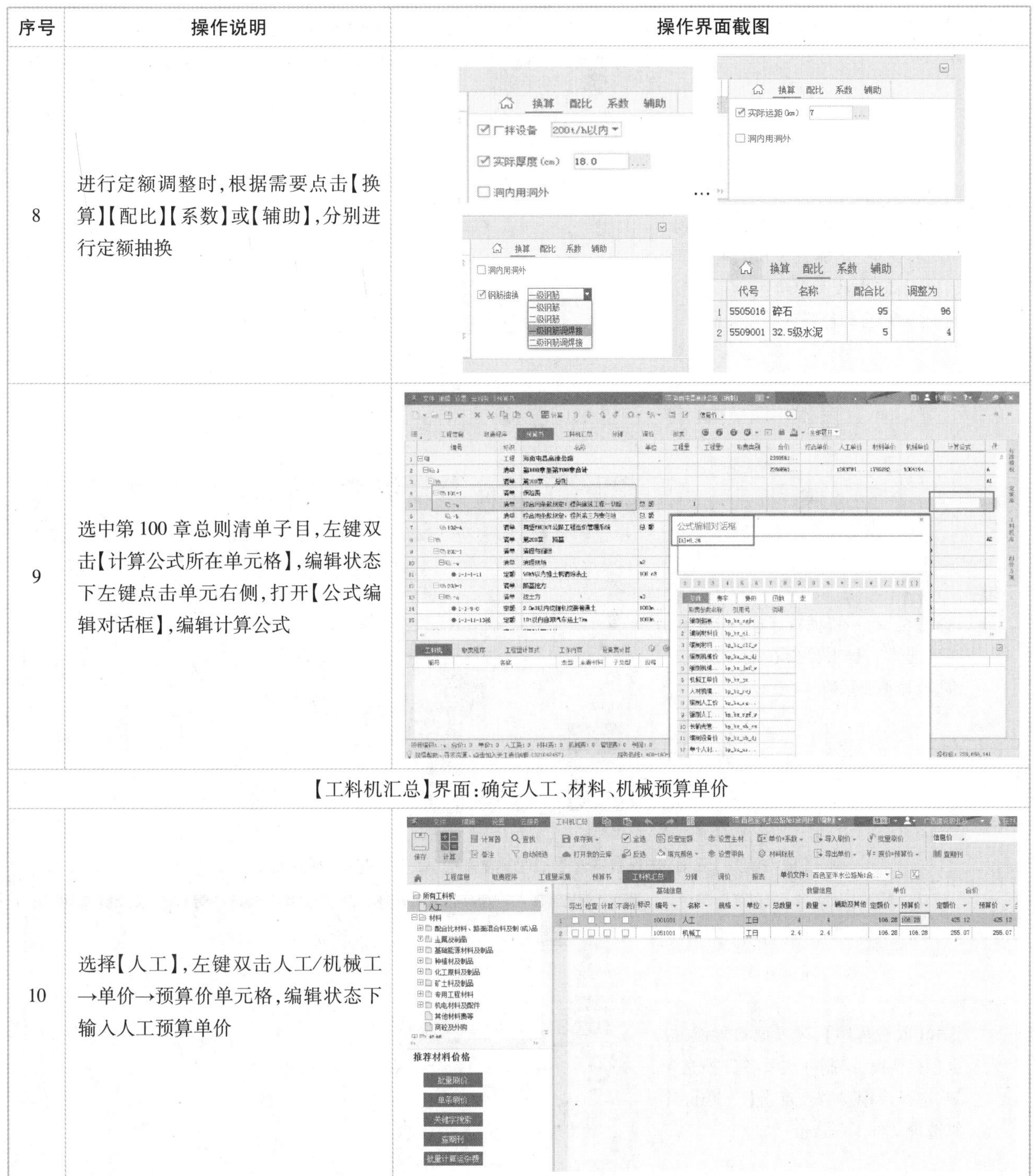

序号	操作说明	操作界面截图
8	进行定额调整时,根据需要点击【换算】【配比】【系数】或【辅助】,分别进行定额抽换	
9	选中第100章总则清单子目,左键双击【计算公式所在单元格】,编辑状态下左键点击单元右侧,打开【公式编辑对话框】,编辑计算公式	
【工料机汇总】界面:确定人工、材料、机械预算单价		
10	选择【人工】,左键双击人工/机械工→单价→预算价单元格,编辑状态下输入人工预算单价	

续表

序号	操作说明	操作界面截图
11	选择【材料】,在材料行勾选【计算】,预算价窗口左键单击【原价运杂费】,填写起讫地、运输方式、原价、运距、运价、装卸次数及单价等,右键保存起讫地点,自动计算材料预算价	
12	选择【机械】→机械费计算→车船税,正确选择工程项目所在地车船税标准,填写不变系数	
【取费程序】界面:选择费率参数,确定措施费、企业管理费、利润及税金		
13	选择【取费程序】,进入取费界面,根据项目情况、编制办法及各省补充规定,选择费率参数。点击【计算】,计算造价文件工程造价	
【报表】界面:浏览及打印报表		

续表

序号	操作说明	操作界面截图
14	选择【报表】,进入报表浏览窗口,可以进行浏览、自定义及打印报表等各项报表设置	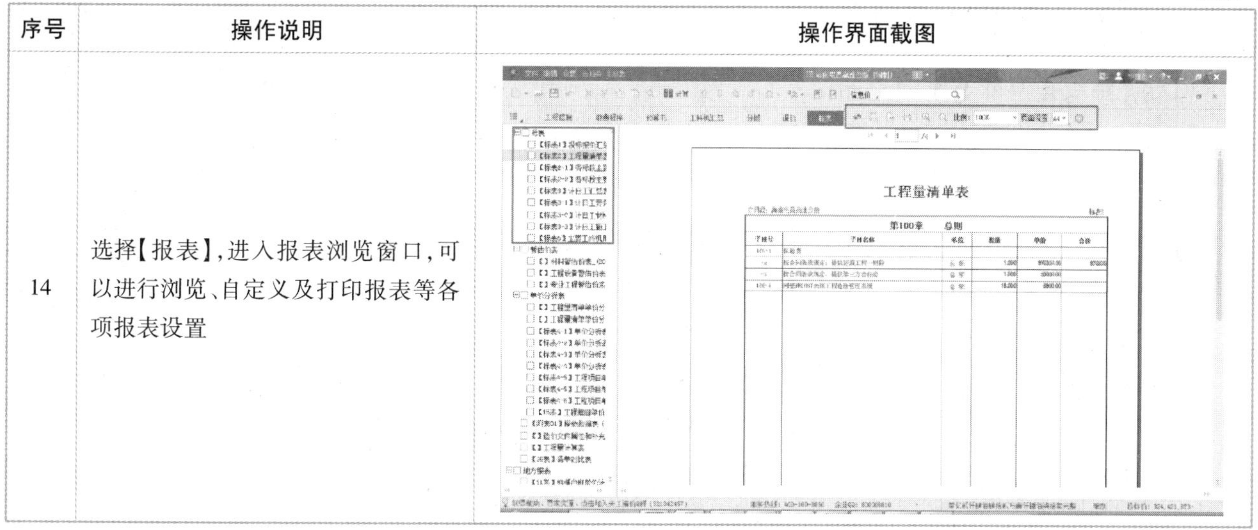

5)汇总与数据交互(表2.1.8)

表2.1.8 同望公路造价软件造价汇总及造价文件导出步骤

【项目管理】界面		
1	关闭造价文件,返回项目管理界面,选择【文件】→项目,左键单击【计算】,汇总标段造价,形成项目总价	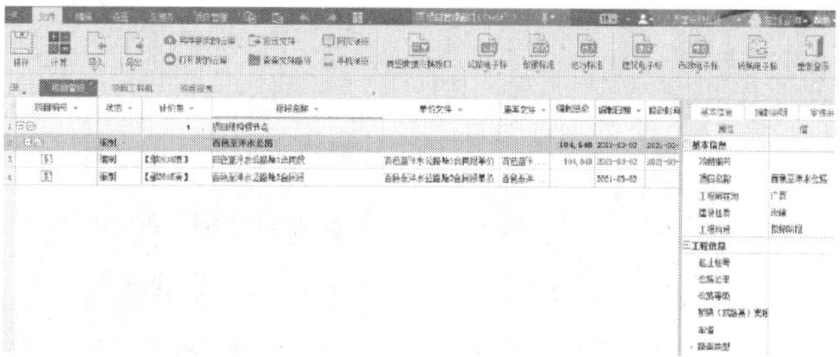
2	选择【文件】下拉菜单或右键,导出WECOST文件。选择建设项目时,导出.ecpt格式;择造价文件时,导出.ecbt格式	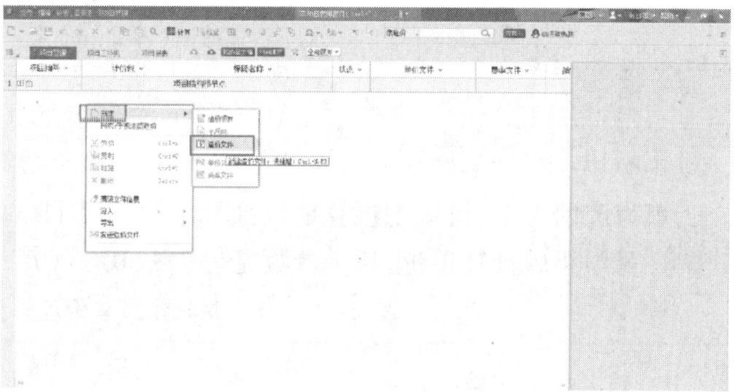
3	选择【文件】下拉菜单或右键,导入WECOST文件。导入建设项目时,选择.ecpt格式;导入造价文件时,选择.ecbt格式	

2.4.2 同望公路造价软件操作示例

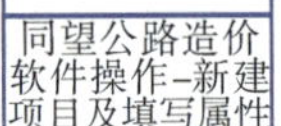
同望公路造价软件操作–新建项目及填写属性

同望公路造价软件操作–编制清单及套用定额

1)新建项目和造价文件

根据北塞至畔绥公路 No.1 合同段项目概况,完成新建项目和造价文件任务。

2)设置界面操作

将自动保存文件时间设为 10 min,不自动填写工程量,自动计算造价,工程量、消耗量、费用费率项显示 3 位小数。

同望公路工程计价软件操作–定额选择

3)预算书界面操作

按表 2.1.9 所示内容,在软件上列出工程量清单子目,并选择定额,填入工程量。

表 2.1.9 预算书界面操作基础数据

清单子目号	定额编号	子目或定额名称	单位	填入数量
102-1		竣工文件	总额	1
202		场地清理		
202-1-a		清理现场	m^2	316780
	1-1-1-12	135 kW 以内推土机清除表土	100 m^3	95034
	1-1-10-2	2 m^3 以内装载机装土	1000 m^3 天然密实方	95034
	1-1-11-7	12 t 以内自卸汽车运土 1 km	1000 m^3 天然密实方	95034
	1-1-11-8	12 t 以内自卸汽车运土每增运 0.5 km(平均运距 15 km 以内)	1000 m^3 天然密实方	24724
207-1-a		浆砌片石边沟	m^3	264
	1-1-3-1	浆砌片石边沟、排水沟	10 m^3	264
	1-3-1-1	人工挖沟槽土方	100 m^3	128
	4-11-6-17	水泥砂浆抹面(厚 2 cm)	100 m^2	422

同望公路造价软件操作–工料机汇总及取费

4)工料机汇总界面操作

①填写广西人工、机械工预算单价:101.25 元/工日。

②计算中粗砂预算单价,相关参数见表 2.1.10。

表 2.1.10 材料预算单价计算参数表

原价(元/t)	起讫地点	运输方式	运距(km)	运价(元/t·km)	装卸次数	装卸单价(元/t)	其他费用	预算单价(元/t)
65	料场—工地	汽车	26.5	0.40	1	1.5	0	86.98

③计算 8001047 斗容量 2 m^3 装载机台班单价,相关参数见表 2.1.11。

表 2.1.11 机械台班预算单价计算参数表

机械工预算单价(元/工日)	柴油预算单价(元/kg)	车船使用税标准	养路费	不变系数	机械台班预算价(元/台班)
101.25	6.08	桂交监造价函〔2019〕16 号	0	1.0	855.24

5)取费程序界面操作

根据表2.1.12信息填写取费费率参数。

表2.1.12 取费费率参数表

费率名称	取费费率参数信息
费率标准	桂交建管发〔2019〕39号
雨季施工	百色市属于Ⅱ区,5个月
冬季、夜间、高原、风沙、沿海施工、职工取暖	不计
行车干扰	施工期间平均每昼夜双向行车次数为101~500次
施工辅助、基本费用、职工探亲、财务费用、辅助生产、利润	计
工地转移(km)	50
综合里程(km)	3
税金(%)	9
基价系数	1.0

在表2.1.13中填写综合费率。

表2.1.13 综合费率表

工程类别	费率				
03运输	措施费Ⅰ(%)	措施费Ⅱ(%)	企业管理费(%)	规费(%)	利润(%)
	1.116	0.154	1.888	33.5	7.42

6)项目文件备份

同望公路造价软件操作–项目文件备份及交互共享

经过以上第1~5步的操作可得到北塞至畔绥公路No.1合同段的部分造价编制成果,将编制成果分别导出为项目文件(.ecpt格式文件)和造价文件(.ecbt格式文件)。

7)项目文件交互共享

将导出的北塞至畔绥公路No.1合同段造价文件导入软件,得到新的造价文件,将其名称改为:北塞至畔绥公路No.2合同段。

2.4.3 纵横公路造价软件操作方法

1)安装与运行(表2.1.14)

表2.1.14 纵横公路造价软件安装步骤

序号	操作说明	操作界面截图
1	左键双击或右键打开安装包,安装工作平台	纵横Z+造价工作平台_setup_0.1.23

续表

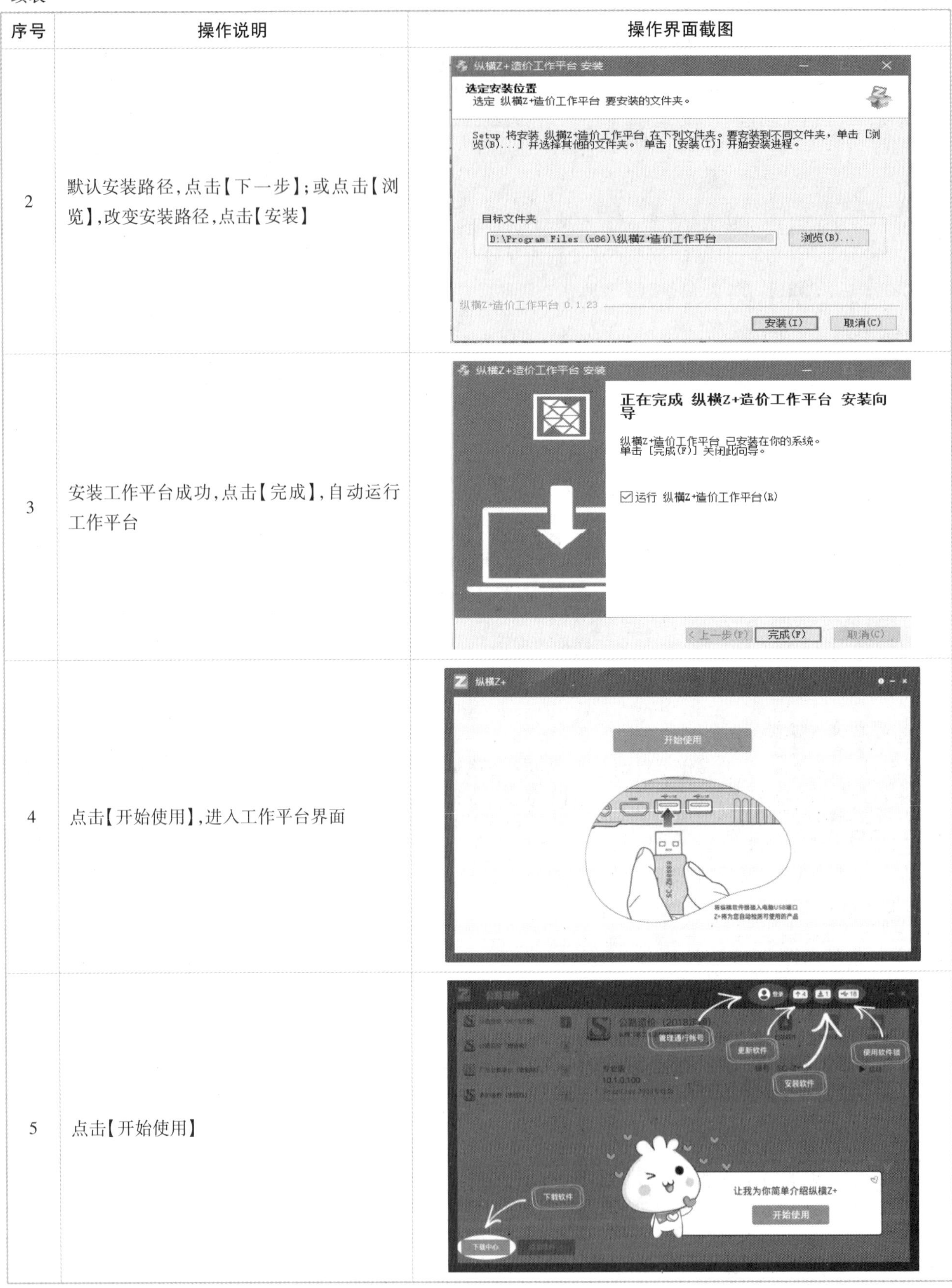

序号	操作说明	操作界面截图
2	默认安装路径，点击【下一步】；或点击【浏览】，改变安装路径，点击【安装】	
3	安装工作平台成功，点击【完成】，自动运行工作平台	
4	点击【开始使用】，进入工作平台界面	
5	点击【开始使用】	

续表

序号	操作说明	操作界面截图
6	进入软件下载和使用界面,点击左下角【下载中心】	
7	进入软件下载界面,选择【公路造价(2018定额)】,点击右侧【详情】	
8	进入软件下载界面,选择所需版本(这里选择【学习版】),点击【下载】	
9	点击右上角【待安装】,进入软件安装界面	

续表

序号	操作说明	操作界面截图
10	点击【点击安装软件】进行软件安装	
11	进入安装界面,点击【下一步】	
12	默认安装路径,点击【下一步】;或点击【浏览】,改变安装路径,点击【下一步】	
13	默认选择程序文件,点击【下一步】;或点击【浏览】,改变程序文件,点击【下一步】	

续表

序号	操作说明	操作界面截图
14	点击【安装】,进入安装过程	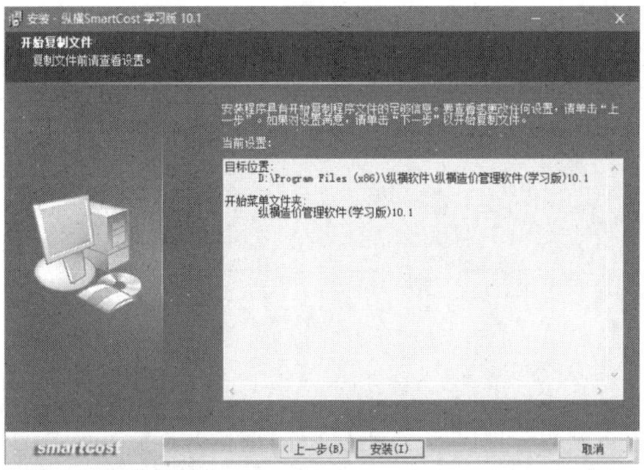
15	点击【完成】,软件安装成功	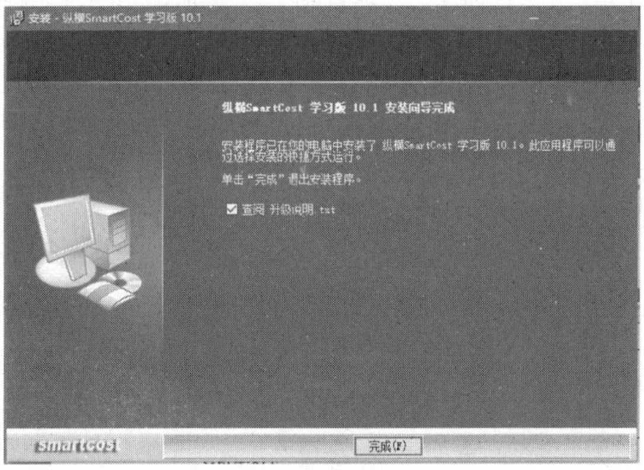
16	桌面生成快捷键图标	

纵横公路造价软件操作-编制清单

2)编制造价文件流程

纵横公路造价软件与同望公路造价软件编制流程相同。

3)创建项目及造价文件(表 2.1.15)

表 2.1.15　纵横公路造价软件创建项目及造价文件步骤

序号	操作说明	操作界面截图
1	左键双击或右键打开工作平台,点击对应版本的【启动】按钮,启动软件	

续表

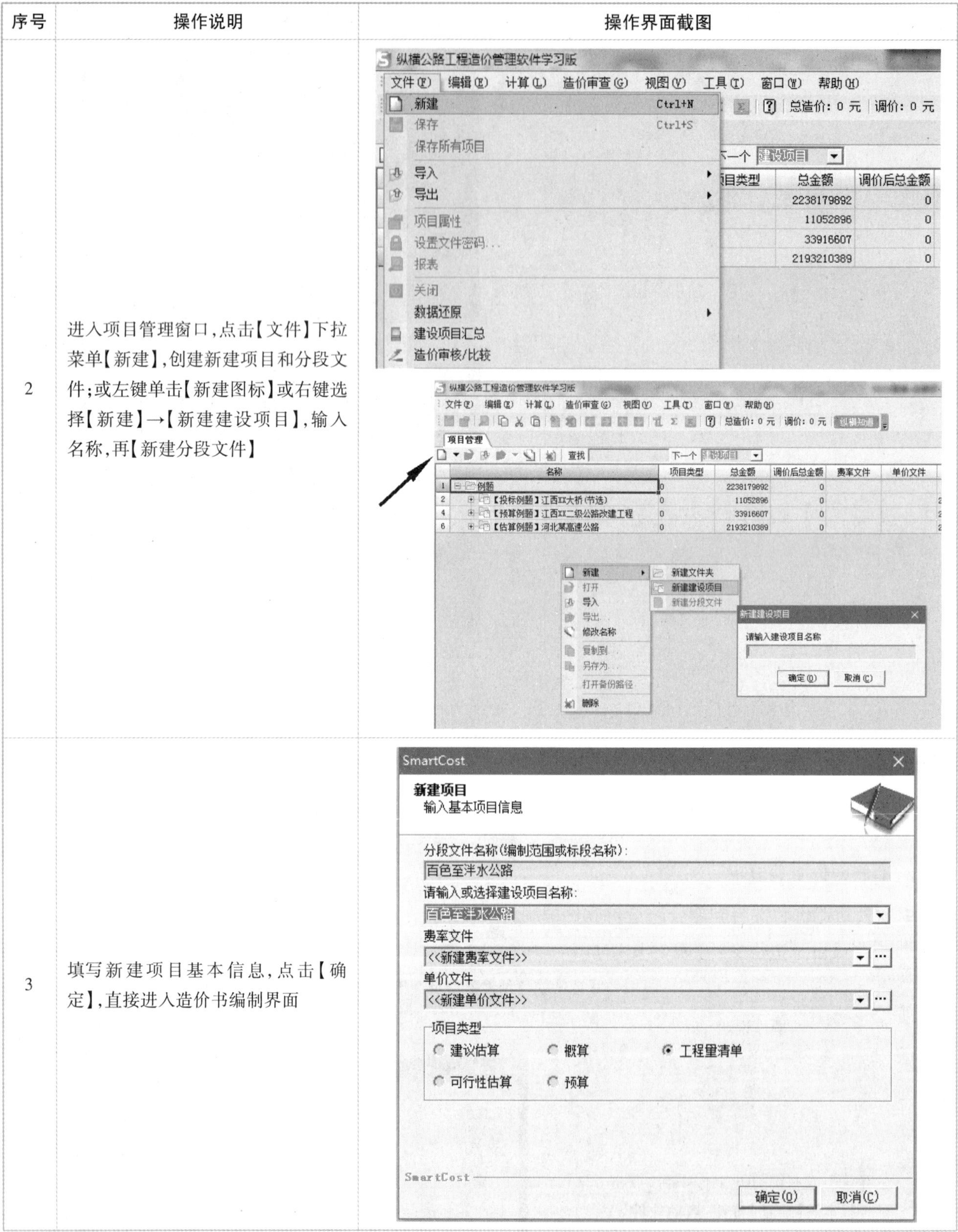

序号	操作说明	操作界面截图
2	进入项目管理窗口，点击【文件】下拉菜单【新建】，创建新建项目和分段文件；或左键单击【新建图标】或右键选择【新建】→【新建建设项目】，输入名称，再【新建分段文件】	
3	填写新建项目基本信息，点击【确定】，直接进入造价书编制界面	

续表

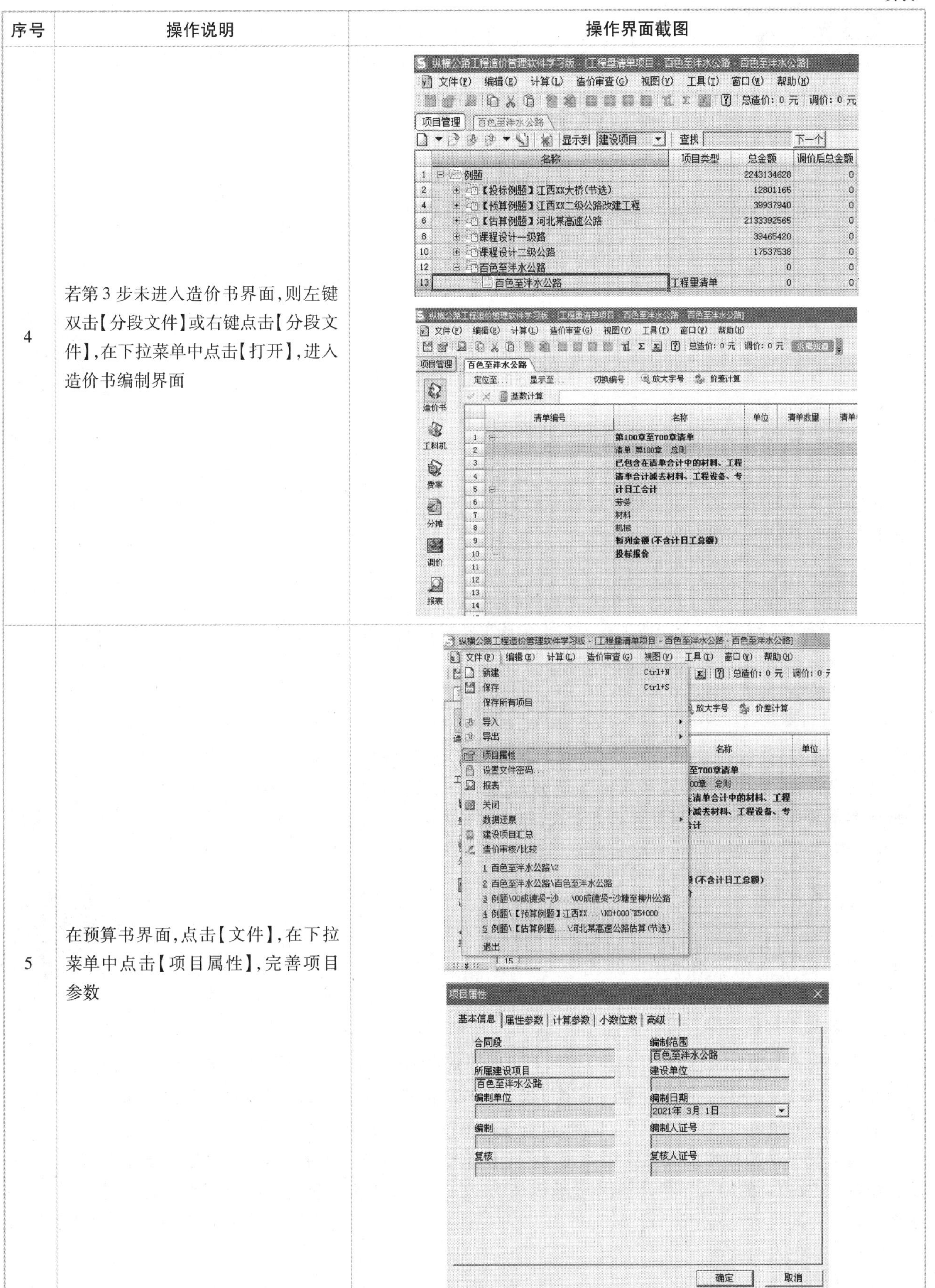

序号	操作说明	操作界面截图
4	若第3步未进入造价书界面，则左键双击【分段文件】或右键点击【分段文件】，在下拉菜单中点击【打开】，进入造价书编制界面	
5	在预算书界面，点击【文件】，在下拉菜单中点击【项目属性】，完善项目参数	

模块2 公路工程土建施工招标与招标控制价

案例任务3 编制公路工程招标工程量清单

3.1 任务引入

工程量清单及招标控制价导读

北塞至畔绥公路 No.1 合同段已进入招投标阶段。距离开标时间还有 21 天。A 公司接到编制招标控制价(最高投标限价)的任务。

3.2 任务目标

本案例将帮助学习者了解工程量清单的相关知识,学会编制招标工程量清单的方法、步骤,以及一个项目的招标工程量清单固化方法。

3.3 任务书

北塞至畔绥公路 No.1 合同段工程项目土建施工招标已进入招投标阶段,A 公司受招标人委托编制工程量清单和招标控制价,投标人编制投标文件。

A 公司的第一步工作任务是编制招标工程量清单。

启发与思考

G 公司接到编制某高速公路项目 No.2 合同段招标控制价的任务,该合同段路线全长 50 km,路段结构物多,构造复杂。招标委托人要求 G 公司在 3 天内完成招标控制价编制,该任务时间紧、任务重、精度要求高。如果你是此项任务的负责人,你打算如何安排工作?

3.4 任务实施

工程量清单基础

3.4.1 工程量清单基础知识

1)什么是工程量清单

工程量清单是招标人(或设计单位)按照一定的原则将招标(设计)工程进行合理分解,以明确工程的内容和范围,并将这内容数量化的一套工程项目表。工程量清单一般由招标人提供,在招投标阶段,利用工程量清单编制投标报价或招标控制价。目前,也有设计单位在施工图设计中提供工程量清单。

工程量清单是招标文件的重要组成部分,其用途之一是为投标人报价所用,投标人根据合同条款、图纸、技术规范及拟订的施工方案,根据本企业以往的经验或通过单价分析对工程量清单的各项进行报价;用途之二是在合同执行过程中进行计量支付和工程结算时,可按已实施的工程数量、工程量清单中的单价来计算支付给承包人的款项。

2)工程量清单组成(图2.2.1)

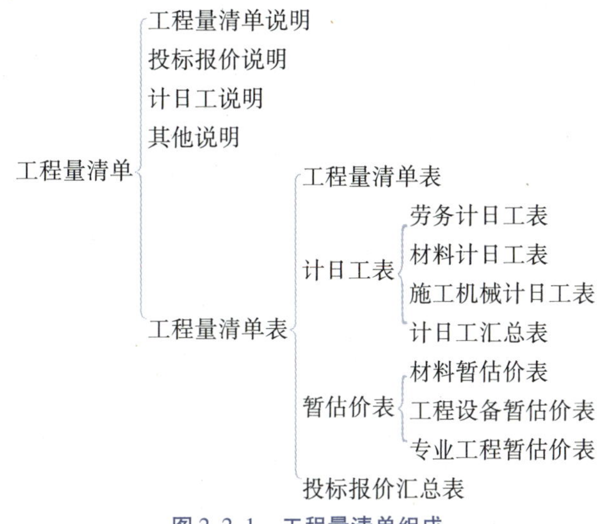

图2.2.1 工程量清单组成

3)工程量清单表的两种形式

工程量清单表由第100章至第700章组成,各章的工程量清单表包括子目号、子目名称、单位、数量、单价及合价栏。

根据招投标的工作进度,可分为未标价的工程量清单和已标价的工程量清单两种形式(表2.2.1、表2.2.2)。

表2.2.1 未标价的工程量清单

工程量清单						
工程名称:××公路工程						
合同段编号:No.2(K0+000~K26+000)			货币单位:人民币元			
投标单位:						
清单 第200章 路基						
子目号	子目名称	单位	数量	单价	合价	备注
202-1	清理与掘除					
-a	清理现场	m^2	186640.0			
-b	砍伐树木	棵	10271.0			
203-1	路基挖方					
★-a	挖土方(含5 km以内运费)	m^3	779222.0			
★-b	挖石方(含5 km以内运费)	m^3	683314.0			
-c	挖除非适用材料(含淤泥)	m^3	20396.0			
204-1	路基填筑(包括填前压实)					
★-b	利用土方	m^3	346214.0			
★-c	利用石方	m^3	461715.0			

续表

子目号	子目名称	单位	数量	单价	合价	备注
207-1	边沟					
-a	M7.5 浆砌片石	m^3	2600.0			
-c	现浇混凝土	m^3	4415.8			
207-2	M7.5 浆砌片石排水沟					
-a	现浇混凝土	m^3	389.0			
-b	0. 63 m^3/m 排水沟(二式)	m	12708.2			
207-4	M7.5 浆砌片石急流槽	m^3	382.5			
207-5	渗沟					
-a	300 mm×500 mm 渗沟	m	260.0			
208-1	植物护坡					
-a	种草	m^2	143137.0			
208-3	M7.5 浆砌片石护坡					
-c	M7.5 浆砌片石护坡	m^3	1101.2			
209-1	砌体挡土墙					
-a	M7. 5 浆砌片石	m^3	11761.4			
209-3	混凝土挡土墙					
-a	C15 片石混凝土	m^3	8860.9			
清单　第 200 章合计　人民币　　　元						

表 2.2.2　已标价的工程量清单

工程量清单						
工程名称:××公路工程						
合同段编号: No. 2（K0+000 ~ K26+000）				货币单位:人民币元		
投标单位:						
清单　第 200 章　路基						
子目号	子目名称	单位	数量	单价	合价	备注
202-1	清理与掘除					
-a	清理现场	m^2	186640.0	3.41	636442	
-b	砍伐树木	棵	10271.0	34.40	353322	
203-1	路基挖方					
★-a	挖土方(含 5 km 以内运费)	m^3	779222.0	9.51	7410401	
★-b	挖石方(含 5 km 以内运费)	m^3	683314.0	28.90	19747775	
-c	挖除非适用材料(含淤泥)	m^3	20396.0	15.46	315322	
204-1	路基填筑(包括填前压实)					
★-b	利用土方	m^3	346214.0	7.00	2423498	

续表

子目号	子目名称	单位	数量	单价	合价	备注
★-c	利用石方	m^3	461715.0	11.36	5245082	
207-1	边沟					
-a	M7.5 浆砌片石	m^3	2600.0	618.50	1608100	
-c	现浇混凝土	m^3	4415.8	210.98	931645	
207-2	M7.5 浆砌片石排水沟					
-a	现浇混凝土	m^3	389.0	293.37	114121	
-b	0.63 m^3/m 排水沟(二式)	m	12708.2	190.65	2422818	
207-4	M7.5 浆砌片石急流槽	m^3	382.5	293.91	112421	
207-5	渗沟					
-a	300 mm×500 mm 渗沟	m	260.0	107.46	27940	
208-1	植物护坡					
-a	种草	m^2	143137.0	7.36	1053488	
208-3	M7.5 浆砌片石护坡					
-c	M7.5 浆砌片石护坡	m^3	1101.2	281.72	310230	
209-1	砌体挡土墙					
-a	M7.5 浆砌片石	m^3	11761.4	339.69	3995230	
209-3	混凝土挡土墙					
-a	C15 片石混凝土	m^3	8860.9	471.89	4181370	
清单　第 200 章合计　人民币 56366529 元						

4)编制工程量清单的原则

①与技术规范保持一致。

②便于计量支付。

③便于合同管理及处理工程变更。

④保持合同的公平性。

5)编制工程量清单的一般步骤

①准备《公路工程标准施工招标文件》(2018 年版)。

②熟悉设计图纸,核实图纸工程量。

③按照《公路工程标准施工招标文件》(2018 年版)第五章工程量清单格式,结合第八章工程量计量规则要求,分章节逐项列出合同段工程清单子目、单位及工程量。

④全部章节工程量清单编制完成后,编制工程量清单相关说明、计日工表、暂估价表、投标报价汇总表等。

某公路工程项目招标工程量清单样例见附录 1。

3.4.2　编制第 200 章路基土石方工程工程量清单

1)步骤 1:认识路基土石方工程工程量清单

《公路工程标准施工招标文件》(2018 年版)第五章工程量清单(节选)见附录 3。

通过查阅并分析附录3的第200章路基土石方工程工程量清单表可知,工程量清单表由子目号、子目名称、单位、数量、单价及合价栏等6列组成,其中,第1、3列的子目号、单位为固定项,一般不变;第2列子目名称可以补充描述;第5、6列用于填报清单子目价格。

若招标项目中的内容在工程量清单中找不到适宜的子目对应,则可以增加清单项,但相应招标文件技术规范专用条款也需要对应增加条款。

《公路工程标准施工招标文件》(2018年版)第200章路基土石方工程量清单子目是按施工顺序罗列,其中路基挖方与路基填方分别列出子目,路基挖方按所挖的材料类别划分为土质、石质及特殊土质子目,土质、石质及特殊土质子目下不按土质、石质类别细分,路基填方则按填料来源、填料种类及回填位置划分子目。

2)步骤2:梳理设计图纸中的路基土石方工程

路基土石方工程内容一般包括场地清理,路基的挖方、填方和特殊路基处理。查阅本项目图纸,从所列图表中可知,路基土石方工程主要内容有填前压实、清表、挖台阶、软基换填、路基土石方、整修路基。

表2.2.3 图纸目录(路基土石方部分)

序号	图纸名称	图号	页码
	道路工程		
1	第一篇 总体设计说明书	S1-1	1
2	第三篇 路基、路面说明	S3-1	2~4
3	耕地填前夯(压)实数量表	S3-2-8	5
4	清除表土工程数量表	S3-2-9-2	6~7
5	挖台阶工程数量表	S3-2-16-1	8~9
6	特殊路基设计工程数量表	S3-2-19-1	10
7	路基每公里土石方数量表	S3-2-25	11~12
8	整修路基工程数量表	S3-2-26	13

从道路勘测设计中可知,路基土石方应满足以下平衡:

挖方=利用方+弃方

填方=利用方+借方

对北塞至畔绥公路No.1合同段的数量进行梳理,如表2.2.4所示。

表2.2.4 土石方工程数量

<table>
<tr><th>工程数量梳理情况</th><th>图纸数量表摘录</th></tr>
<tr><td>北塞至畔绥公路No.1合同段:
挖土方包括挖普通土和挖硬土,挖石方包括挖软石和挖次坚石;
本项目挖普通土111051 m³,挖硬土528091 m³,挖软石451202 m³,挖次坚石162162 m³;
复核总挖方量=111 051+52 8091+451 202+162162=1252506 m³(天然密实方)</td><td>
<table>
<tr><td rowspan="3">序号</td><td rowspan="3">起讫桩号</td><td rowspan="3">长度(m)</td><td colspan="6">挖方(m³)</td></tr>
<tr><td rowspan="2">总数量</td><td colspan="2">土方</td><td colspan="3">石方</td></tr>
<tr><td>普通土</td><td>硬土</td><td>软石</td><td>次坚石</td><td>坚石</td></tr>
<tr><td>1</td><td>2</td><td>3</td><td>4</td><td>5</td><td>6</td><td>7</td><td>8</td><td>9</td></tr>
<tr><td></td><td>本标段合计</td><td></td><td>1252506</td><td>111051</td><td>528091</td><td>451202</td><td>162162</td><td></td></tr>
</table>
</td></tr>
</table>

续表

<table>
<tr><th>工程数量梳理情况</th><th>图纸数量表摘录</th></tr>
<tr><td>本项目填方的总量 = 55881 + 742436 = 798317 m³（压实方）或 396607 + 401710 = 798317 m³（压实方）；
填方中有利用土石填方，无借方；
本项目利用普通土填方 19479m³，利用硬土填方 414003 m³，利用软石填方 295878m³，利用次坚石填方 73694 m³</td><td>
<table>
<tr><td rowspan="3">清除表土和软土回填（m³）</td><td rowspan="3">填方数量（m³）</td><td colspan="11">填方 （自然方）</td></tr>
<tr><td colspan="5">利用方（m³）</td><td colspan="4">借方（m³）</td><td colspan="2">合计（m³）</td></tr>
<tr><td>普通土</td><td>硬土</td><td>软石</td><td>次坚石</td><td>坚石</td><td>普通土</td><td>硬土</td><td>软石</td><td>次坚石</td><td>土</td><td>石</td></tr>
<tr><td>10</td><td>11</td><td>12</td><td>13</td><td>14</td><td>15</td><td>16</td><td>17</td><td>18</td><td>19</td><td>20</td><td>21</td><td>22</td></tr>
<tr><td>55881</td><td>742436</td><td>19479</td><td>414003</td><td>295878</td><td>73694</td><td></td><td></td><td></td><td></td><td></td><td>433482</td><td>369572</td></tr>
</table>
</td></tr>
<tr><td>本项目有弃方，复核：
弃普通土 111051 - 19479 = 91572m³，弃硬土 528091-414003 = 114088 m³，弃软石 451202-295878 = 155324 m³，弃次坚石 162162-73694 = 88468 m³；
总弃方量 = 91572 + 114088 + 155324 + 88468 = 449452 m³（天然密实方）</td><td>
<table>
<tr><td colspan="5">弃方（m³）</td><td colspan="2">机械碾压（m³）</td></tr>
<tr><td>普通土</td><td>硬土</td><td>软石</td><td>次坚石</td><td>坚石</td><td>土方</td><td>石方</td></tr>
<tr><td>23</td><td>24</td><td>25</td><td>26</td><td>27</td><td>28</td><td>29</td></tr>
<tr><td>91572</td><td>114088</td><td>1 55324</td><td>88468</td><td></td><td>396607</td><td>401710</td></tr>
</table>
</td></tr>
</table>

在公路工程计价中，挖方工程量采用天然密实方计算，填方工程量采用压实方计算，但由于本工程图纸中的填方采用的是天然方，根据定额规定，应将填方（天然密实方）的数量换算成压实方的数量，换算系数如表 2.2.5 所示。

路基土石方压实方与天然方换算系数应用

表 2.2.5 每立方米压实方换算天然密实方系数表

公路等级	土方			石方
	松土	普通土	硬土	
二级及以上等级公路	1.23	1.16	1.09	0.92
三、四级公路	1.11	1.05	1.00	0.84

《公路工程预算定额》（JTG/T 3832—2018）路基章说明中指出：除定额中另有说明者外，土方挖方按天然密实体积计算，填方按压（夯）实后的体积计算；石方爆破按天然密实体积计算。当以填方压实体积为工程量，采用以天然密实方为计量单位的定额，如路基填方为利用方时，所采用的定额应乘以表 2.2.5 中系数；如路基填方为借方时，则应在表 2.2.5 中系数基础上增加 0.03 的损耗。

通过以上分析，北塞至畔绥公路 No.1 合同段所涉及的挖、填、弃方工程量整理如表 2.2.6 所示。

表 2.2.6 土石方工程量统计表

<table>
<tr><th colspan="2">挖方</th><th colspan="2">填方</th><th colspan="3">利用方</th></tr>
<tr><td>土石类</td><td>数量（天然方/压实方）</td><td>土石类</td><td>数量（天然方/压实方）</td><td>土石类</td><td>数量（天然方）</td><td>数量（压实方）</td></tr>
<tr><td>普通土</td><td>111051</td><td rowspan="2">清表和软土回填</td><td rowspan="2">55881</td><td>普通土</td><td>19479</td><td>19479/1.16 = 16792</td></tr>
<tr><td>硬土</td><td>528091</td><td>硬土</td><td>414003</td><td>414003/1.09 = 379819</td></tr>
</table>

续表

挖方		填方		利用方		
土石类	数量（天然方/压实方）	土石类	数量（天然方/压实方）	土石类	数量（天然方）	数量（压实方）
软石	451202	路基填方	742436	软石	295878	295878/0.92=321607
次坚石	162162			次坚石	73694	73694/0.92=80102
合计	1252506	合计	798317	合计	803054	798320

路基土石方工程量清单编制-列项

3）步骤3：初编工程量清单

（1）确定清单子目项

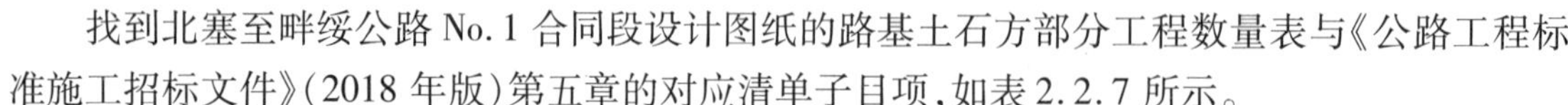

找到北寨至畔缓公路 No.1 合同段设计图纸的路基土石方部分工程数量表与《公路工程标准施工招标文件》（2018 年版）第五章的对应清单子目项，如表 2.2.7 所示。

表 2.2.7　图纸内容与《公路工程标准施工招标文件》（2018 年版）对比分析（一）

设计图纸	《公路工程标准施工招标文件》（2018 年版）
填前压实	没有找到对应的子目？
清除表土	202-1-a 清理现场
挖台阶	没有找到对应的子目？
软基换填	203-1-c 挖除非适用性材料
路基土石方	203-1-a 挖土方 203-1-b 挖石方 204-1-a 利用土方 204-1-b 利用石方
整修路基	没有找到对应的子目？

从表 2.2.7 中可以看到，《公路工程标准施工招标文件》（2018 年版）第五章工程量清单中找不到“填前压实、挖台阶和整修路基”的对应子目项。这时会有两种可能：一是设计所列内容包含在其他清单子目计量工程内容中，则该设计内容不应再单独列清单子目项；二是设计所列内容未包含在任何清单子目计量工程内容中，则该设计内容需要增加新的清单子目项与其对应。

对照《公路工程标准施招标文件》（2018 年版）第八章工程量清单计量规则的工程内容，可以判断如表 2.2.8 所示。

表 2.2.8　图纸内容与《公路工程标准施工招标文件》（2018 年版）对比分析（二）

设计图纸	《公路工程标准施工招标文件》（2018 年版）
填前压实	204-1-a 利用土方的工程内容，基底压实、挖台阶、整形，即填前压实、挖台阶、整修路基
挖台阶	
整修路基	

另外，《公路工程标准施工招标文件》（2018 年版）第五章工程量清单中，并没有出现挖松土、普土、硬土、软石、次坚石或坚石等，主要原因如下：

①清单所列子目挖土方、挖石方、利用土方、利用石方，用于现场计量支付管理，考虑现场管理的效率和

难易，土石方工程量清单子目未按设计图纸土石方类别划分进行相应列项，而是综合考虑，即各类土质综合为土方，各类石质综合为石方。

路基土石方工程量清单编制-确定清单工程量

②设计图纸的土石方工程数量，反映工程项目勘察设计实际情况，用于指导施工，故设计图纸土石方类别划分为松土、普土、硬土、软石、次坚石、坚石6类。

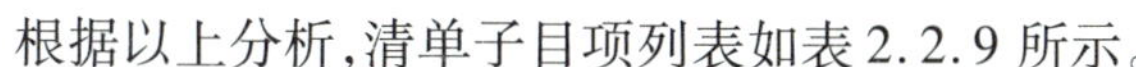

根据以上分析，清单子目项列表如表2.2.9所示。

表2.2.9　清单列项与工程量计算

清单　第200章　路基					
子目号	子目名称	单位	数量	单价	合价
202-1	清理与掘除			—	—
-a	清理现场	m^2	126790	—	—
203-1	路基挖方			—	—
-a	挖土方	m^3	111051+528091=639142	—	—
-b	挖石方	m^3	451202+162162=613364	—	—
-c	挖除非适用材料（不含淤泥、岩盐、冻土）	m^3	19392	—	—
204-1	路基填筑（包括填前压实）			—	—
-a	利用土方	m^3	19479/1.16+414003/1.09=396612	—	—
-b	利用石方	m^3	(295878+73694)/0.92=401709	—	—

（2）确定清单子目工程量

请注意，只对有单位的清单子目项计算工程量。

4）步骤4：检查完善工程量清单

清单编制好以后，还需要根据设计图纸、工程量清单计量规则、招标文件进行检查完善，主要检查以下内容：

①清单是否完整，是否根据设计图纸或数量表按工程量清单计量规则的要求将相关子目都包括在内，单位是否符合工程量清单计量规则的要求，数量是否准确。

②工程量清单主要的清单特征描述，如路基土石方工程中宜写明挖方运输的运距范围等。

例如，本例中，对挖方运距按设计图纸综合考虑5 km及5 km以内和路基填筑包含的清表回填需要进行描述，如表2.2.10所示。

表2.2.10　工程量清单

清单　第200章　路基					
子目号	子目名称	单位	数量	单价	合价
202-1	清理与掘除			—	—
-a	清理现场	m^2	126790	—	—
203-1	路基挖方			—	—
-a	挖土方（含5 km及5 km以内运输）	m^3	639142	—	—
-b	挖石方（含5 km及5 km以内运输）	m^3	613364	—	—
-c	挖除非适用材料（不含淤泥、岩盐、冻土）（含5 km及5 km以内运输）	m^3	19392		

续表

子目号	子目名称	单位	数量	单价	合价
204-1	路基填筑(包含填前压实及清表回填、软基回填)				
-a	利用土方	m^3	396612		
-b	利用石方	m^3	401709		

同望公路造价软件进行路基土石方工程量清单列项示例

5)步骤5:用造价软件列出工程量清单

按同望公路造价软件操作示例中的方法,在同望公路造价软件上列出表2.2.10的工程量清单。

3.4.3 编制第200章路基排水工程工程量清单

1)步骤1:认识路基排水工程工程量清单

通过查阅并分析附录3的第200章路基排水工程工程量清单表可知,排水工程清单表按排水构筑物的类型分为边沟、排水沟、截水沟、跌水急流槽、盲沟及蒸发池列项;每一种类型排水构筑物清单子目,按不同材料进行划分。

路基排水工程工程量清单编制-复核图纸

2)步骤2:梳理设计图纸中的路基排水工程

按影响路基的水流,排水工程分地下排水、地面排水两大类。地下排水主要有暗沟、渗沟、渗井等,地面排水有边沟、排水沟、截水沟、急流槽等。

以设计图纸边沟为例,主要内容包含浆砌片石沟身、现浇混凝土台帽、预制安装混凝土盖板(表2.2.11)。

表2.2.11 图纸目录(路基排水工程部分)

序号	图纸名称	图号	页码
	道路工程		
1	第一篇 总体设计说明书	S1-1	1
2	第三篇 路基、路面说明	S3-1	2~4
⋮	⋮		
9	边沟工程数量表	S3-2-36-1	14~19
10	路基排水一般设计图	S3-2-37	20

挖沟土石方可以分为两部分,如图2.2.2所示沟断面,原地面以下的过水断面土石方工程量已经计入路基土石方挖方中,圬工断面土石方为水沟扩挖土方(挖基土方),需要单独计算。

以K17+870~K17+910段为例,复核图纸工程量并填入表2.2.12。

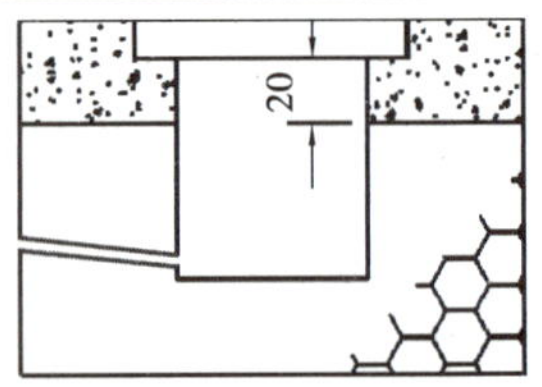

图2.2.2 边沟断面

表2.2.12 边沟工程量复核

起讫桩号	工程名称	位置及数量	工程数量							
			材料及部位	M7.5浆砌片石	C20混凝土台帽	M10砂浆抹面	挖基方量	HPB300 Φ8钢筋	HRB400 Φ14钢筋	C30混凝土盖板
		单位	右/m	m^3	m^3	m^2	m^3	kg	kg	m^3
K17+870~K17+910	矩形边沟	40	总工程数量	38.4	11.6	24	51.2	67	369	3.9

工程量计算过程:

水沟底边总长=0.5+0.5+0.6=1.6(m)

台帽厚度=0.12+0.2=0.32(m)

挖基土方=(1.6×1.1−0.6×0.8)×40=51.2(m^3)

浆砌片石沟身=[1.6×0.3+0.5×(0.8−0.32)×2]×40=38.4(m^3)

C20 混凝土台帽=[0.5×0.32−(0.5−0.37)×0.12]×2×40=11.6(m^3)

M10 砂浆抹面=0.6×40=24.0(m^2)

盖板数量:40/(0.59+0.01)=66.7(取 67 块)

C30 预制盖板=[0.85×0.59−(0.4+0.4−0.05×2)×0.02/2×2]×67×0.12=3.9(m^3)

带肋钢筋=0.91×5×67×0.00617×14^2=369(kg)

光圆钢筋=0.51×5×67×0.00617×8^2=67(kg)

钢筋总量=(369+67)/1000=0.436(t)

其中,0.00617×14^2 和 0.00617×8^2 为钢筋的单位质量,单位为 kg/m。

路基排水工程工程量清单编制–列项与确定清单工程量

3)步骤 3:初编工程量清单

(1)确定清单子目项

找到北塞至畔绥公路 No.1 合同段设计图纸的路基排水工程边沟工程数量表与《公路工程标准施工招标文件》(2018 年版)第五章的对应清单子目项,如表 2.2.13 所示。

表 2.2.13 图纸内容与《公路工程标准施工招标文件》(2018 年版)对比分析

设计图纸	《公路工程标准施工招标文件》(2018 年版)
M7.5 浆砌片石	207-1-a 浆砌片石
C25 混凝土现浇台帽	207-1-c 现浇混凝土
M7.5 砂浆抹面	没有找到对应的子目?
挖基方量	没有找到对应的子目?
HPB300 ϕ8 钢筋 HRB400 ϕ14 钢筋	没有找到对应的子目?
C30 混凝土预制盖板	207-1-e 预制安装混凝土盖板

《公路工程标准施工招标文件》(2018 年版)无挖基土方、抹面及钢筋的对应清单子目项,根据工程量清单计量规则可判断:浆砌片石工程内容已包含断面补挖、抹面,盖板预制工程内容包括盖板模板的安装拆除,混凝土浇筑,钢筋制作与安装,预制件装卸、运输和安装等。因此,清单中不需要单列挖基土方、抹面及钢筋子目。

根据以上分析,清单子目项列表如表 2.2.14 所示。

(2)确定清单子目工程量

根据设计图纸工程内容及工程量,根据《公路工程标准施工招标文件》(2018 年版)第五章工程量清单、第八章工程量清单计量规则,初编工程量清单如表 2.2.14 所示。

表 2.2.14 清单列项与工程量计算

清单 第 200 章 路基					
子目号	子目名称	单位	数量	单价	合价
207-1	边沟			—	—
-a	浆砌片石	m^3	249.6+9567.8=9817.4	—	—
-c	现浇混凝土	m^3	73.9	—	—
-e	预制安装混凝土盖板	m^3	26	—	—

4)步骤4:检查完善工程量清单

公路工程项目排水工程设计中,排水结构物的类别、尺寸、材料可能会不同,《公路工程标准施工招标文件》(2018年版)中并未明确这些具体参数,在编制工程量清单时需要根据具体项目设计确定。

本例中,浆砌片石采用M7.5砂浆砌筑,现浇混凝土台帽混凝土等级为C20,预制安装混凝土盖板的混凝土等级为C30。完善工程量清单时,应在描述中明确标示。

完善后的工程量清单如表2.2.15所示。

表2.2.15 工程量清单

清单 第200章 路基					
子目号	子目名称	单位	数量	单价	合价
207-1	边沟			—	—
-a	M7.5浆砌片石	m^3	9817.4	—	—
-c	现浇C20混凝土台帽	m^3	73.9	—	—
-e	预制安装C30混凝土盖板	m^3	26	—	—

5)步骤5:用造价软件列出工程量清单

按同望公路造价软件操作示例中的方法,在同望公路造价软件上列出表2.2.15的工程量清单。

路面工程工程量清单编制

3.4.4 编制第300章路面工程工程量清单

1)步骤1:认识路面工程工程量清单

通过查阅并分析附录3第300章路面工程量清单表可知,路面工程量清单表按施工顺序由底层到面层,最后是路面附属工程;同一结构层按不同材料分别列出;材料相同的同一结构层按不同厚度分别列出。

除水泥混凝土面板、钢筋、零星位置结构层外,路面工程量清单子目以面积单位m^2计量,水泥混凝土面板以体积单位m^3计量。

路面附属工程清单子目中,管沟及拦水带以长度单位m计量,加固路肩以体积单位m^3计量,井以数量单位座计量,防水层以面积单位m^2计量。

2)步骤2:梳理设计图纸中的路面工程

本项目图纸中的路面工程主要内容有路面各结构层、路面钢筋、路面附属工程(表2.2.16)。

表2.2.16 图纸目录(路面工程部分)

序号	图纸名称	图号	页码
	道路工程		
1	第一篇　总体设计说明书	S1-1	1
2	第三篇　路基、路面说明	S3-1	2~4
⋮	⋮		
11	路面工程数量表(行车道路肩部分)	S3-2-31-1	21
12	路面工程数量表(水泥混凝土路面接缝钢筋)	S3-2-31-2	22
13	标准横断面-路面结构图	S3-2-33-1	23

对北塞至畔绥公路 No.1 合同段路面工程设计图纸进行分析：

①路面结构类型有 2 种：路面结构类型 1-1、1-2。

②路面结构及功能层由底至上共 6 层，分别是垫层、底基层、基层、透层、封层、面层。

③路面附属结构主要包括中央分隔带、集水井、路肩、浆砌片石护肩、路缘石、排水管等。

④水泥混凝土面层钢筋有拉杆、传力杆和补强钢筋。

3）步骤 3：初编工程量清单

（1）确定清单子目项

北塞至畔绥公路 No.1 合同段设计图纸的路面工程数量表与《公路工程标准施工招标文件》（2018 年版）第五章的对应清单子目项，列表如表 2.2.17 所示。

表 2.2.17　图纸内容与《公路工程标准施工招标文件》（2018 年版）对照表

设计图纸	《公路工程标准施工招标文件》（2018 年版）
级配碎石调平层	没有找到对应的子目？
未筛分碎石垫层	302-1-a 碎石垫层厚……mm
级配碎石底基层	306-1-a 级配碎石底基层厚……mm
水泥稳定碎石基层	304-3-a 水泥稳定土基层厚……mm
沥青石屑下封层	310-2 封层
透层	308-1 透层
水泥混凝土面层	312-1-a 水泥混凝土面板厚……mm（混凝土弯拉强度……MPa）
钢筋	312-2
浆砌片石护肩	没有找到对应的子目？

《公路工程标准施工招标文件》（2018 年版）无级配碎石调平层、浆砌片石护肩的对应清单子目项，根据工程量清单计量规则来判断：级配碎石调平层可以增列为子目 302-1-b，单位采用 m^3，护肩应归属在 313 节，新增清单子目 313-6。

304-3 水泥稳定土中的“土”，根据《公路工程标准施工招标文件》（2018 年版）第七章技术规范 304.02 第 2 点，适宜水泥稳定的土包括级配碎石、未筛分碎石、砂砾、碎石土、砂砾土等。

根据以上分析，清单子目项列表如表 2.2.18 所示。

（2）确定清单子目工程量

表 2.2.18　清单列项及工程量计算

清单　第 300 章　路面					
子目号	子目名称	单位	数量	单价	合价
302-1	碎石垫层				
-a	厚 150 mm 碎石垫层	m^2	188947		
-b	级配碎石调平层	m^3	42657×0.1＝4265.7		
304-3	水泥稳定土基层				
-a	厚 200 mm	m^2	188060		
306-1	级配碎石底基层				

续表

子目号	子目名称	单位	数量	单价	合价
-a	厚 150 mm	m^2	185213		
308-1	透层	m^2	188060		
310-2	封层	m^2	188060		
312-1	水泥混凝土面板				
-a	厚 240 mm（混凝土弯拉强度 5.0 MPa）	m^3	188060×0.24＝45134.4		
312-2	钢筋				
-a	光圆钢筋（HPB235、HPB300）	kg	9078		
-b	带肋钢筋（HRB335、HRB400）	kg	40000		
313-6	浆砌片石护肩	m^3	8567		

4）步骤 4：检查完善工程量清单

根据设计图纸标明结构层所用的材料、配合比等补充完善工程量清单，主要是完善清单特征的描述，如水泥稳定碎石层中水泥剂量、水泥稳定的粒料种类、封油层的类型、水泥混凝土及水泥砂浆的强度等级等。完善后的工程量清单如表 2.2.19 所示。

表 2.2.19　工程量清单

清单　第 300 章　路面					
子目号	子目名称	单位	数量	单价	合价
302-1	碎石垫层				
-a	厚 150 mm 碎石垫层	m^2	188947		
-b	级配碎石调平层	m^3	4265.7		
304-3	4% 水泥稳定碎石基层				
-a	厚 200 mm	m^2	188060		
306-1	级配碎石底基层				
-a	厚 150 mm	m^2	185213		
308-1	透层				
-a	石油沥青透层	m^2	188060		
310-2	封层				
-a	厚 1 cm 石油沥青碎石下封层	m^2	188060		
312-1	水泥混凝土面板				
-a	厚 240 mm（混凝土弯拉强度 5.0 MPa）	m^3	45134.4		
312-2	钢筋				
-a	光圆钢筋（HPB300）	kg	9078		
-b	带肋钢筋（HRB400）	kg	40000		
313-6	M7.5 浆砌片石护肩	m^3	8567		

5)步骤5:用造价软件列出工程量清单

按同望公路工程造价软件操作示例中的方法,在同望公路造价软件上列出表2.2.19的工程量清单。

启发与思考

某公司进行某高速公路路面工程投标时,根据业主所发清单进行投标报价。业主的清单上路面以"1000 m^2"作为报价单位。该投标单位的报价员是以"m^2"进行投标报价。投标人员的粗心和失误导致该次投标因单价过低而废标。

3.4.5 编制第100章总则工程量清单

第100章总则清单编制

1)步骤1:认识第100章总则工程量清单

通过查阅并分析附录3第100章总则工程量清单表可知,第100章项目是为了实施永久性工程而发生的通用项目、工程管理、临时工程及设施、承包人驻地或标准化建设等相关项目,是在施工管理中需要单独计量的项目。

第101节通则主要包括保险费,根据项目合同条款规定要求办理建筑工程一切保险和第三方责任险。第102节工程管理主要包括竣工文件编制、施工环境保护、安全生产及建立工程信息化系统。第103节临时工程与设施主要包括为实施永久性工程项目的相关临时性工作,如临时道路、桥涵、临时电力、电信、临时供水与排污设施等的修建与维护。第104节承包人驻地建设和第105节施工标准化属于选择性工程子目,由发包人根据工程项目管理实际情况选择使用或全部使用。

第100章总则清单子目均以总额为单位进行计量。

2)步骤2:分析项目中应列在第100章总则的内容

根据项目要求,对招标工程量清单的第100章总则的清单项目进行分析,判断应列出的清单项目。

(1)必须列出的清单项

根据北塞至畔绥公路No.1合同段工程的招标文件规定,102-3安全生产费不作为竞争性费用,102-4信息化系统指定暂估价200000元,因此这两项属于必须列出的清单项。

根据本项目设计图纸,临时工程设计还包括临时占地、临时输电线路、拌和站建设等。与这些相关的内容也属于应该列出的清单项,主要有103-2临时占地,103-3临时供电设施架设、维护与拆除,105-3拌和站等。

(2)分析是否列出的清单项

根据本项目招标文件规定,不计保险费,则第101节不列。

102-1竣工文件、102-2施工环保费可以列出,其中第200章至700章清单子目价格中企业管理费的基本费用费率已包含竣工文件的部分费用,企业管理费费率和施工驻地费用已包含施工环保费的部分费用。

根据本项目设计图纸,无施工便道、便桥。考虑公路工程项目实施过程中出现临时道路可能性极大,故103-1临时道路修建与拆除列出。

103-4电信设施提供、维修与拆除及103-5临时供水与排污设施可按常规列出。

104-1承包人驻地建设和105标准化建设是选择子目,根据招标文件技术规范对承包人施工场所要求选择性列清单项。

3)步骤3:初编工程量清单

(1)确定清单子目项

综合以上分析,北塞至畔绥公路No.1合同段招标工程量清单第100章清单子目列项如表2.2.20所示。

表 2.2.20　工程量清单

清单　第 100 章　总则					
子目号	子目名称	单位	数量	单价	合价
102	工程管理				
102-1	竣工文件	总额	1		
102-2	施工环保费	总额	1		
102-3	安全生产费	总额	1		
102-4	信息化系统(暂估价)	总额	1		
103	临时工程与设施				
103-1	临时道路修建、养护与拆除	总额	1		
103-2	临时占地	总额	1		
103-3	临时供电设施架设、维护与拆除(包括原道路的养护)	总额	1		
103-4	电信设施提供、维修与拆除	总额	1		
103-5	临时供水与排污设施	总额	1		
105	施工标准化				
105-1	施工驻地	总额	1		
105-3	拌和站	总额	1		

(2)确定清单子目工程量

第 100 章总则清单子目均以总额为单位进行计量,故工程量为 1,填入表 2.2.20。

4)步骤 4:检查并用造价软件列出工程量清单

按同望公路工程造价软件操作示例中的方法,在同望公路造价软件上列出表 2.2.20 的工程量清单。

启发与思考

某旧路改建工程,造价人员在编制招标工程量清单时未考虑保证改建过程需要维持交通和保通安全设施,在第 100 章漏项“保通安全设施”。项目实施后,引起这部分新增费用变更。那么,在编制工程量清单时,如何避免类似失误呢?清单漏项会对工程实施带来哪些不利影响呢?

3.4.6　编制投标报价汇总表说明

《公路工程标准施工招标文件》(2018 年版)中的投标报价汇总表,反映的是清单报价汇总,在招标控制价编制中可视为招标控制价汇总表,在投标报价时为投标报价汇总表。

招标控制价汇总表(或投标报价汇总表)涉及 13 个金额的填写,主要是对标价工程量清单的各章节汇总,并标示出控制价总价(或投标总价)。

(1)序号 1 ~8 金额栏

招标控制价汇总表(或投标报价汇总表)中序号 1 ~7 金额栏,分别对应第 100 ~第 700 章工程量清单的章合计栏金额,可由各章合计转入。如表 2.2.21 中的 1 ~7 金额栏与工程量清单表数据不一致,需要通过核算判断和找出计算错误,根据招标文件判别是否重大偏差。

序号 8 金额栏为 1 ~7 金额栏合计值。

(2)序号 9 ~10 金额栏

暂估价指招标人在工程量清单中提供的用于支付必然发生但暂时不能确定价格的材料、工程设备以及专业工程的金额。序号 9 金额栏由暂估价表转入。

(3)序号 11 金额栏

计日工是指在施工过程中,承包人完成发包人提出的工程合同范围以外的零星项目或工作,按合同中约定的单价计价的一种方式。

计日工表包含计日工劳务(人工)、计日工材料和计日工机械,表中暂定数量由招标人填写,投标人只需要填写单价和合价栏。

序号 11 金额栏数值由计日工汇总表转入。

(4)序号 12 暂列金额栏

暂列金额是指招标人在工程量清单中暂定并包括在合同价款中的一笔款项,用于工程合同签订时尚未确定或者不可预见的所需材料、工程设备、服务的采购,施工中可能发生的工程变更、合同约定调整因素出现时的合同价款调整以及发生的索赔、现场签证确认等的费用。

暂列金额的性质:包括在签约合同价之内,但并不直接属承包人所有,而是由发包人暂定并掌握使用的一笔款项。

暂列金额的用途:

a. 由发包人用于在施工合同协议签订时尚未确定或者不可预见的在施工过程中所需材料、工程设备、服务的采购;

b. 由发包人用于施工过程中合同约定的各种合同价款调整因素出现时的合同价款调整以及索赔、现场签证确认的费用;

c. 其他用于该工程并由发承包双方认可的费用。

《公路工程标准施工招标文件》(2018 年版)中规定:暂列金额的设置不宜超过工程量清单第 100 ~700 章合计金额的 3%。北塞至畔绥公路 No. 1 合同段工程招标文件中规定的暂列金额为工程量清单第 100 ~700 章合计金额的 6%。

工程量清单汇总表编制

北塞至畔绥公路 No. 1 合同段招标控制价汇总,如表 2.2.21 所示。

表 2.2.21 招标控制价汇总表

______公路______标段

序号	章次	科目名称	金额计算程式(元)
1	100	总则	第 100 章章合计
2	200	路基	第 200 章章合计
3	300	路面	第 300 章章合计
4	400	桥梁、涵洞	第 400 章章合计
5	500	隧道	第 500 章章合计
6	600	安全设施及预埋管线	第 600 章章合计
7	700	绿化及环境保护设施	第 700 章章合计
8	第 100 ~700 章清单合计		序号 1 ~7 金额合计
9	已包含在清单合计中的材料、工程设备、专业工程暂估价合计		暂估价表转入

续表

序号	章次	科目名称	金额计算程式(元)
10	清单合计减去材料、工程设备、专业工程暂估价合计		序号(8-9)金额
11	计日工合计		计日工汇总表转入
12	暂列金额(不含计日工总额)		序号 8 金额×暂列金百分率
13	招标控制价		序号(8+11+12)金额

3.4.7　编制固化工程量清单

工程量清单固化

信息化时代的公路工程招标,大多采用固化工程量清单。固化工程量清单是指招标人将招标项目工程量清单 Excel 电子文件固化,使投标人无法修改工程量清单 Excel 电子文件的数据、格式及运算定义。

投标人采用固化工程量清单报价时,只需填写清单子目单价及总额价即可完成投标工程量清单报价。打印出此投标报价,编入投标文件。

工程量清单中,需要编辑计算式的有合价、章合计和投标报价汇总表金额栏。其中,合价=单价×数量,章合计=∑本章清单子目合价,金额栏各项内容按"3.4.6　投标报价汇总表编制说明"要求计算。

工程量清单固化、解除方法步骤如表 2.2.22、表 2.2.23 所示(以 office2013 为例)。

(1)保护工作表

表 2.2.22　工程量清单固化操作步骤

序号	操作说明	操作界面截图
1	双击打开工程量清单表格	
2	选定可以修改的单元格,如表格中的单价	

续表

序号	操作说明	操作界面截图
3	点击右键,出现右侧对话框,选择【设置单元格格式】	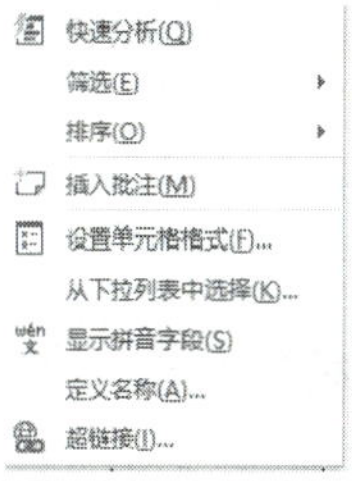 快速分析(Q) 筛选(E) 排序(O) 插入批注(M) 设置单元格格式(F)... 从下拉列表中选择(K)... 显示拼音字段(S) 定义名称(A)... 超链接(I)...
4	在单元格界面选择【保护】,取消【锁定】勾选	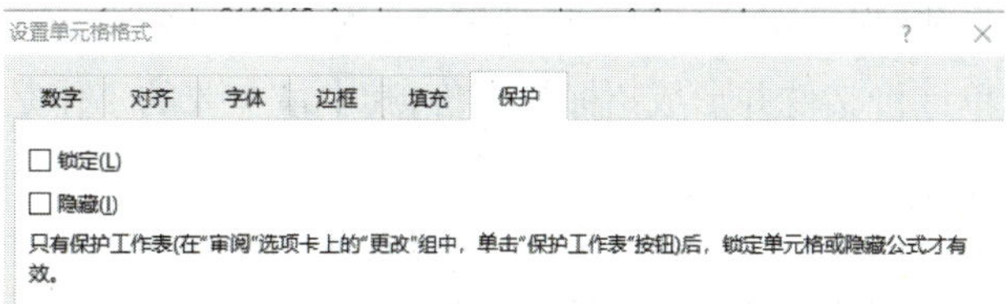 设置单元格格式 数字 对齐 字体 边框 填充 保护 锁定(L) 隐藏(I) 只有保护工作表(在"审阅"选项卡上的"更改"组中,单击"保护工作表"按钮)后,锁定单元格或隐藏公式才有效。
5	回到清单工作表界面,选择【审阅】保护工作表(格式/保护工作表),点击	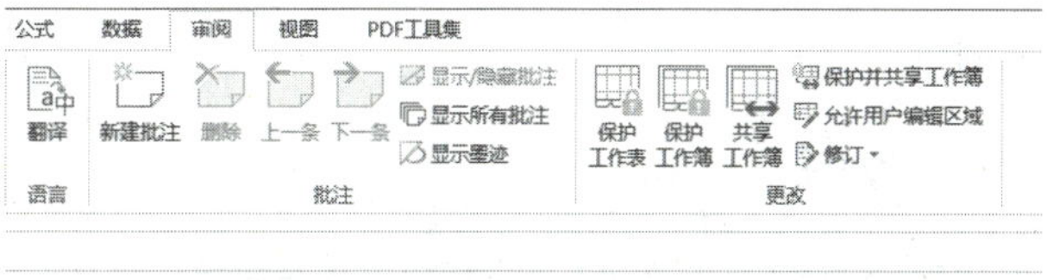 公式 数据 审阅 视图 PDF工具集 翻译 新建批注 删除 上一条 下一条 显示/隐藏批注 显示所有批注 显示墨迹 保护工作表 保护工作簿 共享工作簿 保护并共享工作簿 允许用户编辑区域 修订 语言 批注 更改
6	出现右侧对话框,输入取消工作表保护使用的密码;选择【选定未锁定的单元格】,点击【确定】,完成固化	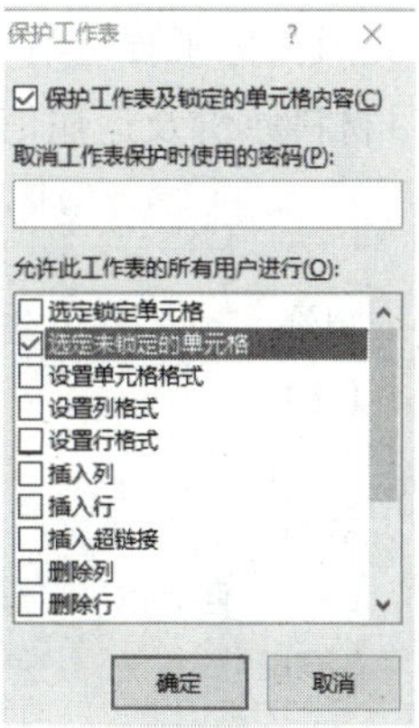 保护工作表 保护工作表及锁定的单元格内容(C) 取消工作表保护时使用的密码(P): 允许此工作表的所有用户进行(O): 选定锁定单元格 选定未锁定的单元格 设置单元格格式 设置列格式 设置行格式 插入列 插入行 插入超链接 删除列 删除行 确定 取消

(2)解除工程量清单固化

表 2.2.23 解除工程量清单固化操作步骤

序号	操作说明	操作界面截图
1	打开固化清单工作表,选择撤销工作表保护	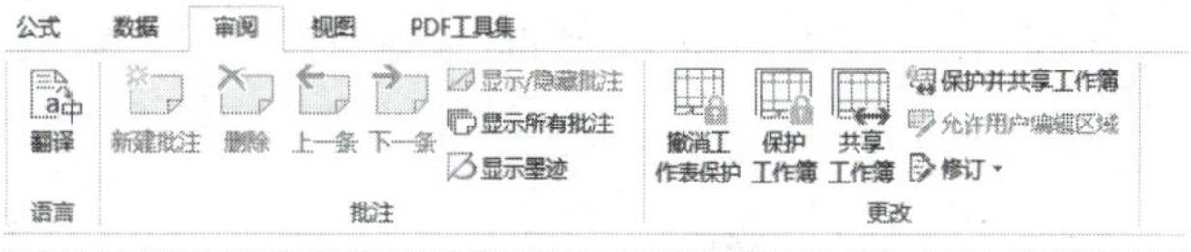 公式 数据 审阅 视图 PDF工具集 翻译 新建批注 删除 上一条 下一条 显示/隐藏批注 显示所有批注 显示墨迹 撤消工作表保护 保护工作簿 共享工作簿 保护并共享工作簿 允许用户编辑区域 修订 语言 批注 更改
2	输入撤销工作表保护密码,点击【确定】即可	 撤消工作表保护 密码(P): 确定 取消

案例任务4 编制公路工程量清单招标控制价

4.1 任务引入

A 公司已接到编制北塞至畔绥公路 No.1 合同段招标控制价的任务，并要求在招标文件中公布招标控制价（最高投标限价）。

目前，根据招标项目的设计图纸及招标文件要求，完成了招标工程量清单编制，下一步任务是编制工程量清单计价文件并形成招标控制价，其中最主要的工作是计算工程量清单子目单价。

4.2 任务目标

本案例帮助学习者了解工程量清单计价的相关基础知识，学会编制招标控制价的方法、步骤，并编制出招标控制价。

4.3 任务书

在北塞至畔绥公路 No.1 合同段工程土建施工招标阶段，A 公司受招标人委托编制招标工程量清单和招标控制价。目前已经完成招标工程量清单的编制，下一步是编制工程量清单计价文件并形成招标控制价。

经过询价，本项目材料原价及运输信息如表 2.2.24 所示。

表 2.2.24 材料预算单价计算参数表

序号	名称	单位	原价（元）	起讫地点	运输方式	运距（km）	单位运价（元/t·km）	装卸费（元/t·次）	装卸次数	其他费用（元/t）	预算单价
1	光圆钢筋	t	3700	百色市—工地	汽车	29.5	0.44	3.2	1	0	
2	带肋钢筋	t	3700								
3	32.5 级水泥	t	250	田阳县头塘镇—工地	汽车	31.5	0.44	3.2	1	0	
4	42.5 级水泥	t	280								
5	石油沥青	t	3700	百色市—工地	汽车	31.5	0.44	3.2	1	0	
6	砂（各类）	m^3	65	百色市城东七塘—工地	汽车	26.5	0.4	1.5	1	0	
7	片石	m^3	27	百色市龙盛石业—工地	汽车	31.5	0.4	1.5	1	0	
8	碎石（各类）	m^3	42								

续表

序号	名称	单位	原价（元）	起讫地点	运输方式	运距（km）	单位运价（元/t·km）	装卸费（元/t·次）	装卸次数	其他费用（元/t）	预算单价
9	路面用石屑	m^3	62.36	石场—工地	汽车	65	0.4	1.5	1	0	
10	柴油	kg									6.08

注：表中未列出的材料，预算单价采用定额单价。

有关取费费率参数如表2.2.25所示。

表2.2.25　取费费率参数表

费率信息	参数要求
工地转移（百色市—工地）（km）	50
综合里程（沿线乡镇）（km）	3

4.4　任务实施

4.4.1　工程量清单计价基础知识

1）招标控制价

《建设工程工程量清单计价规范》（GB 50500—2013）提出了招标控制价的概念。招标控制价是招标人根据国家或省级、行业建设主管部门颁发的有关计价依据和办法，以及拟定的招标文件和招标工程量清单，结合工程具体情况编制的招标工程的最高投标限价。使用国有资金投资的工程建设项目应实行工程量清单招标并编制招标控制价。工程量清单应采用综合单价计价。

《建设工程工程量清单计价规范》（GB 50500—2013）规定招标人应在发布招标文件时公布招标控制价，不应对所编制的招标控制价进行上浮或下调，同时，招标人应将招标控制价报工程所在地或有该工程管辖权的行业管理部门工程造价管理机构备查。

2）清单单价

公路工程的工程量清单单价是一个全费用综合单价，包含工程中为完成一个单位数量清单子目所需的人工费、材料费（含工程设备费）、施工机械使用费、措施费、企业管理费、规费、利润和税金，以及合同规定范围内的风险费用。

3）工程造价组成

工程造价即工程的建造价格，它有如下两种含义：

第一种含义是指建设一项工程预期开支或实际开支的全部固定资产投资费用。

第二种含义是指工程价格或称合同价、承包价，即为建成一项工程，预计或实际形成的建筑安装工程的价格和建设工程总价格。

工程量清单综合单价主要由第二种含义的工程造价即建筑安装工程价格决定。目前，公路工程的建筑安装工程费组成如图2.2.3所示。

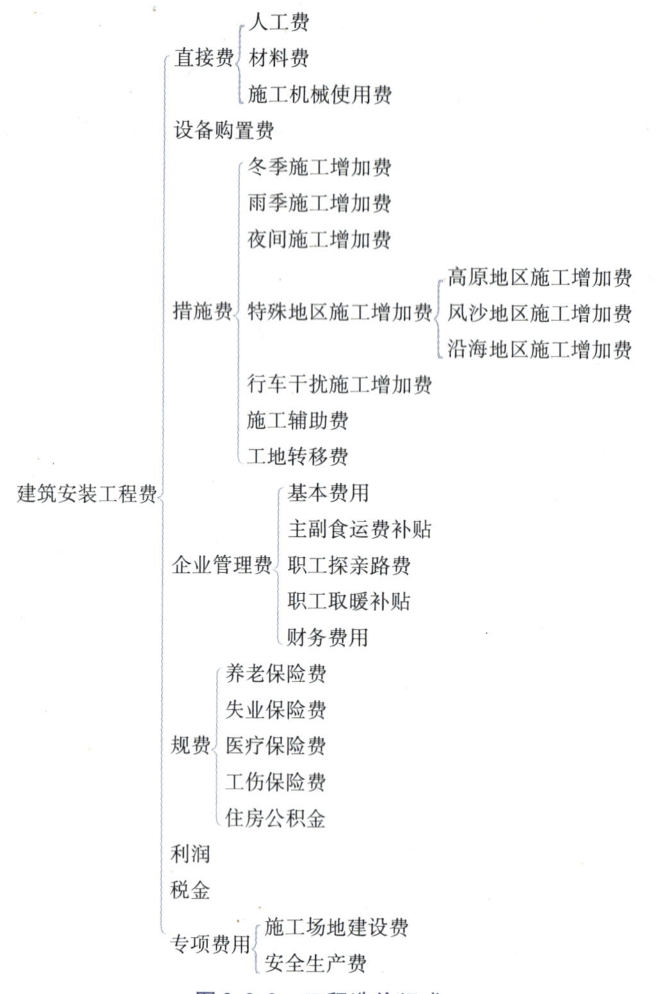

图 2.2.3　工程造价组成

通过分析清单子目综合单价组成和工程造价组成可知,要计算清单子目综合单价,需要先计算出清单子目的人工费、材料费、施工机械使用费(含设备购置费)、措施费、企业管理费、规费、利润和税金。

下面通过案例项目学习人工费、材料费、施工机械使用费(含设备购置费)、措施费、企业管理费、规费、利润、税金和综合单价的计算方法。

4)清单单价中各项组成费用的计算方法

清单的各部分费用,即人工费、材料费、施工机械使用费(含设备购置费)、措施费、企业管理费、规费、利润和税金的费用计算,应执行《公路工程建设项目概算预算编制办法》(JTG 3830—2018)。

(1)人工费

人工费指列入概算、预算定额的直接从事建筑安装工程施工的生产工人开支的各项费用。

人工费以概、预算定额人工工日数乘以综合工日单价计算。

人工费标准按照本地区公路建设项目的人工工资统计情况以及公路建设劳务市场情况进行综合分析,确定综合工日单价。

综合工日单价由省级交通运输主管部门制定发布,并适时进行动态调整。人工费单价仅作为编制概、预算的依据,不作为施工企业实发工资的依据。

例如:确定广西壮族自治区工程人工费预算单价,可根据《部颁编制办法广西补充规定》执行,详见附录5。

人工费单价(含机械人工、船员)全区统一为101.25 元/工日,潜水员人工费单价为164 元/工日。

(2)材料费

材料费指施工过程中耗用的构成工程实体的原材料、辅助材料、构配件、零件、半成品或成品的费用,按工程所在地的材料预算价格计算。

材料费以概、预算定额规定的各种材料定额消耗量分别乘以对应材料预算单价的总和计算。

材料预算价格(预算单价)由材料原价、运杂费、场外运输损耗、采购及保管费组成。

材料预算价格=(材料原价+运杂费)×(1+场外运输损耗率)×(1+采购及保管费率)-包装品回收价值

①材料原价。各种材料原价按以下规定计算。

外购材料:材料原价参照本行政区域交通运输主管部门发布的价格和按调查的市场价格综合取定。

自采材料:自采的砂、石、黏土等自采材料,按定额中开采单价加辅助生产间接费和矿产资源税(如有)计算。

②运杂费。运杂费指材料自供应地点至工地仓库(施工地点存放材料的地方)的费用,包括装卸费、运费。如果发生,还应计囤存费及其他杂费(如过磅、标签、支撑加固、路桥通行等费用)。

通过铁路、公路和水路运输的材料,按调查的市场运价计算运费。

一种材料如有两个以上的供应点时,应根据不同的运距、运量、运价采用加权平均的方法计算运费。

运杂费=(运价×运距+装卸费×装卸次数+杂费)×毛质量系数或单位毛质量

由于概、预算定额中已考虑工地运输便道的特点,以及定额中已计入"工地小搬运"的费用,因此汽车运输平均运距中不得乘以调整系数,也不得在工地仓库或堆料场之外再加场内运距或二次倒运的运距。

有容器或包装的材料及长大轻浮材料,应按表2.2.26规定的毛质量计算。桶装沥青、汽油、柴油按每吨摊销一个旧汽油桶计算包装费(不计回收)。

表2.2.26 材料毛质量系数及单位毛质量表

材料名称	单位	毛质量系数	单位毛质量
爆破材料	t	1.35	—
水泥、块状沥青	t	1.01	—
铁钉、铁件、焊条	t	1.10	—
液体沥青、液体燃料、水	t	桶装1.17,油罐车装1.00	—
木料	m^3	—	原木0.750 t、锯材0.650 t
草袋	个	—	0.004 t

③场外运输损耗。场外运输损耗指有些材料在正常的运输过程中发生的损耗,这部分损耗应摊入材料单价内。材料场外运输操作损耗率如表2.2.27所示。

表2.2.27 材料场外运输操作损耗率表

单位:%

材料名称		场外运输(包括一次装卸)	每增加一次装卸
块状沥青		0.5	0.2
石屑、碎砾石、砂砾、煤渣、工业废渣、煤		1.0	0.4
砖、瓦、桶装沥青、石灰、黏土		3.0	1.0
草皮		7.0	3.0
水泥(袋装、散装)		1.0	0.4
砂	一般地区	2.5	1.0
	风沙地区	5.0	2.0

注:对于汽车运水泥,当运距超过500 km时,袋装水泥增加损耗率0.5%。

④采购及保管费。材料采购及保管费指在组织采购、保管过程中，所需的各项费用及工地仓库的材料储存损耗。

材料采购及保管费以材料的原价加运杂费及场外运输损耗的合计数为基数，乘以采购保管费率计算。

钢材的采购及保管费费率为0.75%，燃料、爆破材料为3.26%，其余材料为2.06%。

商品水泥混凝土、沥青混合料和各类稳定土混合料、外购的构件、成品及半成品的预算价格计算方法与材料相同。商品水泥混凝土、沥青混合料和各类稳定土混合料不计采购及保管费，费率为0。

外购的构件、成品及半成品的采购及保管费费率为0.42%。

(3)施工机械使用费

施工机械使用费指列入概、预算定额的工程机械和工程仪器仪表台班数量，按相应的施工机械台班费用定额计算的费用等，包括工程机械使用费和工程仪器仪表使用费。

施工机械使用费以概、预算定额规定的各种机械使用定额消耗量分别乘以对应机械台班预算单价的总和计算。

施工机械台班预算价格应按《公路工程机械台班费用定额》(JTG/T 3833—2018)计算，机械台班单价由不变费用和可变费用组成。不变费用包括折旧费、检修费、维护费、安拆辅助费等；可变费用包括机上人员人工费、动力燃料费、车船税。可变费用中的人工工日数及动力燃料消耗量，应以机械台班费用定额中的数值为准。台班人工费工日单价同生产工人人工费单价。动力燃料费用则按材料费的计算规定计算。

工程仪器仪表使用费指机电工程施工作业所发生的仪器仪表使用费，以施工仪器仪表台班耗用量乘以施工仪器仪表台班单价计算。

工程仪器仪表台班预算价格应按《公路工程机械台班费用定额》(JTG/T 3833—2018)计算。台班人工费工日单价同生产工人人工费单价。动力燃料费用则按材料费的计算规定计算。

施工机械台班预算价格=不变费用+{机械台班费用定额人工工日数×人工费单价+机械台班费用定额燃料、动力消耗量×燃料、动力预算单价+机械车船使用税}

直接费是人工费、材料费和施工机械费三者费用之和。

(4)定额人工费、定额材料费和定额施工机械费

定额人工费=定额中人工消耗量×定额人工单价

定额材料费=定额中材料消耗量×定额材料单价

定额施工机械费=定额中施工机械消耗量×定额施工机械单价

定额人工单价、定额材料单价来自《公路工程预算定额》(JTG/T 3832—2018)附录四“定额人工、材料、设备单价表”。

定额施工机械单价来自《公路工程机械台班费用定额》(JTG/T 3833—2018)规定的定额基价。

定额直接费是定额人工费、定额材料费和定额施工机械费三者费用之和。

(5)措施费(表2.2.28)

表2.2.28　措施费费用计算式

措施费	1	冬季施工增加费	(定额人工费+定额机械费)×相应费率	Ⅰ类
	2	雨季施工增加费		
	3	夜间施工增加费		

续表

<table>
<tr><td rowspan="6">措施费</td><td rowspan="3">4. 特殊地区</td><td>4-1</td><td>沿海地区施工增加费</td><td rowspan="5">(定额人工费+定额机械费)×相应费率</td><td rowspan="5">Ⅰ类</td></tr>
<tr><td>4-2</td><td>高原地区施工增加费</td></tr>
<tr><td>4-3</td><td>风沙地区施工增加费</td></tr>
<tr><td>5</td><td colspan="2">行车干扰增加费</td></tr>
<tr><td>6</td><td colspan="2">工地转移费</td></tr>
<tr><td>7</td><td colspan="2">施工辅助费</td><td>定额直接费×施工辅助费费率</td><td>Ⅱ类</td></tr>
</table>

(6)企业管理费(表2.2.29)

表2.2.29 企业管理费费用计算式

<table>
<tr><td rowspan="5">企业管理费</td><td>1</td><td>基本费用</td><td rowspan="5">定额直接费×企业管理费综合费率</td></tr>
<tr><td>2</td><td>主副食运费补贴</td></tr>
<tr><td>3</td><td>职工探亲路费</td></tr>
<tr><td>4</td><td>职工取暖补贴</td></tr>
<tr><td>5</td><td>财务费用</td></tr>
</table>

(7)措施费和企业管理费各项费率确定

如何确定工程的取费类别

根据《公路工程建设项目概算预算编制办法》(JTG 3830—2018)规定,措施费和企业管理费各项费率确定有两方面依据:一是工程类别,二是费用属性特点。

企业管理费及措施费取费标准的工程类别划分为10个类别,如表2.2.30所示。

表2.2.30 工程类别划分

序号	工程类别	内容
1	土方	人工及机械施工的土方工程、路基掺灰、路基换填及台背回填
2	石方	人工及机械施工的石方工程
3	运输	用汽车、拖拉机、机动翻斗车、船舶等运送土石方、路面基层和面层混合料、水泥混凝土及预制构件、绿化苗木等
4	路面	路面所有结构层工程(包括隧道路面和桥面铺装工程)、路面附属工程、便道以及特殊路基处理工程(不含特殊路基处理中的圬工构造物)
5	隧道	隧道土建工程(不含隧道的钢材及钢结构)
6	构造物Ⅰ	砍树挖根、拆除工程、排水、防护、特殊路基处理中的圬工构造物、涵洞、交通安全设施[不包括金属标志牌、防撞钢护栏、防眩板(网)、隔离栅、防护网等钢结构工程]、拌和站(楼)安拆工程、便桥、便涵、临时电力和电信设施、临时轨道、临时码头、绿化工程等
7	构造物Ⅱ	小桥、中桥、大桥、特大桥工程(不包括技术复杂大桥)
8	构造物Ⅲ	商品水泥混凝土的浇筑、商品沥青混合料和各类商品稳定土混合料的铺筑、外购混凝土构件、设备安装工程等
9	技术复杂大桥	钢管拱桥、斜拉桥、悬索桥、单孔跨径在120 m以上(含120 m)和基础水深在10 m以上(含10 m)的大桥主桥部分的基础、下部和上部工程(不含桥梁的钢材及钢结构)

续表

序号	工程类别	内容
10	钢材及钢结构	所有工程的钢材及钢结构工程(含钢筋及预应力钢材,钢沉井、钢围堰、钢套箱及钢护筒等基础工程,钢构件(钢索塔、钢管拱、钢锚箱、钢锚梁、钢箱(桁)梁、索鞍、斜拉索、索股、索夹、吊杆、系杆)等安装工程、伸缩缝,支座,路基和隧道工程的锚杆、隧道管棚及钢支撑,金属标志牌、防撞钢护栏、防眩板(网)、隔离栅、防护网等工程)

购买的路基填料、绿化苗木、商品水泥混凝土、商品沥青混合料和各类稳定土混合料、外购混凝土构件不作为措施费及企业管理费的计算基数。

各项费率表摘录如表2.2.31至表2.2.45所示。

表2.2.31 冬季施工增加费费率表

单位:%

工程类别	冬季期平均温度(气候区)								准一区	准二区
	-1 ℃以上		-1 ~ -4 ℃		-4 ~ -7 ℃	-7 ~ -10 ℃	-10 ~ -14 ℃	-14 ℃以下		
	冬一区		冬二区		冬三区	冬四区	冬五区	冬六区		
	Ⅰ	Ⅱ	Ⅰ	Ⅱ						
土方	0.835	1.301	1.800	2.270	4.288	6.094	9.140	13.720	—	—
石方	0.164	0.266	0.368	0.429	0.859	1.248	1.861	2.801	—	—
运输	0.166	0.250	0.354	0.437	0.832	1.165	1.748	2.643	—	—
路面	0.566	0.842	1.181	1.371	2.449	3.273	4.909	7.364	0.073	0.198
隧道	0.203	0.385	0.548	0.710	1.175	1.520	2.269	3.425	—	—
构造物Ⅰ	0.652	0.940	1.265	1.438	2.607	3.527	5.291	7.936	0.115	0.288
构造物Ⅱ	0.868	1.240	1.675	1.902	3.452	4.693	7.028	10.542	0.165	0.393
构造物Ⅲ	1.616	2.296	3.114	3.523	6.403	8.680	13.020	19.520	0.292	0.721
技术复杂大桥	1.019	1.444	1.975	2.230	4.057	5.479	8.219	12.338	0.170	0.446
钢材及钢结构	0.040	0.101	0.141	0.181	0.301	0.381	0.581	0.861	—	—

注:绿化工程不计冬季施工增加费。

表2.2.32 全国雨季施工雨量区和雨季期划分表(广西部分)

省份	地区、市、自治州、盟(县)	雨量区	雨季期(月数)
广西壮族自治区	百色、河池、南宁、崇左	Ⅱ	5
	桂林、玉林、梧州、北海、贵港、钦州、防城港、贺州、柳州、来宾		6

表 2.2.33　雨季施工增加费费率表

单位:%

工程类别	雨季期数																			
	1	1.5	2		2.5		3		3.5		4		4.5		5		6		7	8
	Ⅰ	Ⅰ	Ⅰ	Ⅱ	Ⅰ	Ⅱ	Ⅰ	Ⅱ	Ⅰ	Ⅱ	Ⅰ	Ⅱ	Ⅰ	Ⅱ	Ⅰ	Ⅱ	Ⅰ	Ⅱ	Ⅱ	Ⅱ
土方	0.140	0.175	0.245	0.385	0.315	0.455	0.385	0.525	0.455	0.595	0.525	0.700	0.595	0.805	0.665	0.939	0.764	1.114	1.289	1.499
石方	0.105	0.140	0.212	0.349	0.280	0.420	0.349	0.491	0.418	0.563	0.487	0.667	0.555	0.772	0.626	0.876	0.701	1.018	1.194	1.373
运输	0.142	0.178	0.249	0.391	0.320	0.462	0.391	0.568	0.462	0.675	0.533	0.781	0.604	0.888	0.675	0.959	0.781	1.136	1.314	1.527
路面	0.115	0.153	0.230	0.366	0.306	0.480	0.366	0.557	0.425	0.634	0.501	0.710	0.578	0.825	0.654	0.940	0.749	1.093	1.267	1.459
隧道	—	—	—	—	—	—	—	—	—	—	—	—	—	—	—	—	—	—	—	—
构造物Ⅰ	0.098	0.131	0.164	0.262	0.196	0.295	0.229	0.360	0.262	0.426	0.327	0.491	0.393	0.557	0.458	0.622	0.524	0.753	0.884	1.015
构造物Ⅱ	0.106	0.141	0.177	0.282	0.247	0.353	0.282	0.424	0.318	0.494	0.388	0.565	0.459	0.636	0.530	0.742	0.600	0.883	1.059	1.201
构造物Ⅲ	0.200	0.266	0.366	0.565	0.466	0.699	0.565	0.832	0.665	0.998	0.765	1.164	0.898	1.331	1.031	1.497	1.164	1.730	1.996	2.295
技术复杂大桥	0.109	0.181	0.254	0.363	0.290	0.435	0.363	0.508	0.435	0.580	0.508	0.689	0.580	0.798	0.653	0.907	0.725	1.052	1.233	1.414
钢材及钢结构	—	—	—	—	—	—	—	—	—	—	—	—	—	—	—	—	—	—	—	—

注:室内和隧道内工程及设备安装工程不计雨季施工增加费。

表 2.2.34　夜间施工增加费费率表

工程类别	费率(%)	工程类别	费率(%)
构造物Ⅱ	0.903	构造物Ⅲ	1.702
技术复杂大桥	0.928	钢材及钢结构	0.874

注:设备安装工程及金属标志牌、防撞钢护栏、防眩板(网)、隔离栅、防护网等不计夜间施工增加费。

表 2.2.35　高原地区施工增加费费率表

单位:%

工程类别	海拔高度						
	2001 ~ 2500 m	2501 ~ 3000 m	3001 ~ 3500 m	3501 ~ 4000 m	4001 ~ 4500 m	4501 ~ 5000 m	5000 m 以上
土方	13.295	19.709	27.455	38.875	53.102	70.162	91.853
石方	13.711	20.358	29.025	41.435	56.875	75.358	100.223
运输	13.288	19.666	26.575	37.205	50.493	66.438	85.040
路面	14.572	21.618	30.689	45.032	59.615	79.500	102.640
隧道	13.364	19.850	28.490	40.767	56.037	74.302	99.259
构造物Ⅰ	12.799	19.051	27.989	40.356	55.723	74.098	95.521
构造物Ⅱ	13.622	20.244	29.082	41.617	57.214	75.874	101.408
构造物Ⅲ	12.786	18.985	27.054	38.616	53.004	70.217	93.371
技术复杂大桥	13.912	20.645	29.257	41.670	57.134	75.640	100.205
钢材及钢结构	13.204	19.622	28.269	40.492	55.699	73.891	98.930

表 2.2.36　风沙地区施工增加费费率表

单位:%

工程类别	风沙区划								
	风沙一区			风沙二区			风沙三区		
	沙漠类型								
	固定	半固定	流动	固定	半固定	流动	固定	半固定	流动
土方	4.558	8.056	13.674	5.618	12.614	23.426	8.056	17.331	27.507
石方	0.745	1.490	2.981	1.014	2.236	3.959	1.490	3.726	5.216
运输	4.304	8.608	13.988	5.380	12.912	19.368	8.608	18.292	27.976
路面	1.364	2.727	4.932	2.205	4.932	7.567	3.365	7.137	11.025
隧道	0.261	0.522	1.043	0.355	0.783	1.386	0.522	1.304	1.826
构造物Ⅰ	3.968	6.944	11.904	4.960	10.912	16.864	6.944	15.872	23.808
构造物Ⅱ	3.254	5.694	9.761	4.067	8.948	13.828	5.694	13.015	19.523
构造物Ⅲ	2.976	5.208	8.928	3.720	8.184	12.648	5.208	11.904	17.226
技术复杂大桥	2.778	4.861	8.333	3.472	7.638	11.805	8.861	11.110	16.077
钢材及钢结构	1.035	2.070	4.140	1.409	3.105	5.498	2.070	5.175	7.245

表 2.2.37 沿海地区工程施工增加费费率表

工程类别	费率(%)	工程类别	费率(%)
构造物Ⅱ	0.207	构造物Ⅲ	0.195
技术复杂大桥	0.212	钢材及钢结构	0.200

注:①表中的构造物Ⅲ是指桥梁工程所用的商品水泥混凝土浇筑及混凝土构件、钢构件的安装。

②表中的钢材及钢结构是指桥梁工程所用的钢材及钢结构。

表 2.2.38 行车干扰工程施工增加费费率表 单位:%

工程类别	施工期间平均每昼夜双向行车次数(机动车、非机动车合计)							
	51~100	101~500	501~1000	1001~2000	2001~3000	3001~4000	4001~5000	5000 以上
土方	1.499	2.343	3.194	4.118	4.775	5.314	5.885	6.468
石方	1.279	1.881	2.618	3.479	4.035	4.492	4.973	5.462
运 输	1.451	2.230	3.041	4.001	4.641	5.164	5.719	6.285
路面	1.390	2.098	2.802	3.487	4.046	4.496	4.987	5.475
隧道	—	—	—	—	—	—	—	—
构造物Ⅰ	0.924	1.386	1.858	2.320	2.693	2.988	3.313	3.647
构造物Ⅱ	1.007	1.516	2.014	2.512	2.915	3.244	3.593	3.943
构造物Ⅲ	0.948	1.417	1.896	2.365	2.745	3.044	3.373	3.713
技术复杂大桥	—	—	—	—	—	—	—	—
钢材及钢结构	—	—	—	—	—	—	—	—

注:新建工程、中断交通进行封闭施工或为保护交通正常通行而修建保通便道的改(扩)建工程,不计行车干扰施工增加费。

表 2.2.39 施工辅助费费率表

工程类别	费率(%)	工程类别	费率(%)
土方	0.521	构造物Ⅰ	1.201
石方	0.470	构造物Ⅱ	1.537
运输	0.154	构造物Ⅲ	2.729
路面	0.818	技术复杂大桥	1.677
隧道	1.195	钢材及钢结构	0.564

工地转移费费率之内插法

表 2.2.40 工地转移费费率表 单位:%

工程类别	工地转移距离					
	50 km	100 km	300 km	500 km	1 000 km	每增加 100 km
土方	0.224	0.301	0.470	0.614	0.815	0.036
石方	0.176	0.212	0.363	0.476	0.628	0.030
运输	0.157	0.203	0.315	0.416	0.543	0.025
路面	0.321	0.435	0.682	0.891	1.191	0.062

续表

工程类别	工地转移距离					
	50 km	100 km	300 km	500 km	1 000 km	每增加 100 km
隧道	0.257	0.351	0.549	0.717	0.959	0.049
构造物Ⅰ	0.262	0.351	0.552	0.720	0.963	0.051
构造物Ⅱ	0.333	0.449	0.706	0.923	1.236	0.066
构造物Ⅲ	0.622	0.841	1.316	1.720	2.304	0.119
技术复杂大桥	0.389	0.523	0.818	1.067	1.430	0.073
钢材及钢结构	0.351	0.473	0.737	0.961	1.288	0.063

注:高速公路、一级公路及独立大桥、独立隧道项目转移距离按省会城市至工地的里程计算;二级及二级以下公路项目转移距离按地级市所在地至工地的里程计算;工地转移里程数在表列里程之间时,费率可内插计算。工地转移距离在 50 km 以内的工程按 50 km 计算。

表 2.2.41 基本费用费率表

工程类别	费率(%)	工程类别	费率(%)
土方	2.747	构造物Ⅰ	3.587
石方	2.792	构造物Ⅱ	4.726
运输	1.374	构造物Ⅲ	5.976
路面	2.427	技术复杂大桥	4.143
隧道	3.569	钢材及钢结构	2.242

表 2.2.42 主副食运费补贴费费率表

单位:%

工程类别	综合里程										
	3 km	5 km	8 km	10 km	15 km	20 km	25 km	30 km	40 km	50 km	每增加 10 km
土方	0.122	0.131	0.164	0.191	0.235	0.284	0.322	0.377	0.444	0.519	0.070
石方	0.108	0.117	0.149	0.175	0.218	0.261	0.293	0.346	0.405	0.473	0.063
运输	0.118	0.130	0.166	0.192	0.233	0.285	0.322	0.379	0.447	0.519	0.073
路面	0.066	0.088	0.119	0.130	0.165	0.194	0.224	0.259	0.308	0.356	0.051
隧道	0.096	0.104	0.130	0.152	0.185	0.229	0.260	0.304	0.359	0.418	0.054
构造物Ⅰ	0.114	0.120	0.145	0.167	0.207	0.254	0.285	0.338	0.394	0.463	0.062
构造物Ⅱ	0.126	0.140	0.168	0.196	0.242	0.292	0.338	0.394	0.467	0.540	0.073
构造物Ⅲ	0.225	0.248	0.303	0.352	0.435	0.528	0.599	0.705	0.831	0.969	0.132
技术复杂大桥	0.101	0.115	0.143	0.165	0.205	0.245	0.280	0.325	0.389	0.452	0.063
钢材及钢结构	0.104	0.113	0.146	0.168	0.207	0.247	0.281	0.331	0.387	0.449	0.062

注:综合里程数在表列里程之间时,费率可内插;综合里程在 3 km 以内的工程按 3 km 计取本项费用。

表 2.2.43 职工探亲路费费率表

工程类别	费率(%)	工程类别	费率(%)
土方	0.192	构造物Ⅰ	0.274
石方	0.204	构造物Ⅱ	0.348
运输	0.132	构造物Ⅲ	0.551
路面	0.159	技术复杂大桥	0.208
隧道	0.266	钢材及钢结构	0.164

表 2.2.44 职工取暖补贴费费率表

单位:%

工程类别	气温区						
	准二区	冬一区	冬二区	冬三区	冬四区	冬五区	冬六区
土方	0.060	0.130	0.221	0.331	0.436	0.554	0.663
石方	0.054	0.118	0.183	0.279	0.373	0.472	0.569
运输	0.065	0.130	0.228	0.336	0.444	0.552	0.671
路面	0.049	0.086	0.155	0.229	0.302	0.376	0.456
隧道	0.045	0.091	0.158	0.249	0.318	0.409	0.488
构造物Ⅰ	0.065	0.130	0.206	0.304	0.390	0.499	0.607
构造物Ⅱ	0.070	0.153	0.234	0.352	0.481	0.598	0.727
构造物Ⅲ	0.126	0.264	0.425	0.643	0.849	1.067	1.297
技术复杂大桥	0.059	0.120	0.203	0.310	0.406	0.501	0.609
钢材及钢结构	0.047	0.082	0.141	0.222	0.293	0.363	0.433

表 2.2.45 财务费用费率表

工程类别	费率(%)	工程类别	费率(%)
土方	0.271	构造物Ⅰ	0.466
石方	0.259	构造物Ⅱ	0.545
运输	0.264	构造物Ⅲ	1.094
路面	0.404	技术复杂大桥	0.637
隧道	0.513	钢材及钢结构	0.653

(8)规费(表 2.2.46)

表 2.2.46 规费费率表

规费	1	养老保险费	16%	各类工程人工费(包括机上人员人工费)之和×相应费率	规费各项费率由各省、自治区自行规定,目前采用广西壮族自治区现行的《部颁编制办法广西补充规定》
	2	失业保险费	0.5%		
	3	医疗(含生育)保险费	7.5%		
	4	工伤保险费	1%		
	5	住房公积金	8.5%		
	合计		33.5%		

(9)利润

利润指施工企业完成所承包工程获得的盈利。

利润=(定额直接费+企业管理费+措施费)×7.42%

(10)税金

税金指国家税法规定应计入建筑安装工程造价的增值税销项税额。

税金=(直接费+设备购置费+企业管理费+措施费+规费+利润)×9%

根据《公路工程建设项目概算预算编制办法》(JTG 3830—2018),各项费用计算程序和计算方式如表2.2.47所示。

表2.2.47 费用计算程序及计算方式

代号	项目	说明及计算式
一	定额直接费	∑人工消耗量×人工基价+∑(材料消耗量×材料基价)+∑(机械台班消耗量×机械台班基价)
二	定额设备购置费	∑设备购置数量×设备基价
三	直接费	∑人工消耗量×人工单价+∑(材料消耗量×材料预算单价)+∑(机械台班消耗量×机械台班预算单价)
四	设备购置费	∑设备购置数量×预算单价
五	措施费	(一)×施工辅助费费率+定额人工费和定额施工机械使用费之和×其余措施费综合费率
六	企业管理费	(一)×企业管理费综合费率
七	规费	各类工程人工费(含施工机械人工费)×规费综合费率
八	利润	[(一)+(五)+(六)]×利润率(7.42%)
九	税金	[(三)+(四)+(五)+(六)+(七)+(八)]×9%
十	专项管理费	按编办规定计算
	施工场地建设费	[(一)+(二)×40%+(五)+(六)+(七)+(八)+(九)]×累进费率
	安全生产费	建筑安装工程费(不含安全生产费本身)×(≥1.5%)
十一	定额建筑安装工程费	(一)+(二)×40%+(五)+(六)+(七)+(八)+(九)+(十)
十二	建筑安装工程费	(三)+(四)+(五)+(六)+(七)+(八)+(九)+(十)

编制招标控制价的清单单价应使用《公路工程预算定额》(JTG/T 3832—2018)。

工程量清单第200~700章清单子目综合单价=(人工费+材料费+机械使用费+设备购置费+措施费+企业管理费+利润+税金+风险费)/清单子目工程量。

招标控制价一般不考虑风险费用。

5)编制工程量清单计价文件的方法

编制工程量清单计价文件的一般方法为:

①根据工程项目的招标文件技术规范专用条款及《公路工程标准施工招标文件》(2018年版)工程量清单计量规则,分析清单子目的工程内容。

②根据《公路工程预算定额》(JTG/T 3832—2018),选择套用合适的定额并计算各定额工程量,分析各清单子目工程工料机消耗等资源。

③根据《公路工程建设项目概算预算编制办法》(JTG 3830—2018),分析计算工料机预算单价。

④根据《公路工程建设项目概算预算编制办法》(JTG 3830—2018)及《部颁编制办法广西补充规定》,计算措施费、企业管理费、规费、利润和税金等其他费用。

⑤根据计算的清单子目建筑安装工程费及其工程量，计算清单子目单价、合价以及章合计，汇总得到招标控制价。

某公路工程项目招标工程量清单计价文件及招标控制价见附录2。

6)定额的相关知识

(1)定额是什么

定额是经过科学的测定、分析、计算后用数字加以规定的法定尺度，是组织施工的基础，也是计算工料机、资金消耗的依据，还是工程计价的主要依据。定额反映了一定时期的社会生产力水平，既考虑先进合理性，还要考虑正常条件下，大多数人经过努力可达到且少数人可超额的情况，具有相对的稳定性。随着生产技术的提高和生产管理的变化，定额需要及时进行修订及补充。

在建筑工程施工活动中，完成任何一件产品，都需要消耗一定数量的人工、材料和使用机械。这些资源的消耗是随着生产中各种因素的不同而变化的。公路工程定额就是在正常的生产条件下，合理组织施工、合理使用材料和机械的情况下，完成单位合格产品所必需的人工、材料、机械设备及资金消耗的限额标准。同时，定额中还规定了相应的工程内容和要达到的质量标准及安全要求。

(2)工程定额分类

工程定额分类如表2.2.48所示。

表2.2.48　工程定额分类

分类标准	名称	内容
按定额反映的物质消耗内容(生产要素)分类	劳动定额	完成单位合格产品规定的活劳动(人工)消耗的数量标准
	材料定额	生产单位合格产品所必须消耗的某一定规格的建筑材料、成品、半成品、水电等资源的数量标准
	机械台班定额	完成单位合格产品所规定的施工机械消耗的数量标准
按照定额的编制程序和用途分类	估算指标	在项目建议书、可行性研究阶段，编制建议书估算、可行性研究估算时使用的人工、材料、施工机械等资源消耗量的数量标准
	概算定额	在初步设计及技术设计阶段，编制概算、修正概算时使用的人工、材料、施工机械等资源消耗量的数量标准
	预算定额	在施工图设计及招标阶段，编制施工图预算、清单预算、招标控制价时使用的人工、材料、施工机械等资源消耗量的数量标准
	施工定额	在施工阶段，编制施工预算、成本核算时使用的人工、材料、施工机械等资源消耗量的数量标准

(3)《公路工程预算定额》(JTG/T 3832—2018)组成

公路工程预算定额组成和运用

要正确使用《公路工程预算定额》(JTG/T 3832—2018)，应先了解其组成，如表2.2.49所示。

表2.2.49　《公路工程预算定额》(JTG/T 3832—2018)组成

组成部分	内容、说明或作用
总说明	对预算定额的适用情况、预算定额的编制原则、人工工日的小时规定、材料的场内运输损耗计取规定、周围性材料抽换规定、混凝土和砂浆配合比换算规定、次要及零星材料、小型机械费用计取、基价等方面作出解释和说明

续表

<table>
<tr><th colspan="2">组成部分</th><th>内容、说明或作用</th></tr>
<tr><td colspan="2">章、节说明</td><td>规定了预算定额工程量计算规则，对查用定额时须考虑的换算系数或方法进行了规定，并说明了编制章、节定额时的原则和依据</td></tr>
<tr><td rowspan="5">工程定额表</td><td>工程项目名称及定额单位</td><td>定额单位指工程项目的计量单位</td></tr>
<tr><td>工程项目包括的工程内容</td><td>工程项目划分为的不同细目、子目时，还列出细目名称、子目名称、子目代码</td></tr>
<tr><td>完成定额单位工程的人工、材料、机械的名称、单位、代号、数量</td><td>代号按《公路工程预算定额》(JTG/T 3832—2018)附录四规定，作为计算机进行概预算时工料机的识别符号</td></tr>
<tr><td>定额基价</td><td>定额人工费、定额材料费、定额机械使用费的合计价值，表示完成单位工程项目所需的人工、材料和机械的参考费用</td></tr>
<tr><td>表下注释</td><td>在章、节说明中没有包括的，定额表中未说明或需要补充说明的，仅供本定额表使用的注释</td></tr>
<tr><td rowspan="4">4个附录</td><td>路面材料计算基础数据表</td><td>路面材料计算的基础数据</td></tr>
<tr><td>基本定额</td><td>供抽换定额中混凝土和砂浆强度等级时使用的混凝土、砂浆配合比表</td></tr>
<tr><td>材料的周转及摊销</td><td>预制构件混凝土与模板的接触面积、每 10 m^2 接触面积的模板所需的人工、机械的数量及材料周转的使用量、材料周转次数</td></tr>
<tr><td>定额人工、材料设备单价表</td><td>人工、材料设备的规格、单位质量、代号、基价的统一规定</td></tr>
</table>

(4)如何查定额

为了正确运用定额，必须全面了解定额，深刻理解定额，熟练掌握定额。

①运用定额的步骤如图 2.2.4 所示。

②引用定额编号的写法。可采用[表-栏]的编号方法，也有采用八位编码方法。例如：滑模式摊铺机铺筑水泥混凝土路面厚度 20 cm 的预算定额，引用定额可表示为 2-2-17-5，也可表示为 20217005。

编码规则如图 2.2.5 所示。

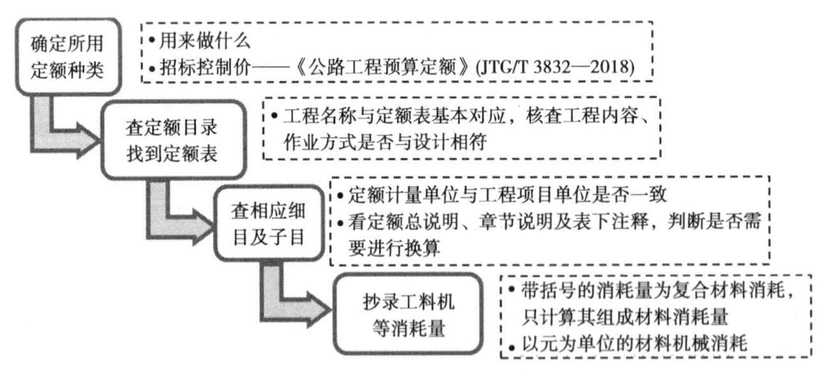

图 2.2.4 运用定额的步骤

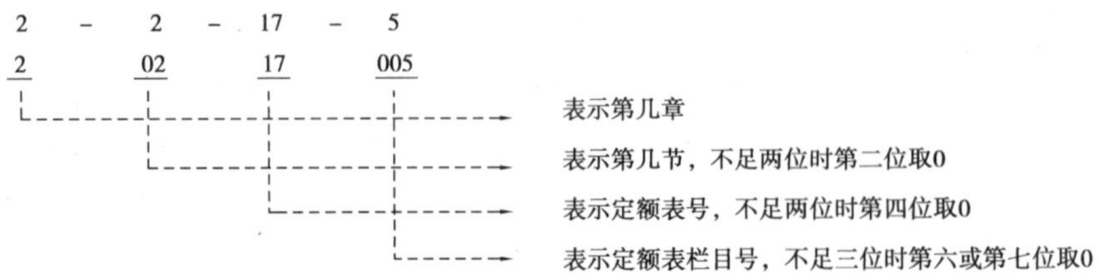

图 2.2.5 定额编码规则

③运用定额示例。编制某项目招标控制价时，需要查出石拱桥的浆砌片石拱圈工程的每 10 cm^3 定额消耗量，步骤如表 2.2.50 所示。

表 2.2.50 查定额操作步骤

序号	操作步骤	图表
1	确定所用定额种类：编制招标控制价，查《公路工程预算定额》(JTG/T 3832—2018)	JTG 中华人民共和国行业推荐性标准 JTG/T 3832-2018 公路工程预算定额 (上册) 2018-12-17 发布 2019-05-01 实施 中华人民共和国交通运输部发布
2	《公路工程预算定额》(JTG/T 3832—2018)分为上、下两册，应先查总目录	总 目 录 上 册 第一章 路基工程 说 明 第一节 路基土、石方工程 第二节 特殊路基处理工程 第三节 排水工程 第四节 防护工程 第二章 路面工程 说 明 第一节 路面基层及垫层 第二节 路面面层 第三节 路面附属工程 第三章 隧道工程 说 明 第一节 洞身工程 第二节 洞门工程 第三节 辅助坑道 第四节 瓦斯隧道※ 第四章 桥涵工程 说 明 第一节 开挖基坑 第二节 筑岛、围堰及沉井工程 第三节 打桩工程 第四节 灌注桩工程 第五节 砌筑工程
3	根据“石拱桥浆砌片石拱圈”可知，应查“第四章 桥梁工程”→“第五节 砌筑工程”，其定额表在上册	
4	查上册目录第四章第五节，可查到定额表 4-5-2 浆砌片石	第五节 砌筑工程 4-5-1 干砌片石、块石 4-5-2 浆砌片石 4-5-3 浆砌块石 4-5-4 浆砌料石 4-5-5 浆砌混凝土预制块 4-5-6 干、浆砌盖板石 4-5-7 浆砌青（红）砖
5	查定额表 4-5-2 浆砌片石，找到相应细目“拱圈”，引用的定额编号为 4-5-2-6，根据需要抄录各项定额消耗量，详见图 2.2.6	浆砌片石拱圈工程的定额消耗量，每 10 m^3 消耗的工料机为： 人工：10.5 工日 …… 8～12 号铁丝：1.5 kg …… 400 L 以内灰浆搅拌机：0.15 台班 基价：2 670 元 查书章节法查定额 软件章节法查定额 软件智查法查定额

4—5—2　浆砌片石

工程内容：1）选、修、洗石料；2）搭、拆脚手架、踏步或井字架；3）配、拌、运砂浆；4）砌筑；5）勾缝；6）养护。

单位：10m³

顺序号	项目	单位	代号	基础、护底、截水墙	护拱	实体式墩	实体式台、墙
				1	2	3	4
1	人工	工日	1001001	6.6	6.1	8.7	7.8
2	M7.5水泥砂浆	m³	1501002	(3.5)	(3.5)	(3.5)	(3.5)
3	M10水泥砂浆	m³	1501003	-	-	(0.12)	(0.05)
4	8～12号铁丝	kg	2001021	-	-	1.8	0.6
5	钢管	t	2003008	-	-	0.011	0.004
6	铁钉	kg	2009030	-	-	0.3	0.1
7	水	m³	3005004	4	4	9	8
8	原木	m³	4003001	-	-	0.01	-
9	锯材	m³	4003002	-	-	0.05	0.02
10	中（粗）砂	m³	5503005	3.82	3.82	3.94	3.87
11	片石	m³	5505005	11.5	11.5	11.5	11.5
12	32.5级水泥	t	5509001	0.931	0.931	0.968	0.947
13	其他材料费	元	7801001	1.2	1.2	5.4	2.7
14	1.0m³以内轮胎式装载机	台班	8001045	0.08	0.1	0.1	0.1
15	400L以内灰浆搅拌机	台班	8005010	0.15	0.15	0.15	0.15
16	基价	元	9999001	2127	2086	2545	2338

续前页　　　　单位：10m³

顺序号	项目	单位	代号	轻型墩台、拱上横墙、墩上横墙	拱圈	锥坡、沟槽、池	填腹石实体式墩	填腹石实体式台、墙
				5	6	7	8	9
1	人工	工日	1001001	10	10.5	8.7	7.8	6.8
2	M7.5水泥砂浆	m³	1501002	(3.5)	(3.50)	(3.50)	(3.50)	(3.50)
3	M10水泥砂浆	m³	1501003	(0.17)	(0.18)	(0.29)	-	-
4	8～12号铁丝	kg	2001021	2.2	1.5		1.8	0.6
5	钢管	t	2003008	0.006			0.011	0.004
6	铁钉	kg	2009030	0.2	0.1		0.3	0.1
7	水	m³	3005004	10	15	18	7	7
8	原木	m³	4003001	0.02	0.01		0.01	
9	锯材	m³	4003002	0.04	0.02		0.05	0.02
10	中（粗）砂	m³	5503005	4	4.01	4.13	3.82	3.82
11	片石	m³	5505005	11.5	11.5	11.5	11.5	11.5
12	32.5级水泥	t	5509001	0.984	0.987	1.021	0.931	0.931
13	其他材料费	元	7801001	4.1	4.4	1.2	5.4	2.7
14	1.0m³以内轮胎式装载机	台班	8001045	0.1	0.1	0.08	0.1	0.1
15	400L以内灰浆搅拌机	台班	8005010	0.15	0.15	0.15	0.15	0.15
16	基价	元	9999001	2673	2670	2443	2422	2220

图 2.2.6　定额表 4-5-2 浆砌片石

4.4.2　编制第 200 章路基土石方工程量清单单价

如何编制路基土石方工程量清单单价

1）步骤 1：分析清单子目的计量规则

根据《公路工程标准施工招标文件》（2018 年版）第八章，路基土石方工程量清单计量规则分析如表 2.2.51 所示。

表 2.2.51 路基土石方工程量清单计量规则(部分)

子目号	子目名称	单位	工程内容
202-1	**清理与掘除**		
-a	清理现场	m^2	1. 灌木、竹林、胸径小于 10 cm 树木的砍伐及挖根;(本项目无) 2. 清除场地表面 0 ~ 30 cm 范围内的垃圾、废料、表土(腐殖土)、石头、草皮; 3. 与清理现场有关的一切挖方、坑穴的回填、整平、压实;(本项目不含回填) 4. 适用材料的装卸、移运、堆放及非适用材料的移运处理;(本项目不含回填材料装运) 5. 现场清理
203-1	路基挖方		
-a	挖土方(含 5 km 及 5 km 以内运输)	m^3	1. 挖、装、运输、卸车; 2. 填料分理、弃土整形、压实; 3. 施工排水处理; 4. 边坡整修、路床顶面以下挖松深 300 mm 再压实、路床清理
-b	挖石方(含 5 km 及 5 km 以内运输)	m^3	1. 石方爆破; 2. 挖、装、运输、卸车; 3. 填料分理、弃土整形、压实; 4. 施工排水处理; 5. 边坡整修、路床顶面凿平或填平压实、路床清理
-c	挖除非适用材料(不含淤泥、岩盐、冻土)(含 5 km 及 5 km 以内运输)	m^3	1. 施工排水处理; 2. 挖除、装载、运输、卸车、堆放; 3. 现场清理
204-1	路基填筑(包括填前压实、清表回填)		
-a	利用土方	m^3	1. 基底翻松、压实、挖台阶; 2. 临时排水、翻晒; 3. 分层摊铺; 4. 洒水、压实、刷坡; 5. 整形
-b	利用石方(软石、次坚石)	m^3	1. 基底翻松、压实,挖台阶; 2. 临时排水、翻晒; 3. 边坡码砌; 4. 分层摊铺; 5. 小石块(或石屑)填缝、找补; 6. 洒水、压实; 7. 整形

2)步骤 2:清单子目套用定额

怎样确定清单子目的定额组价方案

根据清单子目单价费用组成可知,直接费=人工费+材料费+施工机械使用费。又有以下公式:

人工费=定额人工消耗量×人工单价

材料费=∑(定额材料消耗量×材料预算单价)

施工机械使用费=∑(定额施工机械消耗量×机械台班预算单价)

路基土石方工程施工

由此可知,计算直接费的人工费、材料费和施工机械使用费,首先要确定人工、材料、机械的消耗量。工料机消耗量是可以测定的,而各类定额是满足正常的生产条件下,合理组织施工和合理使用资源完成某项工作的工料机消耗量标准。因此,工料机消耗量可以通过选择合适的预算定额来分析确定。

选择定额时,最重要的是进行清单子目与定额两者在工作内容上的一致性判断。当定额确定后,对所选定额还应判断是否与设计图纸要求一致,从而判断是否需要定额调整。

如 202-1-a 清理现场,清单子目工程内容与所涉及定额的工程内容的对比分析如表 2.2.52 所示。

表 2.2.52 清单子目工程内容与定额工程内容对比分析

属性	子目号/定额编号	子目或定额名称	工程内容	分析
清单	202-1-a	清理现场	1. 灌木、竹林、胸径小于 10 cm 树木的砍伐及挖根; 2. 清除场地表面 0～30 cm 范围内的垃圾、废料、表土(腐殖土)、石头、草皮; 3. 与清理现场有关的一切挖方、坑穴的回填、整平、压实; 4. 适用材料的装卸、移运、堆放及非适用材料的移运处理; 5. 现场清理	本项目无第 1 点工程内容,回填压实至原地面高程的工程内容包含在挖、填清单子目工程内容中
定额	1-1-1-12	135 kW 以内推土机清除表土	推土机推挖表土、推出路基外	挖的工作
定额	1-1-10-2	2 m^3 以内装载机装土	铲装土方、装车、调位、清理工作面	装的工作
定额	1-1-11-7	12 t 以内自卸汽车运土第一个 1 km	等待装、运、卸、空回	运的工作

路基土石方工程施工机械

在表 2.2.52 中,清理现场工程内容的现场清理属于结束工作,根据《公路工程预算定额》(JTG/T 3832—2018)总说明第六点:“定额内除扼要说明施工的主要操作工序外,均包括准备与结束、场内操作范围内的水平与垂直运输、材料工地小搬运、辅助和零星用工、工具及机械小修、场地清理等工程内容”可知,不能再套用以上工程内容定额。

软基高填路基-冲击碾压

软基处理-自动落锤式强夯锤强夯

从表 2.2.52 中可看出,202-1-a 清理现场清单子目需要套用 3 个定额构成定额组合,才能正确地计算清理现场工作的人工、材料、机械消耗量。

表 2.2.53 列出了各清单子目及其套用的定额,反映了清单子目与定额的对应关系。

表 2.2.53 清单子目项与定额子目对应关系(路基土石方工程)

工程内容	子目号/定额编号	子目或定额名称	单位/定额单位	设计工程量	定额换算	工程类别
推、装、运	202-1-a	清理现场	m^2	126790		
推土机推挖表土、推出路基外	1-1-1-12	135 kW 以内推土机清除表土	100 m^3	38040		01 土方
铲装土方、装车、调位、清理工作面	1-1-10-2	2 m^3 以内装载机装土	1000 m^3 天然密实方	38040		01 土方
等待装、运、卸、空回	1-1-11-7	12 t 以内自卸汽车运土 1 km	1000 m^3 天然密实方	38040		03 运输
超过 1 km 运距后增运	1-1-11-8	12 t 以内自卸汽车运土每增运 0.5 km(平均运距 15 km 以内)	1000 m^3 天然密实方	14724		03 运输
挖、装、运	203-1-a	路基挖土方(含 5 km 及 5 km 以内运输)	m^3	639142		
推土机推土、空回、整理	1-1-12-14	135 kW 以内推土机推普通土 20 m	1000 m^3 天然密实方	17799		01 土方
	1-1-12-15	135 kW 以内推土机推硬土 20m	1000 m^3 天然密实方	117090		01 土方
超过 20 m 运距后增运	1-1-12-16	135 kW 以内推土机推土每增运 10 m	1000 m^3 天然密实方	386127		01 土方
挖掘机就位、开辟工作面、挖土、装车、移位、清理工作面	1-1-9-8	2.0 m^3 以内挖掘机挖装普通土	1000 m^3 天然密实方	93252		01 土方
	1-1-9-9	2.0 m^3 以内挖掘机挖装硬土	1000 m^3 天然密实方	411001		01 土方
等待装、运、卸、空回	1-1-11-7	12 t 以内自卸汽车运土 1 km	1000 m^3 天然密实方	298675+205578=504253		03 运输
超过 1 km 运距后增运	1-1-11-8	12 t 以内自卸汽车运土每增运 0.5 km(平均运距 15 km 以内)	1000 m^3 天然密实方	1 742+76969=78711		03 运输

续表

工程内容	子目号/定额编号	子目或定额名称	单位/定额单位	设计工程量	定额换算	工程类别
整平、按规定的坡度修整	1-1-20-1	机械整修路拱	1000 m^2	分摊比例：639142/（639142+396612）=0.617 193581×0.617=119439		01 土方
修整、铺平、拍实	1-1-20-4	机械整修二级及以上等级公路边坡	1 km	分摊比例：639142/（639142+613364+396612+401709）=0.312 22.774×0.312=7.105		01 土方
开炸、装、运	203-1-b	路基挖石方（含 5 km 及 5 km 以内运输）	m^3	613 364		
准备工作、开炸、解小等	1-1-14-4	机械打眼开炸软石	1000 m^3 天然密实方	451202		02 石方
准备工作、开炸、解小等	1-1-14-5	机械打眼开炸次坚石	1000 m^3 天然密实方	162162		02 石方
推土机推石、空回、整理	1-1-12-31	135 kW 以内推土机推软石 20 m	1000 m^3 天然密实方	451202		02 石方
推土机推石、空回、整理	1-1-12-32	135 kW 以内推土机推次坚石 20 m	1000 m^3 天然密实方	162162		02 石方
超过 20 m 运距后增运	1-1-12-34	135 kW 以内推土机推软石每增运 10 m	1000 m^3 天然密实方	220521		02 石方
超过 20 m 运距后增运	1-1-12-35	135 kW 以内推土机推次坚石每增运 10 m	1000 m^3 天然密实方	40044		02 石方
铲装石方、装车、调位、清理工作面	1-1-10-5	2 m^3 以内装载机装软石	1000 m^3 天然密实方	390059		02 石方
铲装石方、装车、调位、清理工作面	1-1-10-8	2 m^3 以内装载机装次坚石、坚石	1000 m^3 天然密实方	151157		02 石方

等待装、运、卸、空回	1-1-11-21	12 t以内自卸汽车运石1 km	1000 m^3 天然密实方	297424+243792=541216		03 运输
超过1 km运距后增运	1-1-11-22	12 t以内自卸汽车运石每增运0.5 km(平均运距15 km以内)	1000 m^3 天然密实方	29928+74489=104 417		03 运输
修整、铺平、拍实	1-1-20-4	机械整修二级及以上等级公路边坡	1 km	分摊比例：613364/(639142 + 613364 + 396612+401709)=0.299 22.774×0.299=6.809		01 土方
挖、装、运	203-1-c	挖除非适用材料(不含淤泥、岩盐、冻土)(含5 km及5 km以内运输)	m^3	19392		
挖掘机就位、开辟工作面、挖土、装车、移位、清理工作面	1-1-9-8	2.0 m^3以内挖掘机挖装普通土	1000 m^3 天然密实方	19392		01 土方
等待装、运、卸、空回	1-1-11-7	12 t以内自卸汽车运输土1 km	1000 m^3 天然密实方	19392		03 运输
整平、碾压	204-1-a	路基利用土填筑	m^3	396612		
整平土方、碾压	1-1-18-9	二级公路填方路基15 t以内振动压路机碾压土方	1000 m^3 压实方	396612		01 土方
填前夯(压)实	1-1-5-4	填前12～15 t光轮压路机压实	1000 m^2	分摊比例：396612/(396612 + 401709) = 0.497 126790×0.497=63015		01 土方
画线挖土、抛土至填方处	1-1-4-5	挖掘机挖土质台阶普通土	1000m^2	分摊比例：396612/(396612 + 401709) = 0.497 126876×0.497=63057		01 土方

续表

工程内容	子目号/定额编号	子目或定额名称	单位/定额单位	设计工程量	定额换算	工程类别
整平、按规定的坡度修整	1-1-20-1	机械整修路拱	1000 m^2	分摊比例：396612/(639142+396612)=0.383 193581×0.383=74142		01 土方
修整、铺平、拍实	1-1-20-4	机械二级及二级以上公路整修边坡	1 km	分摊比例：396612/(639142+613364+396612+401709)=0.193 22.774×0.193=4.395		01 土方
整平、碾压	204-1-b	路基利用石填筑	m^3	401709		
机械解小并摊平石方、碾压	1-1-18-16	二级公路填方路基15 t以内振动压路机碾压石方	1000 m^3 压实方	401709		02 石方
填前夯(压)实	1-1-5-4	填前12～15 t光轮压路机压实	1000 m^2	分摊比例：401709/(396 612+401709)=0.503 126790×0.503=63775		01 土方
画线挖土、抛土至填方处	1-1-4-5	挖掘机挖土质台阶普通土	1000 m^2	分摊比例：401709/(396612+401709)=0.503 126876×0.503=63819		01 土方
修整、铺平、拍实	1-1-20-4	机械二级及二级以上公路整修边坡	1 km	分摊比例：401709/(639142+613364+396612+401709)=0.196 22.774×0.196=4.464		01 土方

启发与思考

某公司在投标某海边吹沙填海工程时，有一项“吹沙填海”的工程项目，由于该公司一直从事公路工程施工，以前没有类似项目的施工经验，所以在报价时以报价的，导致所报的单价比正常“强夯”的价低很多，造成很大的损失。当对某一工程的施工流程不太清楚时，一定要先去了解施工方法而选择正确的定额。

3）步骤3：计算定额工程量

分析图纸相应清单子目的工程内容，正确摘取并计算定额子目的工程量，如表2.2.53所示。

4）步骤4：分析消耗的资源及其数量，计算工料机预算价格

（1）分析清单子目工作的全部资源（工料机等）消耗量

通过查找清单子目对应的定额，求出清单子目工作的资源消耗量，如表2.2.54所示。

表2.2.54　清单子目项与定额子目对应关系

子目号/定额编号	子目或定额名称	单位	工程量
203-1-c	挖除非适用材料（不含淤泥、岩盐、冻土）（含5 km及5 km以内运输）	m^3	19392
1-1-9-8	2.0 m^3 以内挖掘机挖装普通土	1000 m^3 天然密实方	19392
1-1-11-7	12 t以内自卸汽车运输土1 km	1000 m^3 天然密实方	19392

下面以【203-1-c挖除非适用材料（不含淤泥、岩盐、冻土）（含5 km及5 km以内运输）】为例，利用表2.2.55分析资源消耗量。

表2.2.55中各项填写要求及计算方法说明如表2.2.56至表2.2.58所示（以定额1-1-9-8为例）。

（2）确定工料机预算单价

①确定人工预算单价。根据《部颁编制办法广西补充规定》（附录5）可知，人工费单价（含机械人工、船员）全区统一为101.25元/工日，潜水员人工费单价为164元/工日。

机械台班预算单价计算示例

②确定材料预算单价。本例无材料消耗量，但是施工机械消耗的动力燃料等也属于材料，故需要确定柴油的材料预算单价。

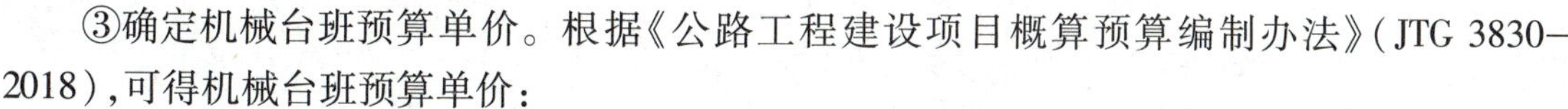

③确定机械台班预算单价。根据《公路工程建设项目概算预算编制办法》（JTG 3830—2018），可得机械台班预算单价：

机械台班预算单价=不变费用+可变费用

=（折旧费+检修费+维护费+安拆辅助费）+（机手人工费+燃油动力费+其他费用）

下面以本案例中【2.0 m^3 以内履带式液压单斗挖掘机】为例，计算机械台班预算单价。

在《公路工程机械台班费用定额》（JTG/T 3833—2018）中查出代号8001030的2.0 m^3 以内履带式液压单斗挖掘机，其不变费用和可变费用中的人工、柴油消耗量。

计算台班预算单价，填入表2.2.59。

表 2.2.55　单价分析表

细目号：203-1-c

细目名称：挖除非适用材料（不含淤泥）（含 5km 运输）　　数量：19 392　　单价：8.71

序号	工程项目					挖掘机挖装土、石方			自卸汽车运土、石方			合计	
	工程细目					2.0 m^3 以内挖掘机挖装普通土			12 t 以内自卸汽车运土 1 km				
	定额单位					1000 m^3 天然密实方			1000 m^3 天然密实方				
	工程数量					19.392			19.392				
	定额表号					1-1-9-8			1-1-11-7				
	工料机名称	单位	定额单价	定额人工	预算单价	定额	数量（计算过程）	金额（计算过程）	定额	数量（计算过程）	金额（计算过程）	数量	金额
1	人工	工日	106.28		101.25	3.1	3.1×19.392=60.115	60.115×101.25=6087				60.115	6087
2	2.0 m^3 以内履带式液压单斗挖掘机	台班	1 501.23	2	1 366.14	1.3	1.3×19.392=25.210	25.21×1 366.14=34 440				25.210	34440
3	12 t 以内自卸汽车	台班	841.46	1	753.54				5.96	5.96×19.392=115.576	115.576×753.54=87091	115.576	87091
4	基价（定额直接费）	元	1.00		1.00	2281	2281×19.392=44233.152	44233.152×1=44233	5015	5015×19.392=97250.880	97250.88×1=97251	141484.032	141484
5	其中：定额人工费	元						106.28×60.115=6389			0		6389
6	其中：定额施工机械费	元						25.21×1501.23=37846			115.576×841.46=97253		135099
7	直接费	元					6087+34440=40527			87091			127618
8	其中：人工费	元					60.115×101.25=6087			0			6087

	其中:机械人工费		元					25.21×2×101.25=5105		115.576×1×101.25=11702		16807
	措施费	Ⅰ	元				3.506%	(6389+37846)×3.506%=1551	3.346%	(0+97253)×3.346%=3254		4805
		Ⅱ	元				0.521%	44233×0.521%=230	0.154%	97251×0.154%=150		380
	企业管理费		元				3.332%	44233×3.332%=1474	1.888%	97251×1.888%=1836		3310
	规费		元				33.5%	(6087+5105)×33.5%=749	33.5%	(0+11702)×33.5%=3920		7669
	利润		元				7.42%	(44233+1551+230+1474)×7.42%=3524	7.42%	(97251+3254+150+1836)×7.42%=7605		11129
	税金		元				9%	(40527+1551+230+1474+3749+3524)×9%=4595	9%	(87091+3254+150+1836+3920+7605)×9%=9347		13942
	金额合计		元					40527+1551+230+1474+3749+3524+4595=55650		87091+3254+150+1836+3920+7605+9347=113203		168853
	综合单价		元/m^3					55650/19392=2.87		113203/19392=5.84		8.71

表 2.2.56　单价分析表填写示例(一)

表头		填写要求及方法
工程项目	挖掘机挖装土、石方	定额表名称
工程细目	2.0 m^3 以内挖掘机挖装普通土	相应栏目的定额工作名称
定额单位	1000 m^3 天然密实方	定额表栏目对应的单位
工程数量	2.194	设计工程量/定额单位
定额表号	1-1-9-8	

表 2.2.57　单价分析表填写示例(二)

工料机名称	单位	定额单价	定额机械人工工日	预算单价	定额	数量(计算过程)	金额(计算过程)	合计	
								数量	金额
选定的定额表中的工料机项目名称、单位		人工、材料定额单价为《公路工程预算定额》(JTG/T 3832—2018)附录四的单价,机械定额单价为《公路工程机械台班费用定额》(JTG/T 3833—2018)的定额基价	只有机械需要填,是《公路工程机械台班费用定额》(JTG/T 3833—2018)相应机械的人工消耗量	按编办要求计算的工程所在地造价编制期间的工料机单价	定额表中的工料机消耗量	定额×工程数量	预算单价×数量	同一清单子目下全部数量之和	同一清单子目下全部金额之和

表 2.2.58　1-1-9　挖掘机挖装土、石方

工程内容:挖掘机就位,开辟工作面,挖土或爆破后石方,装车,移位,清理工作面。　　单位:1000 m^3 天然密实方

顺序号	项目	单位	代号	挖装土方								
				斗容量(m^2)								
				0.6 以内			1.0 以内			2.0 以内		
				松土	普通土	硬土	松土	普通土	硬土	松土	普通土	硬土
				1	2	3	4	5	6	7	8	9
1	人工	工日	1001001	2.7	3.1	3.4	2.7	3.1	3.4	2.7	3.1	3.4
2	0.6 m^3 以内履带式液压单斗挖掘机	台班	8001025	2.7	3.16	3.64	—	—	—	—	—	—
3	1.0 m^3 以内履带式液压单斗挖掘机	台班	8001027	—	—	—	1.7	1.98	2.26	—	—	—
4	2.0 m^3 以内履带式液压单斗挖掘机	台班	8001030	—	—	—	—	—	—	1.14	1.3	1.47
5	基价	元	9999001	2535	2960	3391	2318	2696	3062	1998	2281	2568

表 2.2.59　机械台班预算单价计算

	不变费用		可变费用		
2.0 m^3 以内履带式液压单斗挖掘机	折旧费	332	名称	台班消耗量	金额
	检修费	86.72	人工	2	2×101.25＝202.5
	维护费	185.99	燃油	91.93	6.08×91.93＝558.93
	安拆辅助费	0	其他费用	—	0
	小计	604.71	小计	—	202.5+558.93+0＝761.43
台班预算单价(元/台班)	604.71+761.43＝1366.14				

将全部的工料机预算单价填入表 2.2.55 中。

5)步骤 5:计算措施费及企业管理费

①根据《公路工程建设项目概算预算编制办法》(JTG 3830—2018)关于措施费及企业管理费计算的规定,确定路基土石方工程措施费的取费类别及费率,填入表 2.2.55。

工程类别的划分为 10 类,见表 2.2.30。

以清单子目【203-1-c 挖除非适用材料(不含淤泥、岩盐、冻土)(含 5 km 及 5 km 以内运输)】套用的两个定额为例,说明如何确定工程类别,如表 2.2.60 所示。

表 2.2.60　定额子目工程类别的确定方法

定额编号	定额名称	划分标准	工程类别
1-1-9-8	2.0 m^3 以内挖掘机挖装普通土	土方:人工及机械施工的土方工程、路基掺灰、路基换填及台背回填	01 土方
1-1-11-7	12 t 以内自卸汽车运输土 1 km	运输:用汽车、拖拉机、机动翻斗车、船舶等运送的土石方、路面基层和面层混合料、水泥混凝土及预制构件、绿化苗木等	03 运输

②根据《公路工程建设项目概算预算编制办法》(JTG 3830—2018),分析各项措施费取费依据,如表 2.2.61 所示。

表 2.2.61　措施费取费参数表

费用名称	取费依据	费率确定
冬季施工增加费	项目所在地的冬季施工气温区划分	不计
雨季施工增加费	项目所在地全国雨季施工雨量区和雨季期划分	Ⅱ区,5 个月
夜间施工增加费	常规施工组织设计	不计
特殊地区施工增加费	全国高原、风沙地区划分	不计
沿海地区施工增加费	《部颁编制办法广西补充规定》	不计
行车干扰施工增加费	施工期间平均每昼夜双向行车次数	查设计总说明,次数为 101～500
工地转移费	工地转移距离	二级及以下按地级市所在地到工地的里程计

根据《公路工程建设项目概算预算编制办法》(JTG 3830—2018)和表 2.2.61,将措施费各项费率填入表 2.2.62。

表 2.2.62　措施费费率计算表

工程类别			序号	取费参数信息	土方	运输
措施费费率（%）	冬季施工增加费		1	不计	0	0
	雨季施工增加费		2	百色市，属Ⅱ区，5 个月	0.939	0.959
	夜间施工增加费		3	不计	0	0
	高原地区施工增加费		4	不计	0	
	风沙地区施工增加费		5	不计	0	
	沿海地区施工增加费		6	不计	0	
	行车干扰施工增加费		7	施工期间平均每昼夜双向行车次数为 101～500	2.343	2.230
	施工辅助费		8	按编办要求计取	0.521	0.154
	工地转移费		9	50 km	0.224	0.157
	综合费率	Ⅰ	10	第 1～7 项、第 9 项之和	3.506	3.346
		Ⅱ	11	第 8 项	0.521	0.154

③以清单子目【203-1-c 挖除非适用材料】为例，套用的两个定额 1-1-9-8 和 1-1-11-7 分别按土方、运输类别取费，将企业管理费各项费率填入表 2.2.63。

表 2.2.63　企业管理费费率计算表

序号	工程类别	企业管理费（%）					
		基本费用	主副食运费补贴	职工探亲路费	职工取暖补贴	财务费用	综合费率
1	土方	2.747	0.122	0.192	0	0.271	3.332
2	运输	1.374	0.118	0.132	0	0.264	1.888

其中，主副食运费补贴中的主副食运输综合里程，本例设计为旧路改建二级公路，考虑在沿线乡镇采购，按 3 km 计。

工料机费与定额工料机费

④完成单价分析表措施费、企业管理费计算。

表 2.2.55 下半部分填写及计算方法如表 2.2.64 所示。

表 2.2.64　基价、直接费、措施费及企业管理费计算式

项目	计算式
基价（定额直接费）	定额人工费+定额材料费+定额施工机械费
其中：定额人工费	定额人工数量×定额人工基价
其中：定额机械使用费	∑（各类机械数量×定额机械台班基价）
直接费	人工费+材料费+施工机械费
其中：人工费（含机械工）	人工费+∑（机械数量×机械台班定额人工消耗量）×项目所在地人工预算单价
措施费Ⅰ	（定额人工费+定额施工机械使用费）×措施费Ⅰ费率
措施费Ⅱ	基价（定额直接费）×措施费Ⅱ费率
企业管理费	基价（定额直接费）×企业管理费费率

定额人工基价、定额材料基价来自《公路工程预算定额》(JTG/T 3832—2018)附录四“定额人工、材料、设备单价表”。

定额施工机械基价来自《公路工程机械台班费用定额》(JTG/T 3833—2018)规定的定额基价。

定额直接费是定额人工费、定额材料费和定额施工机械费三者费用之和。

6)步骤6:计算规费、利润及税金

①确定规费费率、利润率、增值税税率。

根据《部颁编制办法广西补充规定》,广西规费费率为33.5%。

根据《公路工程建设项目概算预算编制办法》(JTG 3830—2018),利润率为7.42%。

根据国家现行有关税项规定,应计入建筑安装工程造价的增值税销项税率为9%。

②计算规费、利润和税金(完成表2.2.55内相关内容)。

计算方法及计算公式如表2.2.65所示。

表2.2.65　规费、利润、税金及综合单价计算式

项目	计算式
规费	人工费(含机械工)×规费费率
利润	(定额直接费+措施费+企业管理费)×利润率
税金	(直接费+措施费+企业管理费+规费+利润)×税率
金额合计	人工费+材料费+机械使用费+措施费+企业管理费+规费+利润+税金
单价	金额合计/清单子目工程量

启发与思考

按现行计价规范,公路工程专业采用的是全费用综合单价,即清单单价包含工料机费、措施费、管理费、规费、利润及税金,但市政工程专业及房屋建筑工程专业目前大多数仍采用部分费用单价,其单价仅包含分部分项工料机费、管理费及利润,不包含总价措施、其他项目、规费及税金。对于不同专业的工程项目,承包人必须弄清楚纳税要求,如市政和房屋建筑安装工程,则需要自行办理缴纳税款,这是守法企业应该承担的责任。对于我们每一个人,都应该依法纳税,这也是公民的基本素质和责任。

7)步骤7:计算清单子目单价、合价及章合计

在单价分析表中计算清单子目单价。

$$清单子目合价=单价×清单数量$$

$$章合计=\sum 本章清单子目的合价$$

本例路基土石方清单的单价、合价、章合计计算结果如表2.2.66所示。

表2.2.66　标价工程量清单

清单 第200章　路基					
子目号	子目名称	单位	数量	单价	合价
202	场地清理				
202-1	清理与掘除				
-a	清理现场	m^2	126790	3.21	406996
203	挖方路基				
203-1	路基挖方				
-a	挖土方(含5 km及5 km以内运输)	m^3	639142	8.68	5547753

续表

子目号	子目名称	单位	数量	单价	合价
-b	挖石方(含 5 km 及 5 km 以内运输)	m^3	613364	28.32	17370468
-c	挖除非适用材料(不含淤泥、岩盐、冻土)(含 5 km 及 5 km 以内运输)	m^3	19392	8.71	168904
204	填方路基				
204-1	路基填筑(包含填前压实及清表回填、软基回填)				
-a	利用土方	m^3	396612	5.44	2157567
-b	利用石方	m^3	401709	7.15	2872217
清单　第 200 章合计　人民币 28523905　元					

路基排水工程施工

如何编制路基排水工程工程量清单单价

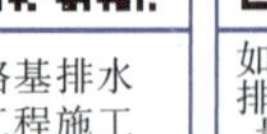

4.4.3　编制第 200 章路基排水工程量清单单价

1)步骤 1:分析清单子目的计量规则

根据《公路工程标准施工招标文件》(2018 年版)第八章工程量清单计量规则,结合工程设计图纸等相关资料,确定本案例排水工程浆砌片石边沟各清单子目的工程内容如表 2.2.67 所示。

表 2.2.67　路基排水工程量清单计量规则(部分)

子目号	子目名称	单位	工程内容
207-1	边沟		
-a	M7.5 浆砌片石	m^3	1. 场地清理; 2. 地基平整夯实,断面补挖; 3. 铺设垫层;(本项目无) 4. 砂浆拌制; 5. 浆砌片石、勾缝、抹面、养生 6. 回填
-c	现浇 C20 混凝土台帽	m^3	1. 场地清理; 2. 地基平整夯实,断面补挖; 3. 铺设垫层;(本项目无) 4. 模板制作、安装、拆除; 5. 钢筋制作与安装;(本项目无) 6. 混凝土拌和、运输、浇筑、养生; 7. 回填
-e	预制安装 C30 混凝土盖板	m^3	1. 场地清理; 2. 模板制作、安装、拆除; 3. 钢筋制作与安装; 4. 预制件预制、运输、装卸; 5. 预制件安装

2)步骤 2:清单子目套用定额

(1)套用正确定额

根据本案例边沟的清单子目工程内容,套用正确定额,填入表 2.2.68 中。

涵台背回填砂石-人工打夯机夯实

涵背回填砂性土-液压强夯机夯实

涵背回填砂石-液压强夯机夯实

表 2.2.68 清单子目项与定额子目对应关系(路基排水工程)

工程内容	子目号/定额编号	细目或定额名称	单位/定额单位	设计工程量	定额换算	工程类别
挖基、砌石、勾缝、抹面	207-1-a	M7.5 浆砌片石	m^3	9817.4		
挖沟	1-3-1-1	人工挖沟普通土	1000 m^3 天然密实方	332.8+9149.52=9482.32		01 土方
砌筑沟身	1-3-3-1	浆砌片石边沟	10 m^3 实体	9817.4	M10 换算为 M7.5	06 构造物 I
抹面	4-11-6-17	水泥砂浆抹面厚 2 cm	100 m^2	156+11995 =12151		06 构造物 I
混凝土拌和、浇筑	207-1-c	C20 现浇混凝土台帽	m^3	73.9		
混凝土拌和	4-11-11-1	250 L 以内混凝土搅拌机拌和	10 m^3	73.9×1.02=75.378		06 构造物 I
现浇混凝土	4-6-3-1	混凝土墩、台帽非泵送	10 m^3 实体	73.9	C30 换算为 C20	06 构造物 I
预制混凝土、钢筋制安、盖板安装	207-1-e	C30 预制安装混凝土边沟盖板	m^3	26		
预制盖板	1-3-4-10	预制混凝土水沟盖板矩形带孔	10 m^3	26×1.01=26.26	C20 换算为 C30	06 构造物 I
盖板钢筋	1-3-4-11	水沟盖板钢筋	1 t	(436+2387)/1000=2.823	光圆钢筋:带肋钢筋=0.158:0.867	10 钢材及钢结构
安装盖板	1-3-4-12	安装水沟盖板	10 m^3	26		06 构造物 I

(2)分析判断有无定额调整

根据《公路工程预算定额》(JTG/T 3832—2018)总说明的规定,设计采用的混凝土及砂浆等级或水泥等级与定额所列等级不同时,可按配合比表进行换算。

根据《公路工程预算定额》(JTG/T 3832—2018)第四章"说明二 钢筋工程"第2点,当设计图纸的钢筋比例与定额有出入时,可调整钢筋品种比例。

根据定额和设计分析判断,边沟所套用的定额换算如表2.2.69所示。

表2.2.69 定额调整分析

序号	定额	定额采用	设计采用	定额换算/调整
1	1-3-3-1 浆砌片石边沟	M7.5水泥砂浆砌筑(3.5 m^3) M10水泥砂浆勾缝(0.33 m^3)	M7.5水泥砂浆砌筑(3.5 m^3) M7.5水泥砂浆勾缝(0.33 m^3)	M10换算为M7.5 调整水泥、中粗砂消耗量
2	4-11-6-17 水泥砂浆抹面	M10水泥砂浆抹面	M10水泥砂浆抹面	无
3	4-6-3-1 混凝土墩、台帽	C30水泥混凝土	C20水泥混凝土	C30换算为C20,调整水泥、中粗砂、碎石消耗量
4	1-3-4-10 预制混凝土水沟盖板	C20水泥混凝土	C30水泥混凝土	C20换算为C30,调整水泥、中粗砂、碎石消耗量
5	1-3-4-11 水沟盖板钢筋	HPB300钢筋:0.119 t HRB400钢筋:0.906 t 光圆:带肋 = 0.119:0.906 = 0.131	HPB300钢筋:436 kg HRB400钢筋:2387 kg 光圆:带肋 436:2387=0.183	钢筋换算,调整光圆和带肋钢筋消耗量

(3)定额混凝土或砂浆等级与设计不同时的定额调整方法

①以定额1-3-3-1为例,勾缝砂浆M10换算成M7.5,调整定额中水泥和中粗砂消耗量,计算过程如表2.2.70至表2.2.72所示。

表2.2.70 砂浆配合比定额换算

项目	原定额砂浆强度等级	设计砂浆强度等级	砂浆用量(m^3)	32.5级水泥用量	中粗砂用量(m^3)
配合比		M7.5	1	266 kg	1.09
砌筑	M7.5	M7.5	3.50	3.50×266/1000 t	3.50×1.09
勾缝	M10	M7.5	0.33	0.33×266/1000 t	0.33×1.09
砌筑、勾缝合计			3.50+0.33=3.83	(3.83×266)/1000=1.019 t	(3.83×1.09)=4.175

表2.2.71 砂浆配合比表

单位:1 m^3 砂浆及水泥浆

顺序号	项目	单位	水泥砂浆					
			砂浆强度等级					
			M5	M7.5	M10	M12.5	M15	M20
1	32.5级水泥	kg	218	266	311	345	393	448
2	中(粗)砂	m^3	1.12	1.09	1.07	1.07	1.07	1.06

表 2.2.72 1-3-3 石砌边沟、排水沟、截水沟、急流槽

工程内容:1)拌、运砂浆;2)选修石料;3)砌筑、勾缝、养生　　单位:10 m³ 实体

顺序号	项目	单位	代号	边沟、排水沟	
				浆砌片石	浆砌块石
				1	2
1	人工	工日	1001001	6.6	6.5
2	M7.5 水泥砂浆	m³	1501002	(3.50)	(2.70)
3	M10 水泥砂浆	m³	1501003	(0.33)	(0.20)
4	水	m³	3005004	18	18
5	中(粗)砂	m³	5503005	4.17	3.16
6	片石	m³	5505005	11.5	—
7	块石	m³	5505025	—	10.5
8	32.5 级水泥	t	5509001	1.037	0.782
9	其他材料费	元	7801001	2.3	2.3
10	1.0 m³ 以内轮胎式装载机	台班	8001045	0.08	0.08
11	400 L 以内灰浆搅拌机	台班	8005010	0.15	0.12
12	基价	元	9999001	2229	2301

与混凝土配合比有关的定额调整

②再以定额【1-3-4-10 预制水沟盖板】为例,混凝土 C20 换算成 C30,调整定额中水泥、中粗砂和碎石消耗量,计算过程如表 2.2.73 至表 2.2.75 所示。

表 2.2.73 混凝土配合比定额换算

项目	原定额混凝土强度等级	设计混凝土强度等级	混凝土用量(m³)	32.5 级水泥用量	中粗砂用量(m³)	碎石用量(m³)
配合比		C30	1	406 kg	0.46	0.79
预制混凝土水沟盖板	C20	C30	10.1	10.10×406/1000=4.101 t	10.10×0.46=4.646	10.10×0.79=7.979

表 2.2.74 1-3-4 混凝土边沟、排水沟、截水沟、急流槽

单位:列表单位

顺序号	项目	单位	代号	水沟盖板			
				预制			安装
				混凝土		钢筋	
				矩形	矩形带孔		
				10 m³		1 t	
				9	10	11	12
1	人工	工日	1001001	15.4	21	7.4	6.2
2	M10 水泥砂浆	m³	1501003	—	—	—	(0.38)

续表

顺序号	项目	单位	代号	水沟盖板			
				预制			安装
				混凝土			
				矩形	矩形带孔	钢筋	
				10 m^3		1 t	
				9	10	11	12
3	普 C20-32.5-2	m^3	1503007	(10.10)	(10.10)	—	—
4	预制构件	m^3	1517001	—	—	—	(10.10)
⋮	⋮	—	—	—	—	—	—
12	中(粗)砂	m^3	5503005	4.95	4.95	—	—
13	碎石	m^3	5505012	8.28	8.28	—	—
14	32.5 级水泥	t	5509001	3.182	3.182	—	0.1188
15	其他材料费	元	7801001	2.86	2.86	—	—
16	250 L 以内强制式混凝土搅拌机	台班	8005002	0.27	0.27	—	—
17	小型机械使用费	元	8099001	5	5	6.3	—
18	基价	元	9999001	4007	4667	4149	758

表 2.2.75　混凝土配合比表

单位:1 m^3 混凝土

顺序号	项目	单位	普通混凝土				
			碎石最大粒径(mm)				
			20				
			混凝土强度等级				
			C15	C20	C25	C30	
			水泥强度等级				
			32.5	32.5	32.5	32.5	42.5
			2	3	4	5	6
1	水泥	kg	286	315	368	406	388
2	中(粗)砂	m^3	0.51	0.49	0.48	0.46	0.48
3	碎(砾)石	m^3	0.82	0.82	0.80	0.79	0.79

(4)设计钢筋与定额钢筋的等级比例不同时的定额调整方法

①钢筋的定额调整方法一:

a. 套用 1-3-4-11(10304011)定额,将 HPB300 钢筋的消耗量调整为 0.119+0.906=1.025(t),HRB400 钢筋的消耗量调整为 0,工程量为 0.436,调整后的定额如表 2.2.76 所示。

与钢筋有关的定额调整

表 2.2.76　1-3-4 混凝土边沟、排水沟、截水沟、急流槽

单位:列表单位

顺序号	项目	单位	代号	水沟盖板			
				预制			安装
				混凝土			
				矩形	矩形带孔	钢筋	
				10 m^3		1 t	
				9	10	11	12
1	人工	工日	1001001	15.4	21	7.4	6.2
2	M10 水泥砂浆	m^3	1501003	—	—	—	(0.38)
3	普 C20-32.5-2	m^3	1503007	(10.10)	(10.10)	—	—
4	预制构件	m^3	1517001	—	—	—	(10.10)
5	HPB300 钢筋	t	2001001	—	—	1.025	—
6	HRB400 钢筋	t	2001002	—	—	0	—
7	20～22 号铁丝	kg	2001022	3.4	5.7	3.6	—
⋮	⋮	—	—	—	—	—	—
17	小型机械使用费	元	8099001	5	5	6.3	—
18	基价	元	9999001	4007	4667	4149	758

b. 再次套用1-3-4-11(10304011)定额,将 HPB300 钢筋的消耗量调整为 0,HRB400 钢筋的消耗量调整为 0.119+0.906=1.025(t),工程量为 2.387,调整后的定额如表 2.2.77 所示。

表 2.2.77　1-3-4 混凝土边沟、排水沟、截水沟、急流槽

单位:列表单位

顺序号	项目	单位	代号	水沟盖板			
				预制			安装
				混凝土			
				矩形	矩形带孔	钢筋	
				10 m^3		1 t	
				9	10	11	12
1	人工	工日	1001001	15.4	21	7.4	6.2
2	M10 水泥砂浆	m^3	1501003	—	—	—	(0.38)
3	普 C20-32.5-2	m^3	1503007	(10.10)	(10.10)	—	—
4	预制构件	m^3	1517001	—	—	—	(10.10)
5	HPB300 钢筋	t	2001001	—	—	0	—
6	HRB400 钢筋	t	2001002	—	—	1.025	—
⋮	⋮	—	—	—	—	—	—
17	小型机械使用费	元	8099001	5	5	6.3	—
18	基价	元	9999001	4007	4667	4149	758

②钢筋的定额调整方法二：

设计图纸中 HPB300 钢筋与 HRB400 钢筋的比例为 0.436∶2.387＝0.183 与定额 1-3-4-11 中 HPB300 钢筋与 HRB400 钢筋的比例 0.119∶0.906＝0.131 比例不一致，与定额不符，需调整。

a. 计算 HPB300 钢筋和 HRB400 钢筋实际定额消耗量。

每 1 t 钢筋的总消耗量为 0.119+0.906＝1.025（t）。

每 1 t 钢筋中 HPB300 钢筋和 HRB400 钢筋实际定额消耗量为：

HPB300 钢筋：

$$\frac{0.436}{0.436+2.387}\times(0.119+0.906)=0.158(\text{t})$$

HRB400 钢筋：

$$\frac{2.387}{0.436+2.387}\times(0.119+0.906)=0.867(\text{t})$$

$$或\ 1.025-0.158=0.867(\text{t})$$

b. 调整后的定额如表 2.2.78 所示。

表 2.2.78　1-3-4 混凝土边沟、排水沟、截水沟、急流槽

单位：列表单位

顺序号	项目	单位	代号	水沟盖板			
				预制			安装
				混凝土		钢筋	
				矩形	矩形带孔		
				10 m^3		1 t	
				9	10	11	12
1	人工	工日	1001001	15.4	21	7.4	6.2
2	M10 水泥砂浆	m^3	1501003	—	—	—	(0.38)
3	普 C20-32.5-2	m^3	1503007	(10.10)	(10.10)	—	—
4	预制构件	m^3	1517001	—	—	—	(10.10)
5	HPB300 钢筋	t	2001001	—	—	0.158	—
6	HRB400 钢筋	t	2001002	—	—	0.867	—
⋮	⋮	—	—	—	—	—	—

3）步骤 3：计算定额工程量

定额工程量计算方法

分析图纸相应清单子目的工程内容，正确摘取并计算定额子目的工程量。各定额子目的工程量见表 2.2.68 中第 5 列。

特别指出的是，对于定额【4-11-11-1 台帽混凝土 250L 以内混凝土搅拌机拌和】，其工程量计算时要考虑施工操作损耗。

在定额【4-6-3-1 现浇混凝土台帽】中看到，定额单位 10 m^3 的墩台帽实体，非泵送混凝土 C30 的消耗量是 10.20 m^3（表 2.2.79）。这是因为混凝土在运输和浇筑时均会有损耗，该部分损耗属于场内运输及操作损耗，浇筑台帽实体的定额已经考虑损耗，所以拌制混凝土也应考虑这部分损耗。但定额【4-11-11-1 台帽混凝土 250 L 以内混凝土搅拌机拌和】的单位为 10 m^3，因此其定额子目工程量应等于台帽实体工程数量乘以（1+损耗系数），损耗系数＝（10.2－10）/10＝0.02，即损耗率为 2%（表 2.2.80）。

表 2.2.79 4-6-3 墩、台帽及拱座

Ⅰ.混凝土 单位:10 m^3 实体

顺序号	项目	单位	代号	墩、台帽		拱座	
				非泵送	泵送	非泵送	泵送
				1	2	3	4
1	人工	工日	1001001	12.4	10.4	11.2	9.2
2	普 C30-32.5-4	m^3	1503034	(10.20)	—	(10.20)	—
3	泵 C30-32.5-4	m^3	1503084	—	(10.40)	—	(10.40)
4	8~12 号铁丝	kg	2001021	—	—	0.31	0.31
5	钢管	t	2003008	—	—	0.009	0.009
6	钢模板	t	2003025	0.049	0.049	0.028	0.028
7	螺栓	kg	2009013	5.91	5.91	3.44	3.44
⋮	⋮	⋮	⋮	⋮	⋮	⋮	⋮

表 2.2.80 4-11-11 混凝土拌和及运输

Ⅰ.混凝土搅拌机拌和 单位:10 m^3

顺序号	项目	单位	代号	混凝土搅拌机					
				容量(L)					
				250 以内	350 以内	500 以内	750 以内	1000 以内	1500 以内
				1	2	3	4	5	6
1	人工	工日	1001001	2	1.7	1.3	1	0.9	0
2	250 L 以内强制式混凝土搅拌机	台班	8005002	0.4	—	—	—	—	—
3	350 L 以内强制式混凝土搅拌机	台班	8005003	—	0.31	—	—	—	—
4	500 L 以内强制式混凝土搅拌机	台班	8005004	—	—	0.24	—	—	—
5	750 L 以内强制式混凝土搅拌机	台班	8005005	—	—	—	0.2	—	—
6	1000 L 以内强制式混凝土搅拌机	台班	8005006	—	—	—	—	0.15	
7	1500 L 以内强制式混凝土搅拌机	台班	8005007	—	—	—	—	—	0.13
8	基价	元	9999001	284	248	203	175	165	155

4)步骤 4:分析消耗的资源及其数量,计算工料机预算价格

(1)分析清单子目工作的工料机消耗量

下面以【207-1-a M7.5 浆砌片石】为例(表 2.2.81),利用表 2.2.82 分析资源消耗量。

表 2.2.81　清单子目项与定额子目对应关系

子目号/定额编号	细目或定额名称	单位	设计工程量
207-1-a	M7.5 浆砌片石	m^3	9817.4
1-3-1-1	人工开挖沟槽土方	1000 m^3 天然密实方	9482.32
1-3-3-1	浆砌片石边沟	10 m^3 实体	9817.4
4-11-6-17	水泥砂浆抹面厚 2 cm	100 m^2	12151

(2)确定工料机预算单价

材料预算价格计算方法

清单子目【207-1-a M7.5 浆砌片石】消耗的主要材料有中粗砂、碎石、32.5 级水泥、片石,计算它们的预算单价,并填入表中相应位置。

材料预算价格=(材料原价+运杂费)×(1+场外运输损耗率)×(1+采购及保管费率)-包装品回收价值

下面以中粗砂和水泥为例,说明材料预算价格的计算方法。

①中粗砂:

本项目中,中(粗)砂原价为 65 元/m^3,运价为 0.40 元/t · km,运距为 26.5 km,装卸费为 1.5 元/t,不计杂费,场外运输损耗率为 2.5%,无包装品回收。

$$运杂费=(0.4×26.5+1.5×1+0)×1.5=18.15(元/m^3)$$

$$预算单价=(65+18.15)×(1+2.5\%)×(1+2.06\%)=86.98(元/m^3)$$

②32.5 级水泥:

本项目中,水泥原价为 250 元/t,运价为 0.44 元/t · km,运距为 31.5 km,装卸费为 3.2 元/t,不计杂费,无包装品回收。

$$运杂费=(0.44×31.5+3.2×1+0)×1.01=17.23(元/t)$$

$$预算单价=(250+17.23)×(1+1\%)×(1+2.06\%)=275.46(元/t)$$

同望公路造价软件进行工料机预算单价计算操作示例

最后,将工料机预算单价填入表 2.2.82 中相应位置,并继续填写单价分析表。

5)步骤 5:计算措施费及企业管理费

根据《公路工程建设项目概算预算编制办法》(JTG 3830—2018)关于措施费及企业管理费计算规定,确定排水工程措施费及企业管理费的取费类别及费率,填入表 2.2.83。

根据确定的费率,完成单价分析表中措施费、企业管理费的计算,如表 2.2.82 所示。

6)步骤 6:计算规费、利润及税金

在表 2.2.82 中完成规费、利润及税金计算。

7)步骤 7:计算清单子目单价、合价及章合计

本项目路基边沟工程的清单单价、合价、章合计计算结果如表 2.2.84 所示。

表 2.2.83 措施费及企业管理费综合费率计算表

工程类别	措施费综合费率(%)											企业管理费综合费率(%)					
	冬季施工增加费	雨季施工增加费	夜间施工增加费	高原地区施工增加费	风沙地区施工增加费	沿海地区施工增加费	行车干扰施工增加费	施工辅助费	工地转移费	合计		基本费用	主副食运费补贴	职工探亲路费	职工取暖补贴	财务费用	合计
										Ⅰ	Ⅱ						
构造物Ⅰ	0	0.622	0	0	0	0	1.386	1.201	0.262	2.27	1.201	3.587	0.114	0.274	0	0.466	4.441
钢材及钢结构	0	0	0	0	0	0	0	0.564	0.351	0.351	0.564	2.242	0.104	0.164	0	0.653	3.163

表 2.2.84 标价工程量清单

清单 第 200 章 路基					
子目号	子目名称	单位	数量	单价	合价
207-1	边沟				
-a	M7.5 浆砌片石	m^3	9817.4	324.53	3186041
-c	现浇 C20 混凝土台帽	m^3	73.9	649.86	48025
-e	预制安装 C30 混凝土盖板	m^3	26	1397.75	36342
合计					3269758

4.4.4 编制第 300 章路面工程量清单单价

路面工程施工工艺流程

路面水泥稳定碎石层施工机械设备

水泥混凝土路面施工机械设备

沥青混凝土路面施工机械设备

如何编制路面工程工程量清单单价

1)步骤 1:分析清单子目的计量规则

根据《公路工程标准施工招标文件》(2018 年版)第八章以及本案例招标文件技术规范,路面工程招标工程量清单计量规则分析如表 2.2.85 所示。

表 2.2.85 路面工程量清单计量规则(部分)

清单 第 300 章 路面				
子目号	子目名称	单位	数量	工程内容
302-1	碎石垫层			1. 检查、清除路基上的浮土、杂物,并洒水湿润; 2. 摊铺; 3. 整平、整形; 4. 洒水、碾压、整修
-a	厚 150 mm 碎石垫层	m^2	188 947	
-b	级配碎石调平层	m^3	4265.7	
304-3	4% 水泥稳定碎石基层			1. 检查、清理下承层、洒水; 2. 拌和、运输、摊铺; 3. 整平、整形; 4. 洒水、碾压、初期养护
-a	厚 200 mm	m^2	33658	
306-1	级配碎石底基层			1. 检查、清理下承层、洒水; 2. 铺筑材料拌和、运输、摊铺; 3. 整平、整形; 4. 洒水、碾压
-a	厚 150 mm	m^2	38137	

续表

子目号	子目名称	单位	数量	工程内容
308-1	透层	m^2	33658	1. 检查和清扫下承层； 2. 材料制备、运输； 3. 试洒； 4. 沥青洒布车均匀喷洒并检测洒布用量； 5. 初期养护
310-2	厚1cm沥青碎石下封层	m^2	33658	1. 检查和清扫下承层； 2. 试验段施工； 3. 专用设备撒布或施工封层； 4. 整形、碾压、找补； 5. 初期养护
312-1	水泥混凝土面板			1. 检查和清理下承层、洒水湿润； 2. 模板制作、架设、安装、修理、拆除； 3. 混凝土拌和物配合比设计、配料、拌和、运输、浇筑、振捣、真空吸水、抹平、压(刻)纹、养生； 4. 切缝、灌缝； 5. 初期养生
-a	厚240mm（混凝土弯拉强度5.0 MPa）	m^3	8077.92	
312-2	钢筋			1. 钢筋的保护、储存及除锈； 2. 钢筋整直、连接； 3. 钢筋截断、弯曲； 4. 钢筋安设、支承及固定
-a	光圆钢筋(HPB300)	kg	1612.728	
-b	带肋钢筋(HRB400)	kg	7106.092	
313-6	M7.5浆砌片石护肩	m^3	1448	1. 场地清理； 2. 砂浆拌制； 3. 浆砌片石、勾缝、抹面、养生

2)步骤2:清单子目套用定额

(1)套用正确定额

根据清单子目工程内容，本案例水泥稳定碎石层、路面混凝土面板采用集中拌制，套用正确定额，填入表2.2.86。

沥青混凝土路面施工-摊铺

沥青混凝土路面施工-初压

沥青混凝土施工-复压

沥青混凝土路面施工-终压

(2)分析判断有无定额换算

涉及配合比、厚度、运距、钢筋种类、摊铺层数的均需检查，查看定额是否与设计(施工)一致。若不一致，则需要进行定额换算，调整相应工料机定额消耗量。

根据定额和设计分析判断，路面工程清单所套用的定额，其换算如表2.2.87所示。

根据《公路水泥混凝土路面设计规范》(JTG 40-2011)附录E.0.3，得到混凝土弯拉强度与抗压强度的经验参考值，如表2.2.88所示。

由表2.2.87、表2.2.88总结可得，本例出现6种定额换算，分别为：稳定土配合比与定额不同时的换算、运距超过1km的换算、路面厚度换算、混凝土等级与定额不同时的换算、钢筋比例与定额不同时的换算、砂浆等级与定额不同时的换算。其中，设计混凝土等级与定额不同时的换算、设计钢筋比例与定额不同时换算、设计砂浆等级与定额不同时的换算方法在前面已学习。下面分析设计稳定土配合比与定额不同时、设计路面厚度、实际运距超过1 km 3种情况所进行的定额换算方法。

表 2.2.86　清单子目项与定额子目对应关系(路面工程)

工程内容	子目号/定额编号	细目或定额名称	单位/表定额单位	设计工程量	定额换算	工程类别
摊铺、整平、洒水、碾压	302-1-a	厚 150 mm 未筛分碎石垫层	m^2	188947		
铺筑、整平、洒水、碾压	2-1-1-15	路面垫层机械铺碎石(压实厚度 15 cm)	1000 m^2	188947		04 路面
摊铺、整平、洒水、碾压	302-1-b	厚 100 mm 级配碎石调平层	m^3	4 265.7		
铺筑、整平、洒水、碾压	2-2-2-15	机械摊铺级配碎石底基层(平地机拌和,压实厚度 10 cm)	1000 m^2	42 657		04 路面
拌和、运输、摊铺、整形、碾压、养护、拌和站安拆	304-3-a	厚 200 mm4% 水泥稳定碎石基层	m^2	188060		
拌和	2-1-7-5	生产能力 300 t/h 厂拌水泥稳定碎石基层(水泥剂量 4%,压实厚度 20 cm)	1000 m^2	188060	5% 换为 4% 或 4:96	04 路面
运输	2-1-8-9	装载质量 20 t 以内自卸汽车运厂拌基层稳定土混合料 10.4 km	1000 m^3	188060×0.2=37612	2-1-8-9+10×19	03 运输
摊铺、整形、碾压、养护	2-1-9-7	宽度 7.5m 以内摊铺机铺筑基层	1000 m^2	188060		04 路面
清理下承层、拌和、铺料、整形、洒水、碾压	306-1-a	厚 150 mm 级配碎石底基层	m^2	185213		
清理下承层、铺料、洒水、拌和、整形、碾压、找补	2-2-2-15	机械摊铺级配碎石底基层(平地机拌和,压实厚度 15cm)	1000m^2	185213	+18×7	04 路面
清理下承层、洒布、养护	308-1	透层	m^2	188060		
清理下承层、洒布、养护	2-2-16-3	石油沥青半刚性基层透层	1000 m^2	188060		04 路面
清理下承层、洒布、整形、碾压、找补、养护	310-2	厚 1 cm 沥青碎石下封层	m^2	188060		
清理下承层、洒布、铺料、碾压、找补、养护	2-2-16-13	石油沥青层铺法下封层	1000 m^2	188060		04 路面

续表

工程内容	子目号/定额编号	细目或定额名称	单位/表定额单位	设计工程量	定额换算	工程类别
模板安拆、拌和、运输、浇筑、捣固、抹平、压(刻)纹、养护、切缝、灌缝、拌和站安拆	312-1-a	厚240 mm水泥混凝土面板(混凝土弯拉强度5.0 MPa)	m^3	45134.4		
模板安拆、浇筑、捣固、抹平、压(刻)纹、养护、切缝、灌缝	2-2-17-5换	滑模式摊铺机铺筑混凝土路面厚度24 cm	1000 m^2 路面	188060	+6×4,C30换为C40	04 路面
拌和	4-11-11-16	生产能力90 m^3/h以内混凝土拌和站拌和	100 m^3	45134.4×1.02=46037.088		04 路面
运输	4-11-11-28换	运输能力10 m^3以内搅拌运输车运混凝土10.4 km	100 m^3	45134.4×1.02=46037.088	+29×19	03 运输
钢筋制作、安装	312-2-a	水泥混凝土面板光圆钢筋(HPB300)	kg	9 078		
拉杆、传力杆制作、安装	2-2-17-14换	滑模式铺机铺筑路面拉杆及传力杆	1 t	(320+7671)/1000=7.991	带肋换光圆	10 钢材及钢结构
补强钢筋制作、安装	2-2-17-15换	水泥混凝土路面钢筋	1 t	1087/1000=1.087	带肋换光圆	10 钢材及钢结构
钢筋制作、安装	312-2-b	水泥混凝土面板带肋钢筋(HRB400)	kg	40000		
拉杆、传力杆制作、安装	2-2-17-14换	滑模式铺机铺筑路面拉杆及传力杆	1 t	38505/1000=38.505	光圆换带肋	10 钢材及钢结构
补强钢筋制作、安装	2-2-17-15换	水泥混凝土路面钢筋	1 t	(565+302+628)/1000=1.495	光圆换带肋	10 钢材及钢结构
拌、运砂浆、砌筑、抹面	313-6	M7.5浆砌片石护肩	m^3	8567		
浆砌片石、抹面	2-3-5-3换	浆砌片石加固土路肩	10 m^3	8567	M10换为M7.5	06 构造物 I

表 2.2.87 定额调整分析

序号	定额	定额采用	设计采用	定额换算/调整
1	2-1-1-15 机械铺碎石垫层	压实厚度 15 cm,1 层	压实厚度 15 cm,1 层	无
2	2-2-2-15(调平层) 摊铺级配碎石底基层	压实厚度 8 cm,1 层	平均压实厚度 10 cm,1 层	换算厚度为 10 cm,调整相应工料机消耗量
3	2-1-7-5 厂拌水泥稳定碎石基层	水泥剂量 5%, 压实厚度 20 cm	水泥剂量 4%, 压实厚度 20 cm	5%换 4%,调整水泥、碎石消耗量
4	2-1-8-9 自卸汽车运混合料	运第一个 1 km	实际运距超过 1 km (按实际计)	换算运距为 10.4 km,调整机械台班消耗量
5	2-1-9-7 摊铺机铺筑基层	1 层	1 层	无
6	2-2-2-15(底基层) 摊铺级配碎石底基层	压实厚度 8 cm,1 层	压实厚度 15 cm,1 层	换算厚度为 15 cm,调整相应工料机消耗量
7	2-2-17-5 铺筑混凝土路面	厚度 20 cm,C30 混凝土	厚度 24 cm,混凝土 弯拉强度 5.0 MPa	换算厚度为 24 cm, C30-32.5-4 换算为 C40-42.5-4
8	4-11-11-28 搅拌运输车运混凝土	运第一个 1 km	实际运距超过 1 km (按实际计)	换算运距为 10.4 km,调整机械台班消耗量
9	2-2-17-14(光圆) 路面拉杆及传力杆	光圆钢筋:带肋钢筋 0.601:0.537	光圆钢筋:7991 kg 带肋钢筋:0kg	钢筋换算,带肋钢筋换为光圆钢筋
10	2-2-17-15(光圆) 路面钢筋	光圆钢筋:带肋钢筋 0.019:1.006	光圆钢筋:1087 kg 带肋钢筋:0kg	
11	2-2-17-14(带肋) 路面拉杆及传力杆	光圆钢筋:带肋钢筋 0.601:0.537	光圆钢筋:0 kg 带肋钢筋:38505 kg	钢筋换算,光圆钢筋换为带肋钢筋
12	2-2-17-15(带肋) 路面钢筋	光圆钢筋:带肋钢筋 0.019:1.006	光圆钢筋:0 kg 带肋钢筋:1495 kg	
13	2-3-5-3 浆砌片石加固土路肩	砂浆等级 M10	砂浆等级 M7.5	M10 换算为 M7.5,调整水泥、中粗砂消耗量

表 2.2.88 混凝土弯拉强度与抗压强度的经验参考值

抗压强度(MPa)	30	36	42	49
弯拉强度(MPa)	4.0	4.5	5.0	5.5

沥青混凝土路面铣刨

平地机铺筑水泥稳定碎石层施工

①路面厚度超过压实厚度的定额换算。根据《公路工程预算定额》(JTG/T 3832—2018)第二章路面工程第一、二节说明第 1 点,垫层、底基层、基层、面层压实厚度超过定额要求,且需分层拌和碾压时,应对选用定额按规定换算。

各层的压实厚度规定如下:

a. 各类垫层、级配碎石、级配砾石基层的压实厚度在 15 cm 以内;

b. 填隙碎石一层的压实厚度在 12 cm 以内；

c. 各类稳定土基层、其他种类的基层和底基层压实厚度在 20 cm 以内；

d. 泥结碎石、级配碎石、级配砾石、天然砂砾、粒料改善土壤路面面层的压实厚度在 15 cm 以内。

当压实厚度超过以上规定厚度，如进行分层拌和、碾压时，拖拉机、平地机、摊铺机和压路机的台班消耗按定额数量加倍计算，每 1000 m^2 增加 1.5 个工日。

本任务中定额【2-2-2-15 机械摊铺级配碎石底基层】分析如表 2.2.89 所示。

表 2.2.89　路面结构层厚度定额换算分析

项目	原定额	设计	增加厚度
厚度(cm)	8	15	15-8=7

与路面厚度的有关的定额调整

消耗量换算表 2.2.90、表 2.2.91 所示。

表 2.2.90　结构层厚度定额换算

工料机名称	单位	原定额消耗		按设计要求换算的定额消耗
		压实厚度 8 cm	每增减 1 cm	厚度 15 cm
人工	工日	1.7	0.1	1.7+0.1×7=2.4
碎石	m^3	122.84	15.35	122.84+15.35×7=230.29
10000 L 以内洒水汽车	台班	0.08	0.01	0.08+0.01×7=0.15

表 2.2.91　2-2-2 级配碎石路面

单位：1000 m^2

顺序号	项目	单位	代号	机械摊铺集料	
				平地机拌和	
				压实厚度 8 cm	每增减 1 cm
				底基层	底基层
				15	18
1	人工	工日	1001001	1.7	0.1
2	黏土	m^3	5501003	—	—
3	碎石	m^3	5505016	122.84	15.35
4	设备摊销费	元	7901001	—	—
5	120 kW 以内自行式平地机	台班	8001058	0.5	—
6	75 kW 以内履带式拖拉机	台班	8001066	—	—
7	12～15 t 光轮压路机	台班	8001081	0.12	—
8	18～21 t 光轮压路机	台班	8001083	0.68	—
9	10000 L 以内洒水汽车	台班	8007043	0.08	0.01
10	基价	元	9999001	10749	1184

②稳定土配合比与定额不同时的换算。根据《公路工程预算定额》(JTG/T 3832—2018)第二章第一节说明第 2 点，各类稳定土基层定额中的材料消耗是按一定配合比编制的。当设计配合比与定额标明的配合比不同时，有关材料可按下式进行换算：

$$C_i=[C_d+B_d\times(H-H_0)]\times\frac{L_i}{L_d}$$

式中 C_i—— 按设计配合比换算后的材料数量；

C_d—— 定额中基本压实厚度的材料数量；

B_d—— 定额中压实厚度每增减 1 cm 的材料数量；

H_0—— 定额的基本压实厚度；

H_i—— 设计的压实厚度；

L_d—— 定额中标明的材料百分率；

L_i—— 设计配合比的材料百分率。

本任务中【定额 2-1-7-5 厂拌水泥稳定碎石基层】分析如表 2.2.92 所示。

表 2.2.92 水泥稳定碎石层定额换算分析

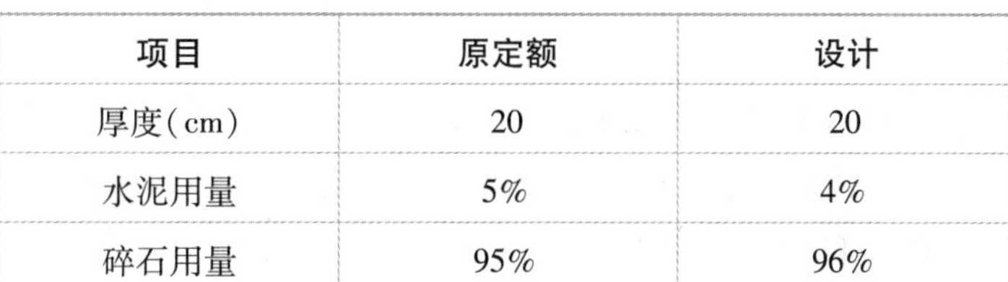

项目	原定额	设计
厚度(cm)	20	20
水泥用量	5%	4%
碎石用量	95%	96%

消耗量换算如表 2.2.93、表 2.2.94 所示。

表 2.2.93 厚度、配合比定额换算

工料机名称	单位	原定额消耗		按设计要求换算的定额消耗	
		压实厚度 20 cm	每增减 1 cm	先换算厚度	再换算配合比
32.5 级水泥	t	22.566	1.128	22.566+1.128×(20−20)	$[22.566+1.128\times(20-20)]\times\frac{4\%}{5\%}=18.053$
碎石	m^3	296.73	14.84	296.73+14.84×(20−20)	$[22.566+1.128\times(20-20)]\times\frac{96\%}{95\%}=299.853$

表 2.2.94 2-1-7 厂拌基层稳定土混合料

Ⅰ.水泥稳定类 单位：1000 m^2

顺序号	项目	单位	代号	水泥碎石	
				水泥剂量 5%	
				压实厚度 20 cm	每增减 1 cm
				5	6
1	人工	工日	1001001	2.5	0.1
2	水泥砂	m^3	1507002	—	—
3	水泥砂砾	m^3	1507003	—	—
4	水泥碎石	m^3	1507004	(202.00)	(10.10)
5	水	m^3	3005004	28	1
6	土	m^3	5501002	—	—
7	砂	m^3	5503004	—	—
8	砂砾	m^3	5503007	—	—

续表

顺序号	项目	单位	代号	水泥碎石	
				水泥剂量 5%	
				压实厚度 20 cm	每增减 1 cm
				5	6
9	碎石	m^3	5505016	296.73	14.84
10	32.5 级水泥	t	5509001	22.566	1.128
11	3.0 m^3 以内轮胎式装载机	台班	8001049	0.55	0.03
12	300 t/h 以内稳定土厂拌设备	台班	8003011	0.25	0.02
13	基价	元	9999001	30769	1535

③运距超过 1 km 的运输定额换算。北塞至畔绥公路 No. 1 合同段的路面工程，水泥稳定碎石层厚 20cm，摊铺宽度为 7.5m，由设计图纸中其他临时工程数量表可知，拌和站位于 K31+680 ~ K32+000 左侧，确定本项目运输水泥稳定碎石混合料的平均运距。

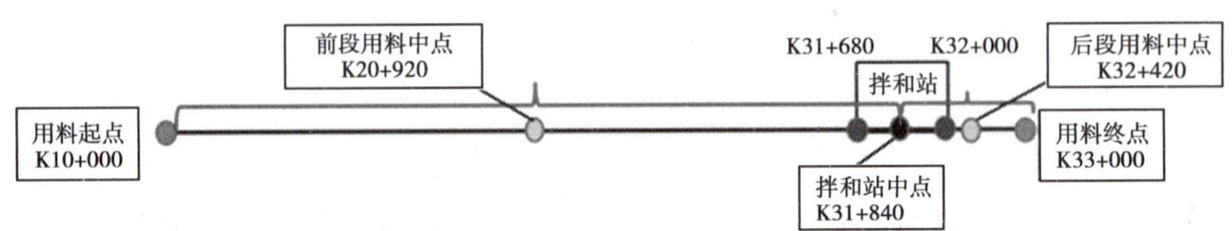

图 2.2.7　平均运距分析

如图 2.2.7 所示，里程及运距计算如下：

拌和站中点里程：　　(31680+32000)/2=31840(m)

前段用料中点里程：　(31840+10000)/2=20920(m)

后段用料中点里程：　(33000+31840)/2=32420(m)

采用加权平均法计算平均运距：　平均运距=∑(各用料段运量×运距)/总运量

其中

运量=路段用料长度×结构层宽度×厚度

运距=混合料拌站里程桩号-用料段中点里程桩号

当用料路段结构层宽度、厚度均相同时，运量可以直接用路线长度代替。

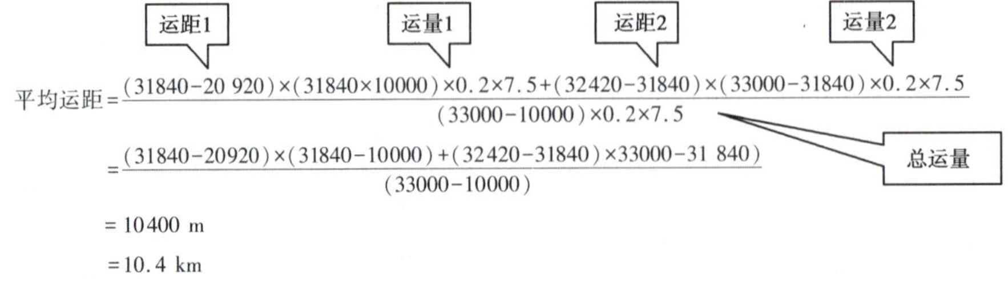

以本任务中定额【2-1-8-9 装载质量 20 t 以内自卸汽车运厂拌基层稳定土混合料第一个 1 km】为例，因平均运距为 10.4 km，故需要套用增运定额。定额表摘抄如表 2.2.95 所示。

表 2.2.95 2-1-8 厂拌基层稳定土混合料运输

单位:1000 m^3

顺序号	项目	单位	代号	自卸汽车装载质量	
				20 t 以内	
				第一个 1 km	每增运 0.5 km
				9	10
1	8 t 以内自卸汽车	台班	8007014	—	—
2	10 t 以内自卸汽车	台班	8007015	—	—
3	12 t 以内自卸汽车	台班	8007016	—	—
4	15 t 以内自卸汽车	台班	8007017	—	—
5	20 t 以内自卸汽车	台班	8007019	3.39	0.33
6	30 t 以内自卸汽车	台班	8007020	—	—
7	基价	元	9999001	3799	370

混合料增运级数分析如表 2.2.96 所示。

增运运距是几倍

表 2.2.96 混合料增运级数分析

项目	原定额	设计	增运运距	增运级数（每增运 0.5 km 为一级）
运距(km)	1	10.4	10.4−1=9.4	9.4/0.5=18.8(四舍五入取整为 19)

消耗量换算如表 2.2.97 所示。

路面分层施工的定额调整

表 2.2.97 运距定额换算

工料机名称	单位	原定额消耗		按实际运距计算定额消耗量（设计实际运距为 10.4 km）
		第一个 1 km	每增运 0.5 km	
20 t 以内自卸汽车	台班	3.39	0.33	3.39+0.33×19=9.66

④其他定额换算。如果本项目水泥稳定碎石基层采用生产能力 400 t/h 以内稳定土厂拌设备进行拌和时，设备安拆应选择定额【2-1-10-5 生产能力 400 t/h 以内稳定土厂拌设备安装、拆除】，需将定额【2-1-7-5 厂拌水泥稳定碎石基层】(水泥剂量 5%，压实厚度 20 cm)中的机械"生产能力 300 t/h 以内稳定土厂拌设备"替换为"生产能力 400 t/h 以内稳定土厂拌设备"。

同望公路造价软件调整工料机定额消耗量的操作方法

启发与思考

事件一：港珠澳大桥工程造价编制过程中遇到大量的现行定额标准缺项问题，特别是涉及新标准、新工艺、新技术、新设备的内容，建立外海施工定额研究专题，广泛深入调查研究，最终依托项目的成果《广东省沿海桥梁工程预算补充定额》《广东省沿海沉管隧道、人工岛工程预算补充定额》为国家外海工程定额标准的制定积累了基础数据和参考，为合理确定工程费用提供了重要支撑依据。同学们，从以上事件中，你受到什么启发？有什么感想？

事件二:编制某公路项目招标控制价时,发现项目的路面设计采用了现行定额标准没有的新材料和新机械设备。造价员小王套用了类似的路面施工工艺定额进行计价,计算后发现计价结果没有正确反映新材料和新机械设备的价格。同学们,如果你是造价员,面对这一情况,你该怎么做才能正确地反映新材料、新机械设备的计价?

3)步骤3:计算定额工程量

分析图纸相应清单子目的工程内容,正确摘取并计算定额子目的工程量。

请将计算过程及结果填入表2.2.86"设计工程量"列中。

4)步骤4:分析消耗的资源及其数量,计算工料机预算价格

(1)分析清单子目工作的全部资源(工料机等)消耗量

通过查找清单子目对应的定额,可求出清单子目工作的资源消耗量。

下面以【308-1 透层】为例(表2.2.98),利用表2.2.99分析资源消耗量。

表2.2.98 清单子目项与定额子目对应关系

子目号/定额编号	细目或定额名称	单位	工程量
308-1	透层	m^2	188060
2-2-16-3	石油沥青半刚性基层透层	1000 m^2	188060

(2)确定工料机预算单价

①确定人工预算单价。根据《部颁编制办法广西补充规定》,人工费单价全区统一为101.25元/工日。

②确定材料预算单价。本项目消耗的材料有石油沥青、煤、路面用石屑。根据本书第2部分4.4.1第3点材料预算单价计算方法,计算石油沥青、路面用石屑的预算单价。

a.石油沥青:

本项目石油沥青使用罐装沥青,原价为3700元/t,运价为0.44元/t·km,运距为31.5 km,装卸费为3.2元/t,不计杂费。

$$运杂费=(0.44\times31.5+3.2\times1+0)\times1=17.06(元/t)$$

$$预算单价=(3700+17.06)\times(1+0)\times(1+2.06\%)=3793.63(元/t)$$

b.路面用石屑:

本项目中,路面用石屑原价为62.36元/m^3,运价为0.40元/t·km,运距为65 km,装卸费为1.5元/t,不计杂费。

$$运杂费=(0.40\times65+1.5\times1+0)\times1.5=41.25(元/m^3)$$

$$预算单价=(62.36+41.25)\times(1+1\%)\times(1+2.06\%)=106.8(元/m^3)$$

③确定机械预算单价。本项目使用的机械有8000 L以内沥青洒布车(8003040)、9~16t轮胎式压路机(8003066)、8000 L以内沥青洒布车(8003040),车船税为0.85元/台班,其机械台班单价计算如表2.2.100所示。

表 2.2.99　单价分析表

细目号：308-1

细目名称：石油沥青透层　　　数量：188060　　　单价：4.52　　　货币单位：人民币元

序号	工程项目					透层						合计	
	工程细目					石油沥青半刚性基层透层							
	定额单位					$1000\ m^2$							
	工程数量					188.06							
	定额表号					2-2-16-3							
	工料机名称	单位	定额单价	定额人工	预算单价	定额	数量（计算过程）	金额（计算过程）	定额	数量	金额	数量	金额
1	人工	工日	106.28		101.25	0.2	0.2×188.06＝37.612	37.612×101.25＝3808				37.612	3808
2	石油沥青	t	4529.91		3793.63	0.824	0.824×188.06＝154.961	154.961×3793.63＝587865				154.961	587865
3	煤	t	561.95		561.95	0.16	0.16×188.06＝30.090	30.09×561.95＝16909				30.090	16909
4	路面用石屑	m^3	106.80		106.80	2.55	2.55×188.06＝479.553	479.553×106.8＝51216				479.553	51216
5	其他材料费	元	1.00		1.00	18.3	18.3×188.06＝3441.498	3441.498×1＝3441				3441.498	3441
6	设备摊销费	元	1.00		1.00	8.7	8.7×188.06＝1636.122	1636.122×1＝1636				1636.122	1636
7	8000 L以内沥青洒布车	台班	833.88	1.00	762.56	0.04	0.04×188.06＝7.522	7.522×762.56＝5736				7.522	5736
8	9～16 t轮胎式压路机	台班	650.94	1.00	600.22	0.12	0.12×188.06＝22.567	22.567×600.218＝13545				22.567	13545
9	小型机具使用费	元	1.00		1.00	2.4	2.4×188.06＝451.344	451.344×1＝451				451.344	451
10	基价（定额直接费）	元			1.00	4257	4257×188.06＝800571.420	800571.42×1＝800571				800571.420	800571
	其中：定额人工费	元					106.28×37.612＝3997						3997
	其中：定额施工机械使用费	元					833.88×7.522+650.94×22.567+1×451.344＝21414						21414
	直接费	元					3808+587865+16909+51216+3441+1636+5736+13545+451＝684607						684607
	其中：人工费（含机械工）	元					3808+（1×7.522+1×22.567）×101.25＝6855						6855
	措施费 Ⅰ	元				3.359%	（3997+21414）×3.359%＝854						854
	措施费 Ⅱ	元				0.818%	800571×0.818%＝6549						6549
	企业管理费	元				3.056%	800571×3.056%＝24465						24465
	规费	元				33.500%	6855×33.5%＝2296						2296
	利润	元				7.420%	（800571+854+6549+24465）×7.42%＝61767						61767
	税金	元				9.000%	（684607+854+6549+24465+2296+61767）×9%＝70248						70248
	金额合计	元					684607+854+6549+24465+2296+61767+70248＝850786						850786
	综合单价	元/m^2					850786/188060＝4.52						4.52

表 2.2.100　机械台班预算单价计算

	不变费用		可变费用		
8000 L 以内沥青洒布车	折旧费	208.04	名称	台班消耗量	金额
	检修费	56.02	人工	1	1×101.25＝101.25
	维护费	96.23	燃油	49.37	6.08×49.37＝558.93
	安拆辅助费	0	其他费用	—	0.85
	小计	360.29	小计	—	101.25+558.93+0.85＝402.27
机械台班预算单价（元/台班）	360.29+402.27＝762.56				

最后，将工料机预算单价填入表 2.2.99 中相应位置，并继续填写单价分析表。

5）步骤 5：计算措施费及企业管理费

①根据工程类别的划分标准，确定各定额子目的工程类别，填入表 2.2.86。

②查《公路工程建设项目概算预算编制办法》（JTG 3830—2018），确定本任务涉及的工程类别的措施费费率和企业管理费费率，如表 2.2.101 所示。

表 2.2.101　措施费及企业管理费综合费率计算表

工程类别	措施费综合费率（%）											企业管理费综合费率（%）					
	冬季施工增加费	雨季施工增加费	夜间施工增加费	高原地区施工增加费	风沙地区施工增加费	沿海地区施工增加费	行车干扰施工增加费	施工辅助费	工地转移费	合计		基本费用	主副食运费补贴	职工探亲路费	职工取暖补贴	财务费用	合计
										Ⅰ	Ⅱ						
运输		0.959					2.230	0.154	0.157	3.346	0.154	1.374	0.118	0.132	—	0.264	1.888
路面		0.940					2.098	0.818	0.321	3.359	0.818	2.427	0.066	0.159	—	0.404	3.056
构筑物Ⅰ		0.622					1.386	1.201	0.262	2.270	1.201	3.587	0.114	0.274	—	0.466	4.441
钢材及钢结构		0					0	0.564	0.351	0.351	0.564	2.242	0.104	0.164	—	0.653	3.163

根据确定的措施费及企业管理费综合费率，完成单价分析表中措施费、企业管理费的计算。

6）步骤 6：计算规费、利润及税金

在单价分析表中，完成规费、利润及税金计算。

7）步骤 7：计算清单子目单价、合价及章合计

本项目段路面工程清单的单价、合价、章合计计算如表 2.2.102 所示。

表 2.2.102　标价工程量清单

清单　第 300 章　路面					
子目号	子目名称	单位	数量	单价	合价
302-1	碎石垫层				
-a	厚 150 mm 碎石垫层	m^2	188947	16.28	3076057

续表

子目号	子目名称	单位	数量	单价	合价
-b	级配碎石调平层	m^3	4265.7	142.18	606497
304-3	4%水泥稳定碎石基层				
-a	厚200 mm	m^2	188060	37.16	6988310
306-1	级配碎石底基层				
-a	厚150 mm	m^2	185213	20.55	3806127
308-1	透层				
-a	石油沥青透层	m^2	188060	4.52	850031
310-2	封层				
-a	厚1 cm石油沥青碎石下封层	m^2	188060	7.59	1427375
312-1	水泥混凝土面板				
-a	厚240 mm（混凝土弯拉强度5.0 MPa）	m^3	45134.4	382.45	17261651
312-2	钢筋				
-a	光圆钢筋（HPB300）	kg	9078	5.79	52562
-b	带肋钢筋（HRB400）	kg	40000	5.82	232800
313-6	M7.5浆砌片石护肩	m^3	8567	366.03	3135779
清单　300章合计　人民币37436790元					

4.4.5　编制第100章工程量清单总额价

第100章清单单价编制方法

1）步骤1：分析清单子目的计量规则

第100章是施工企业为实施永久性工程而发生的通用项目、工程管理、临时工程及设施、承包人驻地或标准化建设等相关项目，第100章清单子目按总额为单位进行计量（表2.2.103）。

对于第100章清单计价，除102-3安全生产费招标文件约定不作为竞争外，其他项需要根据项目招标文件及设计图纸进行分析，无强制要求。以下分析方法供参考，仅提供一种思路。

表2.2.103　第100章清单子目计价方法

子目号	名称	清单子目释义	计价方法
101-1	保险费		一切以实际情况为准
-a	按合同条款规定，提供建筑工程一切险	对建筑工程项目物质损失部分提供赔偿，不包括人员和机械	第100～700章合计（不含工程一切险与第三方责任险、安全生产费）×（0.3%～0.5%）
-b	按合同条款规定，提供第三者责任险	对与工程直接相关的意外事故引起的第三者（施工人员家属、第三方质监员工、房东）伤、病、损的赔偿	100万元×（0.3%～0.5%）（国内）
102-1	竣工文件	企业管理费的基本费用包含竣（交）工文件编制费	基本费用费率已包含部分，可补充部分报价

续表

子目号	名称	清单子目释义	计价方法
102-2	施工环保费	施工扬尘污染防治措施费包含在施工场地建设费中,企业管理费中包含应缴纳排污费	企业管理费已包含部分,可与施工驻地费用综合分析。若项目有特殊要求可按实计列
102-3	安全生产费	不包含施工期间为保证交通安全临时设置的安全设施、标志、标牌费用	《企业安全生产费用提取和使用管理办法》(财企〔2012〕16 号),第 100 ~ 700 章合计扣除本费用×1.5%
102-4	信息化系统	工程管理方要求的计量、管理软件	以暂估价计入总价
103-1	临时道路修建、养护与拆除	为贯通主线的施工便道、保通便道、便桥的建养拆,不含承包人驻地建设中的临时工作便道、人行便道	按设计套用定额计价
103-2	临时占地	为承包人驻地及标准化建设而办理及使用的临时占地,并进行复垦	按当地占地政策标准和占地时间计列
103-3	临时供电设施架设、维护与拆除	为施工生产架设的供电设施,从接线点到桥梁、拌站变压器的电力干线,不含承包人驻地建设中的临时用电支线(变压器到用电点)、用电器具等	按设计套用定额计价
103-4	电讯设施的提供、维修与拆除	企业管理费的基本费用包含的办公费用,通信网络服务费综合各种开通维修费用	按设计套用定额计价
103-5	供水与排污设施	指生产用水与排污,驻地范围生活用水及排污计入 104 或 105 节	按设计套用定额计价
104-1	承包人驻地建设	承包人驻地建设的各项费用	按施工组织设计计算
105	施工标准化	有施工标准化要求项目,可选择 105 节计列, 104 节可不列	按设计标准化要求套用定额计价

2)步骤 2:对清单子目进行计价

根据本项目招标文件和投标策略,第 100 章的清单子目计价方式列表如表 2.2.104 所示。

表 2.2.104　第 100 章清单子目计价方式

清单　第 100 章　总则					
子目号	子目名称	单位	数量	单价	计价方式
102	工程管理				
102-1	竣工文件	总额	1	0	基本费用费率已包含,不计价
102-2	施工环保费	总额	1	0	企业管理费、施工驻地已包含,不计价
102-3	安全生产费	总额	1	1103354	∑第 100 ~ 700 章合计(不含安全生产费)×1.5%
102-4	信息化系统(暂估)	总额	1	200000	招标文件暂估 200000 元
103	临时工程与设施				

续表

子目号	子目名称	单位	数量	单价	计价方式
103-1	临时道路修建、养护与拆除	总额	1		无设计,可不计
103-2	临时占地	总额	1	700000	根据《广西壮族自治区人民政府批转自治区交通运输厅关于推进普通干线公路建设项目征地拆迁工作意见的通知》(桂政发〔2011〕56 号),临时占地补偿费 20000 元/亩,设计占地 35 亩×20000
103-3	临时供电设施架设、维护与拆除	总额	1	616473	按设计套用定额计算
7-1-5-1	架设输电线路	100 m	50	12329.46	
103-4	电信设施提供、维修与拆除	总额	1	0	无单独设计,可不计
103-5	临时供水与排污设施	总额	1	0	无单独设计,可不计
105	施工标准化				
105-1	施工驻地	总额	1	1249029	按施工组织设计或参照《公路工程建设项目概算预算编制办法》(JTG 3830—2018)规定进行计算
105-3	拌和站	总额	1	1560976	根据设计套用定额计算
1-1-5-4	填前 12 ~ 15 t 光轮压路机压实	1000 m^2	23.333	521.93	
2-1-1-5	路面垫层机械铺碎石(压实厚度 15 cm)	1000 m^2	10	16281.95	
2-2-17-3	摊铺机铺筑混凝土路面厚度 20 cm(轨道式)	1000 m^2 路面	10	67855.58	
4-11-11-2	容量 350 L 以内混凝土搅拌机拌和	10 m^3	204	327.96	
4-11-11-11	生产能力 90 m^3/h 以内混凝土搅拌站(楼)安拆	1 座	1	339535.23	
2-1-10-4	生产能力 300 t/h 以内稳定土厂拌设备安装、拆除	1 座	1	300984.67	

注:1 亩≈666.67m^2。

对于表 2.2.104 中 105-1 施工驻地的计价,有施工组织设计按要求计价;若无施工组织设计,可参照《公路工程建设项目概算预算编制办法》(JTG 3830—2018)规定,以第 100 ~ 700 章不含专项费用的定额建筑安装工程费为基数,按累进费率计算出施工标准化费用,扣除 105 节属于施工场地建设清单子目计价后,得到 105-1 施工驻地计价。

软件查出第 100 ~ 700 章不含专项费用的定额建筑安装工程费 78136129 元,根据《公路工程建设项目概算预算编制办法》(JTG 3830—2018)取 5000 万 ~ 10000 万元区间费率累进计算。因为按累进费率计算的施工场地建设清单计价已经包含拌和站场地建设,故应予以扣除,但不应扣除拌和站设备安拆费用。计算式为:

$$1544300+78136129\times 2.222\%-1560976+339535.23+300984.67=1249029$$

本项目第 100 章总则清单的单价、合价、章合计计算结果如表 2.2.105 所示。

表 2.2.105　标价工程量清单

清单　第 100 章　总则					
目号	子目名称	单位	数量	单价	合价
子 102	工程管理				
102-1	竣工文件	总额	1	0	0
102-2	施工环保费	总额	1	0	0
102-3	安全生产费	总额	1	1103354	1103354
102-4	信息化系统(暂估)	总额	1	200000	200000
103	临时工程与设施				
103-1	临时道路修建、养护与拆除	总额	1	0	0
103-2	临时占地	总额	1	700000	700000
103-3	临时供电设施架设、维护与拆除	总额	1	616473	616473
103-4	电信设施提供、维修与拆除	总额	1	0	0
103-5	临时供水与排污设施	总额	1	0	0
105	施工标准化				
105-1	施工驻地	总额	1	1249029	1249029
105-3	拌和站	总额	1	1560976	1560976
清单　300 章合计　人民币　5429832　元					

4.4.6　编制招标控制价汇总表

根据第 100 ~ 700 章工程量清单计价结果，编制北塞至畔绥公路 No.1 合同段招标控制价汇总表，如表 2.2.106 所示。

表 2.2.106　招标控制价汇总表

北塞至畔绥公路 No.1 合同段

序号	章次	科目名称	金额(元)
1	100	总则	5429832
2	200	路基	31793663
3	300	路面	37436790
4	400	桥梁、涵洞	无
5	500	隧道	无
6	600	安全设施及预埋管线	无
7	700	绿化及环境保护设施	无
8	第 100 ~ 700 章清单合计		74660285
9	已包含在清单合计中的材料、工程设备、专业工程暂估价合计		200000

续表

序号	章次	科目名称	金额(元)
10	清单合计减去材料、工程设备、专业工程暂估价合计(即8-9=10)		74460284
11	计日工合计		0
12	暂列金额(不含计日工总额,按第100~700章清单合计6%计)		4467617
13	招标控制价(8+11+12)=13		79127902

启发与思考

某二级公路进行招标活动,由于业主一味地想节省建设费用,将招标控制价定得极低,导致该项目流标3次,既耽误了工程建设,又增加了招投标的成本。造价工作必须遵循客观发展规律,执行相关标准规范,编制合理的招标控制价,才能真正发挥其在招标中择优选择潜在承包人的作用。

模块3 公路工程土建施工投标与投标报价

案例任务5　编制公路工程工程量清单投标报价

5.1　任务引入

北塞至畔绥公路No.1合同段工程在规定的媒体上公布公开招标信息后,共有10家施工单位报名参与项目投标,B公司是其中的一家。在项目招标规定的投标截止日期之前,B公司需要编制投标文件并参与项目投标。

5.2　任务目标

本案例帮助学习者了解投标报价的相关知识,学会编制投标报价的方法、步骤,投标的策略、技巧,以及根据预期目标调整报价的方法。

5.3　任务书

根据项目的招标文件要求,参考《公路工程建设项目概算预算编制办法》(JTG 3830—2018)、《部颁编制办法广西补充规定》、《公路工程预算定额》(JTG/T 3832—2018)、《公路工程机械台班费用定额》(JTG/T 3833—2018)、企业施工定额,B公司编制北塞至畔绥公路No.1合同段投标报价,并根据公布的招标控制价调整报价。

已经公布的北塞至畔绥公路No.1合同段的招标控制价为79127902元。

5.4　任务实施

5.4.1　投标相关知识

1)投标的步骤

投标的步骤和投标各阶段的具体工作内容列于表2.3.1中。

表2.3.1　投标阶段及其工作内容

序号	投标阶段	投标工作具体内容	
1	阅读招标文件(专业工程师)	投标人须知	了解投标文件的填报要求,各类保函及保险条件内容、税金、保留金、预付款、工程款支付、竣工结算方式
		合同专用条款	研究其可行性与可操作性
		技术规范专用条款	了解计量支付条件,理解报价中各章节与技术规范的具体要求和工程上的特殊要求,防止漏项
		设计图纸	复核图纸和工程量,分析和掌握项目清单中单价未包括的工程内容,工程量总数在施工时可能的增减程度

续表

序号	投标阶段	投标工作具体内容	
2	现场勘察（专业工程师）	调查路基	路基范围内拆迁情况，不良地质路段及特殊路基处理情况
		调查大型桥梁	桥梁位置、水深、水位，便桥架设，钻孔（打桩）工作平台搭设，深水基础、承台、下部构造如何施工，上部构造如何预制、预制场布置、安装等具体问题
		调查工、料、机等	当地雇工工资单价、劳动力数量，当地材料料场位置、价格、储量、规格、质量、运输道路、运输方式和运价、社会运输能力，其他材料价格，水源、电源、当地生活用品、主副食品的供应及市场价，当地有关的规定和以往类似的工程造价资料
3	标前会议	现场考察后立即参加	了解到参加投标的各承包商情况，了解各承包商对该工程的考虑情况，对业主在会议上的介绍、统一答复问题应尽可能地记录完整，记录业主提供的与地方联系的渠道
4	确定施工组织方案（总工程师）	参考本企业类似工程情况，根据设计文件及招标文件要求的工艺、工期，拟订几种施工组织方案，然后进行技术、经济比选，确定出经济合理的施工组织方案，进行报价	
5	初步标价计算（造价人员）	根据《公路工程建设项目概算预算编制办法》（JTG 3830—2018）和《公路工程预算定额》（JTG/T 3832—2018）及企业内部定额等有关规定，结合工程情况和自身实际情况，计算各项清单子目单价、合价，并把工程中各种不可见的因素都包含在内	
6	选择报价策略及报价调整（项目负责人、造价员）	根据报价策略调整出合理报价	

2）评标办法

《公路工程标准施工招标文件》（2018 年版）规定了 4 种评标办法：合理低价法、技术评分最低标价法、综合评分法和经评审的最低投标价法。

公路工程施工招投标，一般采用合理低价法或技术评分最低标价法。技术特别复杂的特大桥梁和特长隧道项目主体工程，可以采用综合评分法；工程规模较小、技术含量较低的工程，可以采用经评审的最低投标价法。

投标人应根据项目招标文件标明采用的评标办法和评审条件，采用相应投标策略调整报价，以期中标。

3）投标报价目标

由于投标单位的经营能力和条件不同，出于不同目的需要，对同一招标项目，可以有不同投标报价目标的选择。

①生存型。投标报价是以克服企业生存危机为目标，争取中标可以不考虑各种利益原则。

②补偿型。投标报价是以补偿企业任务不足，以追求边际效益为目标。对工程投标表现较大热情，以亏损为代价的低报价，具有很强的竞争力。但受生产能力限制，只宜在较小的招标项目考虑。

③盈利型。充分发挥自身优势，以实现最佳盈利为目标。投标单位对效益无吸引力的项目热情不高，对盈利大的项目充满自信，也不太注重对竞争对手的动机分析和对策研究。

不同投标报价目标的选择是根据一定的条件进行分析决定的。盈利型竞争性投标报价目标是投标单位追求的普遍形式。

4）投标报价策略

采用盈利型竞争性投标报价目标时，投标报价采用较高或较低的报价策略，有一般规律可循。最常采用的投标策略是不平衡报价法。

不平衡报价法是指一个工程项目的投标报价，在总价基本确定后，调整内部各个项目的报价，以期既不提高总价，不影响中标，又能在结算时得到更理想的经济效益。不平衡报价法对招标信息变动的不同情况采取不同的不平衡报价策略，表 2.3.2 所示为一般规律。

表 2.3.2　不平衡报价策略

序号	信息类型	变动趋势	不平衡报价策略
1	资金收入的时间 （施工顺序、难易程度）	早	单价高
		晚	单价低
2	工程量估算不准确	增加	单价高
		减少	单价低
3	报价图纸不明确	增加工程量	单价高
		减少工程量	单价低
4	暂定工程	自己承包的可能性高	单价高
		自己承包的可能性低	单价低
5	单价和包干混合制的项目	固定包干价格项目	价格高
		单价项目	单价低
6	单价组成分析表	人工费和机械费	单价高
		材料费	单价低
7	议标业主要求压低单价	工程量大的项目	单价小幅度降低
		工程量小的项目	单价较大幅度降
8	报单价的项目	没有工程量	单价高
		有假定的工程量	单价适中

启发与思考

事件一：某工程招标文件上明示：劳动保险费单列，不包括在投标总价中，而 A 公司由于没有熟读招标文件，按以往的惯例，投标总价中包括了劳动保险费，剔除劳动保险费后的报价评分排名靠后，而导致没有中标。

事件二：某高速公路招标，业主颁布了工程的招标控制价总价及主要分项工程的综合单价限额。招标文件明确要求：投标报价总价及指定主要分项工程综合单价均不允许超过已公布的招标控制价总价和相应分项工程综合单价限额，否则作废标处理。某投标单位的报价总价没有超过上控价，但有一项清单招过了业主定下的上控价，导致本来排名第一的投标废标。

投标时，一定要注意业主发布的招标文件的要求，严格遵守文件中的规定。

5.4.2　编制投标报价

编制投标报价方法

编制投标报价的主要工作是核实工程量清单的准确性、编制投标报价及根据公布的招标控制价（最高投标限价）进行报价调整。

1）步骤 1：核实招标工程量清单

核实招标工程量清单，主要工作是将招标工程量清单与设计图纸比较，结合招标文件技术规范，检查有无遗漏，有无不一致的描述、要求，重点是核实工程量有无重大偏差。因为施工方法、用工量、材料用量、机械设备用量、临时设施数量等都是根据工程量确定，因此工程量的计算是计算标价工作的基础。

当招标清单存在漏项、与设计描述不一致、与设计要求不同、工程量与设计存在重大偏差等情况时,应在招标准备会(标前会)通过答疑方式请求招标人澄清,或致函招标人请求予以澄清。

必须注意,当招标人以补遗书形式进行招标文件的澄清时,补遗书应视为对招标文件的修改及最终要求,投标时必须予以响应。

2)步骤2:编制招标工程的清单单价、合价

编制投标报价的方法与编制招标控制价的方法基本相同,但是投标人可以自行确定清单子目的资源消耗量、工料机单价及取费费率,根据投标策略调整报价。

(1)选择定额并准确计算工料机单价

与编制招标控制价的方法类似,按施工组织设计及施工方案对清单子目套用预算定额,结合企业内部定额,分析出工料机消耗量。选择定额时,将支付内容和工程量清单对应起来,清单中不单独计量但支付时却已包含的工程内容要计入相应清单价格,避免漏项而导致报价不合理。

根据现场勘察阶段调查所得工程所在地人工、材料供应及运输情况,准确计算人工、材料和机械预算单价。工料机单价计算的准确程度直接影响报价水平。

(2)选择各项费率

措施费、企业管理费、规费、利润和税金等各项费率的选择也是投标报价编制的关键。在选择费率时,既要考虑以各项费率计算出的费用能否包住实际发生的费用,还要考虑以各项费率计算出的标价是否有竞争力,能否在得标后获得理想的效益。

(3)据实计算其他费用

根据招标文件要求属于投标人负责的费用,主要是第100章的保险费、竣工文件编制费及信息化费用、施工场地标准化等,应综合项目招标文件要求、工程项目特点、投标人自身情况、投标策略等进行总额报价。

经过计算,B公司初步编制的北塞至畔绥No.1合同段的投标报价汇总如表2.3.3所示。

表2.3.3 投标报价汇总表

北塞至畔绥公路No.1合同段

序号	章次	科目名称	金额(元)
1	100	总则	5420229
2	200	路基	31558063
3	300	路面	35630437
4	400	桥梁、涵洞	无
5	500	隧道	无
6	600	安全设施及预埋管线	无
7	700	绿化及环境保护设施	无
8	第100~700章清单合计		72608729
9	已包含在清单合计中的材料、工程设备、专业工程暂估价合计		
10	清单合计减去材料、工程设备、专业工程暂估价合计(即8-9=10)		72608729
11	计日工合计		
12	暂列金额(不含计日工总额,按第100~700章清单合计6%计)		4356524
13	投标报价(8+11+12)=13		76965253

5.4.3 调整投标报价

根据投标策略,采取一定方式(如不平衡报价)进行标价调整,调整内部各个项目的报价,既不提高总价,不影响中标,又能在结算时得到更理想的经济效益。

同望公路工程计价软件操作-分摊与调价

如果手工调整,工作量非常大而且容易出错,采用软件可以快捷调价,提高工作效率。以同望公路造价软件为例,可以利用正向调价和反向调价两种方法调整报价,具体操作步骤如表2.3.4所示。

表2.3.4 同望公路造价软件调价操作步骤

序号	操作说明	操作界面截图
1	正向调价方法:软件允许通过调整工料机消耗量、工料机单价和综合费率3种方式调整报价。在【调价系数】下相应单元格输入系数,点击【正向调价】,软件自动计算得到调价后的目标报价和调价前后的差额	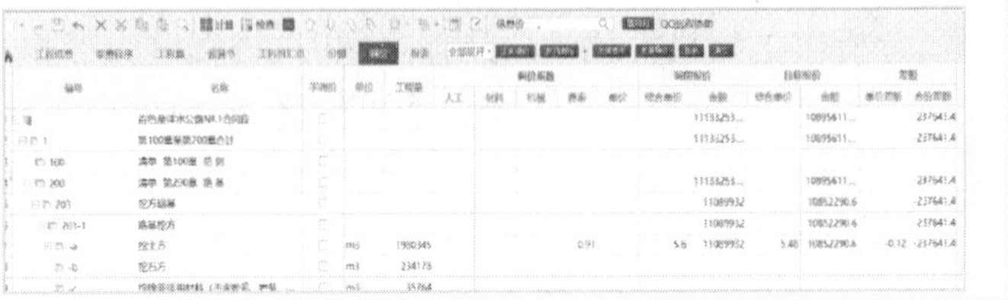
2	反向调价方法:软件允许通过调整人工、材料、机械消耗量、费率或单价来达到设定的目标单价或金额。在【目标报价】的单价或金额单元格输入目标值,点击【反调消耗】【反调费率】或【反调单价】,软件自动调整计算与目标报价对应的消耗量、综合费率或单价	反调消耗 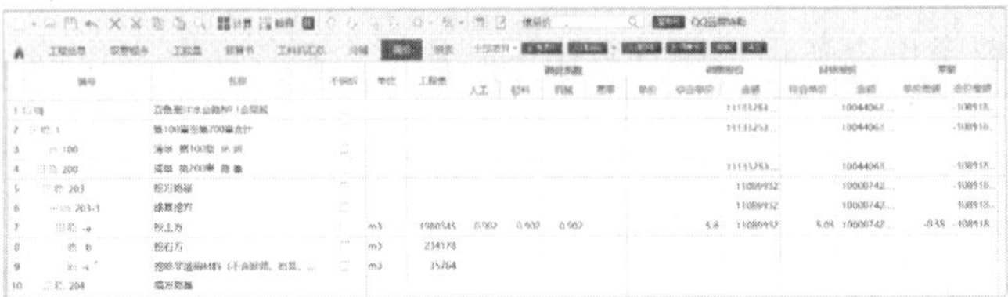 反调单价 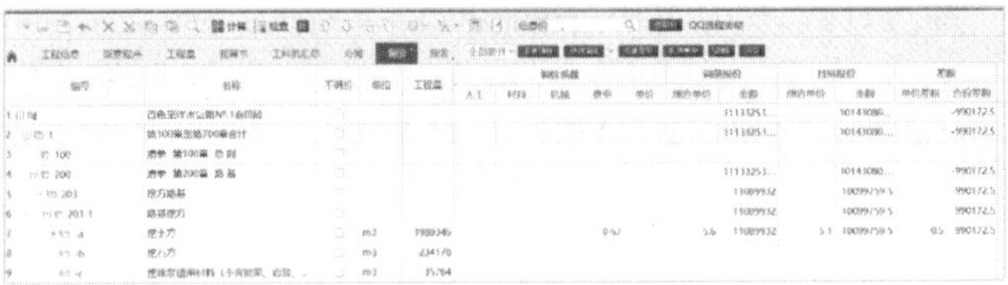
3	进入【调价】界面,在不需参与调价的清单项或定额的【不调价】复选框中勾选,设置清单项、定额不调价	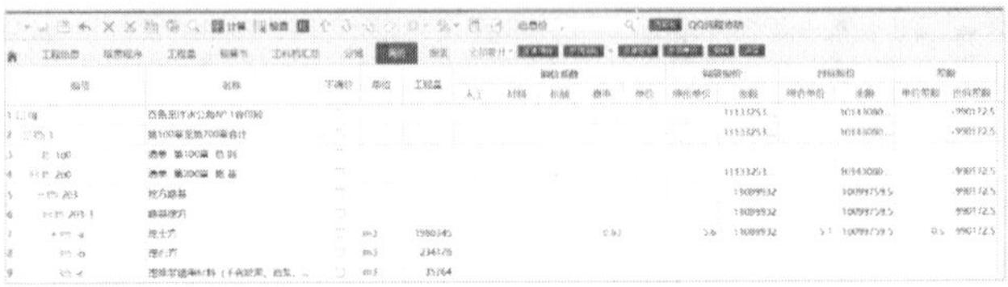
4	进入【工料机汇总】界面和【取费程序】界面,在不需参与调价的工料机或费率项的【不调价】复选框中勾选,设置工料机或费率不调价	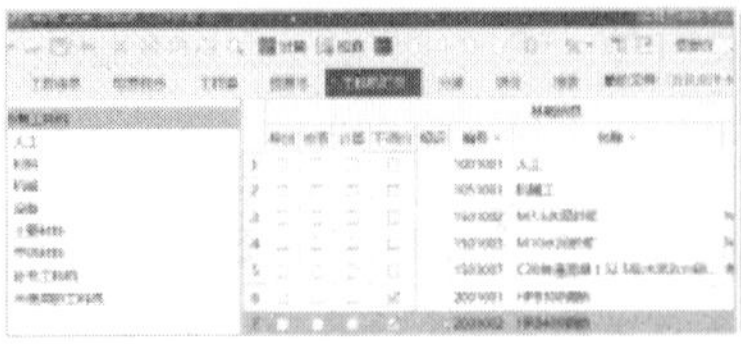 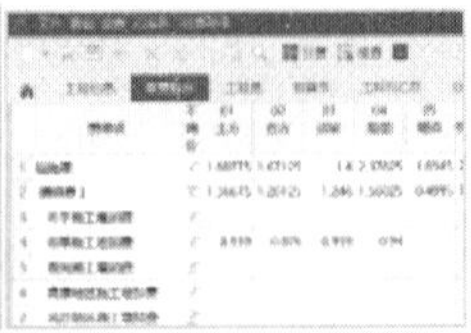
5	点击【撤销】或【清空】,可撤销或清空调价内容,恢复调价前报价。调价后不能再进行选择和调整定额、修改取费、工料机等操作	

北塞至畔绥公路No.1合同段的初步汇总报价为76965253元,公布的招标控制价为79127902元,经B公司投标团队分析,决定调整初步报价,调整方案如下:

①根据类似项目情况分析,本项目软基处理换填工程量实际可能有较大增加,拟将清单203-1-c挖除非适用性材料的综合单价调高,调价系数为1.08,并将总价调至招标控制价的90.5%左右。

②调价后的投标报价为71610770元。

除了以上按常规的方法编制投标报价外,还有利用招标项目固化工程量清单直接填报单价的标价方式。

随着公路工程建筑价格的市场化发展与成熟,许多施工企业具有较完善的成本管理体系。投标时,根据企业内部的成本指数直接填报价格,既不套定额进行工料机分析和取费,也不用造价管理软件计算,而是直接填报单价、合价和汇总。直接填报标价也成为许多规范化的企业快速投标的一种方法。

无论是造价软件计算标价,还是直接填报标价,最后一步都是形成投标文件中的报价文件,打印装订或上传(电子招标)。其中就要求进行合价和汇总的数字计算。计算很简单,却很容易被计算标价人忽略。常见的错误有:小数点点错、算术错误(单价与工程数量之积不等于金额)、计算对却抄写错、报价金额数字与大写文字不符等。因此在计算标价时,数字一定要准确无误,无论是单价、合计、总标价及大写数字均应仔细核对。

启发与思考

某公路项目正处于招标阶段,开标前某日,投标单位的造价员小李接到一陌生电话,对方自称其为同一招标项目投标人,想约小李见面并暗示有丰厚回报。面对这种情况,同学们,如果你是小李,你该如何做呢?

附录

附录1　某公路项目工程量清单

项目编号:GXXY-GL-201902

××公路一期工程施工招标

工程量清单

No. 1(K10+000 ~ K33+000)

招标人:　　（盖章）

二零一九年八月二十二日

工程量清单

工程名称:××公路一期工程

合同段编号:No. 1(K10+000 ~ K33+000)

投标单位:　　　　　　　　　　　　　　　　货币单位:人民币元

清单　第 100 章　总则						
子目号	子目名称	单位	数量	单价	合价	备注
101-1	保险费					
-b	按合同条款规定,提供第三者责任险	总额	1			
102-1	竣工文件	总额	1			
102-2	施工环保费	总额	1			
102-3	安全生产费	总额	1			
102-4	工程管理软件(暂估价)	总额	1			
102-5	保障原有道路畅通费	总额	1			
103-1	临时道路修建、养护与拆除 (包括原道路的养护费)	总额	1			
103-2	临时占地	总额	1			
103-3	临时供电设施					
-a	设施架设、拆除	总额	1			
-b	设施维修	月	24			
103-4	电信设施的提供、维修与拆除	总额	1			
103-5	供水与排污设施	总额	1			
104-1	承包人驻地建设	总额	1			
清单　第 100 章合计　人民币　　　　元						

工程量清单

工程名称:××公路一期工程

合同段编号:No.1(K10+000～K33+000)

投标单位:　　　　　　　　　　　　　　　　货币单位:人民币元

清单　第200章　路基						
子目号	子目名称	单位	数量	单价	合价	备注
202-1	清理与掘除					
-a	清理现场	m^2	126790.0			
-b	砍伐树木	棵	20228.0			
202-3	拆除结构物					
-a	钢筋混凝土结构	m^3	270.6			
-b	混凝土结构	m^3	1334.8			
-c	砖、石及其他砌体结构	m^3	2003.4			
203-1	路基挖方					
-a	挖土方(含5 km以内运费)	m^3	639142.0			
-b	挖石方(含5 km以内运费)	m^3	613364.0			
-c	挖除非适用材料(含淤泥)	m^3	19392.0			
203-2	平面交叉、改河、改渠、改路挖方					
-a	挖土方(含5 km以内运费)	m^3	33201.9			
-b	挖石方(含5 km以内运费)	m^3	17368.0			
204-1	路基填筑(包括填前压实)					
-b	利用土方	m^3	396611.0			
-c	利用石方	m^3	401708.7			
-g-1	结构物台背回填砂砾	m^3	849.1			
-g-2	结构物台背回填碎石(砂砾)土	m^3	10320.0			
-g-3	结构物台背回填碎石	m^3	916.5			
-h	锥坡及台前溜坡填土	m^3	17.9			
-i	翻挖压实	m^3	109178.0			
204-2	改河、改渠、改路填筑					
-a	利用土方	m^3	10477.0			
-b	利用石方	m^3	1251.0			
205-1	软土地基处理					
-b	涵洞基底换填砂砾	m^3	430.0			
o	涵洞基底换填片石	m^3	484.6			
207-1	M7.5浆砌片石边沟					
-a	0.96 m^3/m边沟(一式)	m	260.0			
-b	0.40 m^3/m边沟	m	22415.8			

工程量清单

工程名称:××公路一期工程

合同段编号:No. 1(K10+000 ~ K33+000)

投标单位:　　　　　　　　　　　　　　　　　　货币单位:人民币元

清单　第 200 章　路基						
子目号	子目名称	单位	数量	单价	合价	备注
207-2	M7.5 浆砌片石排水沟					
-a	0.40 m^3/m 排水沟(一式)	m	589.0			
-b	0.63 m^3/m 排水沟(二式)	m	12708.2			
207-4	M7.5 浆砌片石急流槽	m^3	382.5			
207-5	渗沟					
-a	300 mm×500 mm 渗沟	m	260.0			
207-6	平面交叉、改河、改沟、改渠铺砌					
-a	M7.5 浆砌片石	m^3	5824.9			
207-9	后台排水					
-a	碎石反滤层	m^3	104.4			
-b	60 cm×40 cm 片石盲沟	m	71.0			
207-10	纵向排水涵					
-a	路基纵向排水涵(跨径 60 cm)	m	15.0			
208-1	植物护坡					
-a	种草	m^2	203137.0			
208-3	M7.5 浆砌片石护坡					
-c	M7.5 浆砌片石护坡	m^3	1101.2			
209-1	砌体挡土墙					
-a	M7.5 浆砌片石	m^3	11761.4			
209-3	混凝土挡土墙					
-a	C15 片石混凝土	m^3	13860.9			
215-1	浆砌片石河床铺砌					
-a	M10 砂浆、MU40 片石河床铺砌	m^3	221.8			
215-5	浆砌片石锥坡					
-a	M7.5 浆砌片石(MU40)锥坡	m^3	49.6			
清单　第 200 章合计　人民币　　　　　元						

工程量清单

工程名称:××公路一期工程

合同段编号:No. 1(K10+000 ~ K33+000)

投标单位:　　　　　　　　　　　　　　　　　　　　　　　　　　　　　　货币单位:人民币元

清单　第 300 章　路面						
子目号	子目名称	单位	数量	单价	合价	备注
302-1	碎石垫层					
-a	厚 150 mm	m^2	191197.0			
-b	级配碎石调平层	m^3	4265.7			
304-3	水泥稳定碎石基层					
-a	厚 200 mm	m^2	190191.0			
306-1	级配碎石底基层					
-a	厚 150 mm	m^2	187443.0			
308-1	透层					
-a	煤油稀释液体沥青透层	m^2	195069			
310-1	沥青表面处治					
-a	厚 30 mm	m^2	5825			
310-2	封层					
-a	沥青碎石下封层厚 10 mm	m^2	188864			
312-1	水泥混凝土面板					
-b	厚 240 mm(混凝土弯拉强度 5.0 MPa)	m^2	188322.0			
312-2	钢筋					
-a	光圆钢筋(HPB235、HPB300)	kg	136284.0			
-b	带肋钢筋(HRB335、HRB400)	kg	49108.0			
313-1	培土路肩	m^3	300			
313-6	浆砌片石护肩					
-a	M7.5 浆砌片石护肩	m^3	8597.4			
清单　第 300 章合计　人民币　　　　元						

工程量清单

工程名称:××公路一期工程

合同段编号:No.1(K10+000~K33+000)

投标单位: 货币单位:人民币元

清单 第400章 桥梁、涵洞						
子目号	子目名称	单位	数量	单价	合价	备注
403-1	基础钢筋(包括灌注桩、承台、沉桩、沉井等)					
-b	带肋钢筋(HRB400)	kg	9618.8			
403-2	下部结构钢筋					
-a	光圆钢筋(HPB300)	kg	5730.2			
-b	带肋钢筋(HRB400)	kg	20801.5			
-d	D10型带肋钢筋焊网	kg	6786.0			
403-3	上部结构钢筋					
-a	光圆钢筋(HPB300)	kg	446.4			
-b	带肋钢筋(HRB400)	kg	75588.5			
-d	D12型带肋钢筋焊网	kg	20994.9			
403-4	附属结构钢筋					
-a	光圆钢筋(HPB300)	kg	227.1			
-b	带肋钢筋(HRB400)	kg	24288.6			
404-1	挖土方					
-a	挖土方	m^3	5085.0			
410-1	混凝土基础(包括支撑梁、桩基承台,但不包括桩基)					
-b	C25混凝土	m^3	927.1			
410-2	混凝土下部结构					
-b	C25混凝土	m^3	786.4			
-c	C30混凝土	m^3	191.3			
410-5	上部结构现浇整体化混凝土					
-a	C50混凝土	m^3	46.8			
410-6	现浇混凝土附属结构					
-a	C20混凝土	m^3	11.2			
-b	C30混凝土	m^3	117.5			
-c	C40混凝土	m^3	87.3			
411-5	后张法预应力钢绞线					
-a	ϕ^s15.2钢绞线	kg	11193.0			
411-8	预制预应力混凝土上部结构					
-a	C50预应力混凝土	m^3	322.2			
413-1	浆砌片石					
-a	M7.5浆砌片石	m^3	271.4			

工程量清单

工程名称:××公路一期工程

合同段编号:No. 1(K10+000 ~ K33+000)

投标单位:　　　　货币单位:人民币元

清单　第 400 章　桥梁、涵洞						
子目号	子目名称	单位	数量	单价	合价	备注
415-2	水泥混凝土桥面铺装					
-b	C50 防水混凝土厚 150 mm	m^2	1075.3			
415-3	防水层					
-a	水性渗透型无机防水涂层	m^2	906.7			
416-2	圆形板式橡胶支座					
-a	GYZ200×49 mm	个	120			
417-2	模数式伸缩装置					
-a	GQF-E40 型	m	35.2			
419-1	单孔钢筋混凝土圆管涵					
-a	孔数-孔径(1-ϕ1.00 m)	m	1015			
-b	孔数-孔径(1-ϕ1.50 m)	m	124			
419-3	钢筋混凝土圆管倒虹吸管涵					
-a	孔数-孔径(1-ϕ1.00 m)	m	15			
420-1	钢筋混凝土盖板涵					
-a	孔数-跨径(1-1.00 m×0.80 m)	m	28			
-b	孔数-跨径(1-1.00 m×1.00 m)	m	67			
-d	孔数-跨径(1-1.50 m×1.50 m)	m	11			
-f	孔数-跨径(1-2.00 m×2.00 m)	m	36			
-i	孔数-跨径(1-3.00 m×3.00 m)	m	53			
-k	孔数-跨径(1-4.00 m×4.00 m)	m	9			
-m	孔数-跨径(2-3.00 m×3.00 m)	m	15			
清单　第 400 章合计　人民币　　元						

工程量清单

工程名称:××公路一期工程

合同段编号:No. 1(K10+000 ~ K33+000)

投标单位:

货币单位:人民币元

清单　第600章　安全设施及预埋管线						
子目号	子目名称	单位	数量	单价	合价	备注
602-1	C30 混凝土护栏					
-a-1	RrI-SA-E1	m	1100.0			
-a-4	C30 钢筋混凝土护栏(路肩式挡土墙段)	m	2088.0			
-c	C20 混凝土护栏基座	m^3	1481.8			
602-2	单面波形梁钢护栏					
-b	Gr-B-2B	m	2486.0			
-d	Gr-B-2E	m	2592.0			
-e	Gr-B-4E	m	4707.0			
-f	Gr-B-2C′	m	495.0			
-g	明涵(小桥、盖板涵、通道)钢护栏	m	16.0			
602-5	波形梁钢护栏起、终端头					
-a	AT1	m	816.0			
-b	AT1(石方)	m	72.0			
-d	AT2	m	816.0			
-e	AT2(石方)	m	84.0			
-g	BT-2	m	940.0			
-h	BT-2(石方)	m	120.0			
603-7	钢立柱					
-a	道口标注	根	52.0			
604-5	单悬臂式交通标志					
-a	○800	个	3.0			
-b	△900	个	34.0			
-c	▽ 900	个	6.0			
-d	2△900	个	5.0			
-e	○800+△900	个	2.0			
-h	3100×1000	个	14.0			
604-8	里程碑					
-a	公路里程碑	个	24.0			
604-9	公路界碑					
-a	公路界碑	个	230.0			
604-10	百米桩					
-a	公路百米桩	个	207.0			

工程量清单

工程名称:××公路一期工程

合同段编号:No.1(K10+000～K33+000)

投标单位: 货币单位:人民币元

清单 第600章 安全设施及预埋管线						
子目号	子目名称	单位	数量	单价	合价	备注
605-1	热熔型涂料路面标线					
-a	反光型	m^2	9950.0			
605-6	轮廓标					
-a	柱式轮廓标					
-a-1	De-Rbw-E	个	3670.0			
-b	附着式轮廓标					
-b-1	De-Rbw-At1	个	1676.0			
-b-2	De-Rbw-At2	个	426.0			
608-7	便民候车亭	个	7.0			
清单 第600章合计 人民币 元						

工程量清单

工程名称:××公路一期工程

合同段编号:No. 1(10+000 ~ K33+000)

投标单位:　　　　　　　　　　　　　　　　　　　　　　　货币单位:人民币元

清单　第 700 章　绿化及环境保护设施						
子目号	子目名称	单位	数量	单价	合价	备注
704-1	人工种植乔木	棵	3665			
704-2	人工种植灌木	棵	250			
704-3	人工种植蔓藤植物					
-a	常青藤	棵	5928			
清单　第 700 章合计　人民币　　　元						

附录2　某公路项目工程量清单标价及招标控制价

××公路一期土建工程施工招标

招标控制价

招标人：　　　　　（盖章）

二零一九年四月六日

工程量清单

工程名称:××公路一期工程

合同段编号:No. 1(K10+000 ~ K33+000)　　货币单位:人民币元

清单　第 100 章　总则						
子目号	子目名称	单位	数量	单价	合价	备注
101-1	保险费					
-b	按合同条款规定,提供第三者责任险	总额	1	3000	3000	
102-1	竣工文件	总额	1	110000	110000	
102-2	施工环保费	总额	1	102300	102300	
102-3	安全生产费	总额	1	1979700	1979700	
102-4	工程管理软件(暂估价)	总额	1	250000	250000	
102-5	保障原有道路畅通费	总额	1	162105	162105	
103-1	临时道路修建、养护与拆除(包括原道路的养护费)	总额	1	336926	336926	
103-2	临时占地	总额	1	1991140	1991140	
103-3	临时供电设施					
-a	设施架设、拆除	总额	1	939049	939049	
-b	设施维修	月	24	1800	43200	
103-4	电信设施的提供、维修与拆除	总额	1	32545	32545	
103-5	供水与排污设施	总额	1	93000	93000	
104-1	承包人驻地建设	总额	1	1251837	1251837	
清单　第 100 章合计　人民币　7294802　元						

工程量清单

工程名称：××公路一期工程

合同段编号：No. 1（K10+000 ~ K33+000）　　　　货币单位：人民币元

清单　第 200 章　路基						
子目号	子目名称	单位	数量	单价	合价	备注
202-1	清理与掘除					
-a	清理现场	m^2	126790.0	3.41	432354	
-b	砍伐树木	棵	20228.0	34.40	695843	
202-3	拆除结构物					
-a	钢筋混凝土结构	m^3	270.6	454.57	123007	
-b	混凝土结构	m^3	1334.8	443.94	592571	
-c	砖、石及其他砌体结构	m^3	2003.4	72.11	144467	
203-1	路基挖方					
-a	挖土方（含 5 km 以内运费）	m^3	639142.0	9.51	6078240	
-b	挖石方（含 5 km 以内运费）	m^3	613364.0	28.90	17726220	
-c	挖除非适用材料（含淤泥）	m^3	19392.0	15.46	299800	
203-2	平面交叉、改河、改渠、改路挖方					
-a	挖土方（含 5 km 以内运费）	m^3	33201.9	13.31	441917	
-b	挖石方（含 5 km 以内运费）	m^3	17368.0	22.58	392169	
204-1	路基填筑（包括填前压实）					
-b	利用土方	m^3	396 611.0	7.00	2776277	
-c	利用石方	m^3	401708.7	11.36	4563411	
-g-1	结构物台背回填砂砾	m^3	849.1	35.79	30389	
-g-2	结构物台背回填碎石（砂砾）土	m^3	10320.0	28.23	291334	
-g-3	结构物台背回填碎石	m^3	916.5	178.56	163650	
-h	锥坡及台前溜坡填土	m^3	17.9	34.02	609	
-i	翻挖压实	m^3	109178.0	2.88	314433	
204-2	改河、改渠、改路填筑					
-a	利用土方	m^3	10477.0	6.42	67262	
-b	利用石方	m^3	1251.0	11.44	14311	
205-1	软土地基处理					
-b	涵洞基底换填砂砾	m^3	430.0	45.65	19630	
-o	涵洞基底换填片石	m^3	484.6	148.53	71978	
207-1	M7.5 浆砌片石边沟					
-a	0.96 m^3/m 边沟（一式）	m	260.0	618.50	160810	
-b	0.40 m^3/m 边沟	m	22415.8	210.98	4729285	
207-2	M7.5 浆砌片石排水沟					
-a	0.40 m^3/m 排水沟（一式）	m	589.0	293.37	172795	

工程量清单

工程名称:××公路一期工程

合同段编号:No.1(K10+000~K33+000)　　　　货币单位:人民币元

清单　第200章　路基						
子目号	子目名称	单位	数量	单价	合价	备注
-b	0.63 m^3/m 排水沟(二式)	m	12708.2	190.65	2422818	
207-4	M7.5 浆砌片石急流槽	m^3	382.5	293.91	112421	
207-5	渗沟					
-a	300 mm×500 mm 渗沟	m	260.0	107.46	27940	
207-6	平面交叉、改河、改沟、改渠铺砌					
-a	M7.5 浆砌片石	m^3	5824.9	306.48	1785215	
207-9	后台排水					
-a	碎石反滤层	m^3	104.4	178.57	18643	
-b	60 cm×40 cm 片石盲沟	m	71.0	182.03	12924	
207-10	纵向排水涵					
-a	路基纵向排水涵(跨径 60 cm)	m	15.0	967.87	14518	
208-1	植物护坡					
-a	种草	m^2	203137.0	7.36	1495088	
208-3	M7.5 浆砌片石护坡					
-c	M7.5 浆砌片石护坡	m^3	1101.2	281.72	310230	
209-1	砌体挡土墙					
-a	M7.5 浆砌片石	m^3	11761.4	339.69	3995230	
209-3	混凝土挡土墙					
-a	C15 片石混凝土	m^3	13860.9	471.89	6540820	
215-1	浆砌片石河床铺砌					
-a	M10 砂浆、MU40 片石河床铺砌	m^3	221.8	251.45	55772	
215-5	浆砌片石锥坡					
-a	M7.5 浆砌片石(MU40)锥坡	m^3	49.6	367.78	18242	
清单　第200章合计　人民币　57112623　元						

工程量清单

工程名称:××公路一期工程

合同段编号:No.1(K10+000 ~ K33+000)　　　　货币单位:人民币元

清单　第300章　路面						
子目号	子目名称	单位	数量	单价	合价	备注
302-1	碎石垫层					
-a	厚150 mm	m^2	191197.0	22.60	4321052	
-b	级配碎石调平层	m^3	4265.7	75.83	323468	
304-3	水泥稳定碎石基层					
-a	厚200 mm	m^2	190191.0	39.02	7421253	
306-1	级配碎石底基层					
-a	厚150 mm	m^2	187443.0	22.63	4241835	
308-1	透层					
-a	煤油稀释液体沥青透层	m^2	195069	5.20	1014359	
310-1	沥青表面处治					
-a	厚30 mm	m^2	5825	29.05	169216	
310-2	封层					
-a	沥青碎石下封层厚10mm	m^2	188864	8.13	1535464	
312-1	水泥混凝土面板					
-b	厚240 mm(混凝土弯拉强度5.0 MPa)	m^2	188322.0	117.10	22052506	
312-2	钢筋					
-a	光圆钢筋(HPB235、HPB300)	kg	136284.0	4.45	606464	
-b	带肋钢筋(HRB335、HRB400)	kg	49108.0	4.47	219513	
313-1	培土路肩	m^3	300	9.40	2820	
313-6	浆砌片石护肩					
-a	M7.5浆砌片石护肩	m^3	8597.4	353.89	3042534	
清单　第300章合计　人民币　44950484　元						

工程量清单

工程名称:××公路一期工程

合同段编号:No.1(K10+000~K33+000)　　　　货币单位:人民币元

清单　第400章　桥梁、涵洞						
子目号	子目名称	单位	数量	单价	合价	备注
403-1	基础钢筋(包括灌注桩、承台、沉桩、沉井等)					
-b	带肋钢筋(HRB400)	kg	9618.8	4.28	41168	
403-2	下部结构钢筋					
-a	光圆钢筋(HPB300)	kg	5730.2	4.47	25614	
-b	带肋钢筋(HRB400)	kg	20801.5	4.47	92983	
-d	D10型带肋钢筋焊网	kg	6786.0	4.34	29451	
403-3	上部结构钢筋					
-a	光圆钢筋(HPB300)	kg	446.4	4.70	2098	
-b	带肋钢筋(HRB400)	kg	75588.5	4.52	341660	
-d	D12型带肋钢筋焊网	kg	20994.9	4.60	96577	
403-4	附属结构钢筋					
-a	光圆钢筋(HPB300)	kg	227.1	4.44	1008	
-b	带肋钢筋(HRB400)	kg	24288.6	4.59	111485	
404-1	挖土方					
-a	挖土方	m^3	5085.0	27.58	140244	
410-1	混凝土基础(包括支撑梁、桩基承台,但不包括桩基)					
-b	C25混凝土	m^3	927.1	409.71	379842	
410-2	混凝土下部结构					
-b	C25混凝土	m^3	786.4	583.75	459061	
-c	C30混凝土	m^3	191.3	721.31	137987	
410-5	上部结构现浇整体化混凝土					
-a	C50混凝土	m^3	46.8	844.94	39543	
410-6	现浇混凝土附属结构					
-a	C20混凝土	m^3	11.2	414.46	4642	
-b	C30混凝土	m^3	117.5	471.45	55395	
-c	C40混凝土	m^3	87.3	679.06	59282	
411-5	后张法预应力钢绞线					
-a	ϕ^s15.2钢绞线	kg	11193.0	15.33	171589	
411-8	预制预应力混凝土上部结构					
-a	C50预应力混凝土	m^3	322.2	1168.67	376545	
413-1	浆砌片石					
-a	M7.5浆砌片石	m^3	271.4	359.92	97682	

工程量清单

工程名称:××公路一期工程

合同段编号:No. 1(K10+000 ~ K33+000)　　　　货币单位:人民币元

清单　第400章　桥梁、涵洞						
子目号	子目名称	单位	数量	单价	合价	备注
415-2	水泥混凝土桥面铺装					
-b	C50 防水混凝土厚 150 mm	m^2	1075.3	82.74	88973	
415-3	防水层					
-a	水性渗透型无机防水涂层	m^2	906.7	29.23	26503	
416-2	圆形板式橡胶支座					
-a	GYZ200×49 mm	个	120	115.33	13840	
417-2	模数式伸缩装置					
-a	GQF-E40 型	m	35.2	2229.09	78464	
419-1	单孔钢筋混凝土圆管涵					
-a	孔数-孔径(1-ϕ1.00 m)	m	1015	2534.93	2572954	
-b	孔数-孔径(1-ϕ1.50 m)	m	124	3705.80	459519	
419-3	钢筋混凝土圆管倒虹吸管涵					
-a	孔数-孔径(1-ϕ1.00m)	m	15	5263.27	78949	
420-1	钢筋混凝土盖板涵					
-a	孔数-跨径(1-1.00 m×0.80 m)	m	28	2533.64	70942	
-b	孔数-跨径(1-1.00 m×1.00 m)	m	67	2483.76	166412	
-d	孔数-跨径(1-1.50 m×1.50 m)	m	11	3329.18	36621	
-f	孔数-跨径(1-2.00 m×2.00 m)	m	36	6097.33	219504	
-i	孔数-跨径(1-3.00 m×3.00 m)	m	53	10714.08	567846	
-k	孔数-跨径(1-4.00 m×4.00 m)	m	9	22139.22	199253	
-m	孔数-跨径(2-3.00 m×3.00 m)	m	15	16459.20	246888	
清单　第400章合计　人民币　7490524　元						

工程量清单

工程名称:××公路一期工程

合同段编号:No.1(K10+000 ~ K33+000)　　货币单位:人民币元

清单　第600章　安全设施及预埋管线						
子目号	子目名称	单位	数量	单价	合价	备注
602-1	C30混凝土护栏					
-a-1	RrI-SA-E1	m	1100.0	693.26	762586	
-a-4	C30钢筋混凝土护栏(路肩式挡土墙段)	m	2088.0	585.20	1221898	
-c	C20混凝土护栏基座	m^3	1481.8	599.10	887746	
602-2	单面波形梁钢护栏					
-b	Gr-B-2B	m	2486.0	245.90	611307	
-d	Gr-B-2E	m	2592.0	197.07	510805	
-e	Gr-B-4E	m	4707.0	149.36	703038	
-f	Gr-B-2C′	m	495.0	206.45	102193	
-g	明涵(小桥、盖板涵、通道)钢护栏	m	16.0	215.81	3453	
602-5	波形梁钢护栏起、终端头					
-a	AT1	m	816.0	236.80	193229	
-b	AT1(石方)	m	72.0	207.07	14909	
-d	AT2	m	816.0	230.98	188480	
-e	AT2(石方)	m	84.0	273.60	22982	
-g	BT-2	m	940.0	256.27	240894	
-h	BT-2(石方)	m	120.0	215.38	25846	
603-7	钢立柱					
-a	道口标注	根	52.0	177.87	9249	
604-5	单悬臂式交通标志					
-a	○800	个	3.0	4725.67	14177	
-b	△900	个	34.0	4618.82	157040	
-c	▽ 900	个	6.0	4618.17	27709	
-d	2△900	个	5.0	5321.80	26609	
-e	○800+△900	个	2.0	5468.50	10937	
-h	3100×1000	个	14.0	14886.93	208417	
604-8	里程碑					
-a	公路里程碑	个	24.0	161.00	3864	
604-9	公路界碑					
-a	公路界碑	个	230.0	77.11	17735	
604-10	百米桩					
-a	公路百米桩	个	207.0	42.00	8694	

工程量清单

工程名称:××公路一期工程

合同段编号:No.1(K10+000~K33+000)　　货币单位:人民币元

清单　第600章　安全设施及预埋管线						
子目号	子目名称	单位	数量	单价	合价	备注
605-1	热熔型涂料路面标线					
-a	反光型	m^2	9950.0	46.60	463671	
605-6	轮廓标					
-a	柱式轮廓标0					
-a-1	De-Rbw-E	个	3670.0	77.31	283728	
-b	附着式轮廓标0					
-b-1	De-Rbw-At1	个	1676.0	11.91	19961	
-b-2	De-Rbw-At2	个	426.0	11.91	5074	
608-7	便民候车亭	个	7.0	23115.00	161805	
清单　第600章合计　人民币　6908036　元						

工程量清单

工程名称:××公路一期工程

合同段编号:No. 1(K10+000 ~ K33+000)　　货币单位:人民币元

清单　第 700 章　绿化及环境保护设施						
子目号	子目名称	单位	数量	单价	合价	备注
704-1	人工种植乔木	棵	3665	57.81	211874	
704-2	人工种植灌木	棵	250	93.47	23368	
704-3	人工种植蔓藤植物					
-a	常青藤	棵	5928	79.93	473825	
清单　第 700 章合计　人民币　709067　元						

公路工程投标报价汇总表

工程名称:××公路一期工程

合同段编号:No. 1(K10+000 ~ K33+000)　　货币单位:人民币元

序号	章次	科目名称	金额(元)	备注
1	100	总则	7294802	
2	200	路基	57112623	
3	300	路面	44950484	
4	400	桥梁、涵洞	7490524	
5	500	隧道	0	
6	600	安全设施及预埋管线	6908036	
7	700	绿化及环境保护设施	709067	
8	第 100 章至 700 章清单合计		124465536	
9	暂列金额(清单第 100 章至 700 章合计金额的 6% 计列)		7467932	
10	公路工程投标报价(8+9)= 10		131933468	

附录3　工程量清单(节选)

1.第100章　总则

工程量清单

清单　第100章　总则					
子目号	子目名称	单位	数量	单价	合价
101	通则				
101-1	保险费				
-a	按合同条款规定,提供建筑工程一切险	总额			
-b	按合同条款规定,提供第三者责任险	总额			
102	工程管理				
102-1	竣工文件	总额			
102-2	施工环保费	总额			
102-3	安全生产费	总额			
102-4	信息化系统(暂估价)	总额			
103	临时工程与设施				
103-1	临时道路修建、养护与拆除(包括原道路的养护)	总额			
103-2	临时占地	总额			
103-3	临时供电设施架设、维护与拆除	总额			
103-4	电信设施的提供、维修与拆除	总额			
103-5	临时供水与排污设施	总额			
104	承包人驻地建设				
104-1	承包人驻地建设	总额			
105	施工标准化				
105-1	施工驻地	总额			
105-2	工地试验室	总额			
105-3	拌和站	总额			
105-4	钢筋加工场	总额			
105-5	预制场	总额			
105-6	仓储存放地	总额			
105-7	各场(厂)区、作业区连接道路及施工主便道	总额			
清单100章合计　人民币________					

2. 第 200 章　路基

工程量清单

清单　第 200 章　路基					
子目号	子目名称	单位	数量	单价	合价
202	场地清理				
202-1	清理与掘除				
	清理现场	m^2			
-b	砍伐树木	棵			
-c	挖除树根	棵			
202-2	挖除旧路面				
-a	水泥混凝土路面	m^3			
-b	沥青混凝土路面	m^3			
-c	碎石路面	m^3			
202-3	拆除结构物				
-a	钢筋混凝土结构	m^3			
-b	混凝土结构	m^3			
-c	砖、石及其他砌体结构	m^3			
-d	金属结构	kg			
202-4	植物移栽				
-a	移栽乔(灌)木	棵			
-b	移栽草皮	m^2			
203	挖方路基				
203-1	路基挖方				
	挖土方	m^3			
-b	挖石方	m^3			
-c	挖除非适用材料(不含淤泥、岩盐、冻土)	m^3			
-d	挖淤泥	m^3			
-e	挖岩盐	m^3			
-f	挖冻土	m^3			
203-2	改河、改渠、改路挖方				
-a	挖土方	m^3			
-b	挖石方	m^3			
-c	挖除非适用材料(不含淤泥、岩盐、冻土)	m^3			
-d	挖淤泥	m^3			
-e	挖岩盐	m^3			
-f	挖冻土	m^3			

工程量清单

清单　第 200 章　路基					
子目号	子目名称	单位	数量	单价	合价
204	填方路基				
204-1	路基填筑(包括填前压实)				
-a	利用土方	m^3			
-b	利用石方	m^3			
-c	利用土石混填	m^3			
-d	借土填方	m^3			
-e	粉煤灰及矿渣路堤	m^3			
-f	吹填砂路堤	m^3			
-g	EPS 路堤	m^3			
-h	结构物台背回填	m^3			
-i	锥坡及台前溜坡填土	m^3			
204-2	改河、改渠、改路填筑				
-a	利用土方	m^3			
-b	利用石方	m^3			
-c	利用土石混填	m^3			
-d	借土填方	m^3			
205	特殊地区路基处理				
205-1	软土路基处理				
-a	抛石挤淤	m^3			
-b	爆炸挤淤	m^3			
-c	垫层				
-c-1	砂垫层	m^3			
-c-2	砂砾垫层	m^3			
-c-3	碎石垫层	m^3			
-c-4	碎石土垫层	m^3			
-c-5	灰土垫层	m^3			
-d	土工合成材料				
-d-1	反滤土工布	m^2			
-d-2	防渗土工膜	m^2			
-d-3	土工格栅	m^2			
-d-4	土工格室	m^2			
-e	预压与超载预压				
-e-1	真空预压	m^2			
-e-2	超载预压	m^3			

工程量清单

清单 第200章 路基					
子目号	子目名称	单位	数量	单价	合价
-f	袋装砂井	m			
-g	塑料排水板	m			
-h	粒料桩				
-h-1	砂桩	m			
-h-2	碎石桩	m			
-i	加固土桩				
-i-1	粉喷桩	m			
-i-2	浆喷桩	m			
-j	CFG 桩	m			
-k	Y 形沉管灌注桩	m			
-1	薄壁筒型沉管灌注桩	m			
-m	静压管桩	m			
-n	强夯及强夯置换				
-n-1	强夯	m^2			
-n-2	强夯置换	m^3			
205-2	红黏土及膨胀土路基处理				
	石灰改良土	m^3			
-b	水泥改良土	m^3			
205-3	滑坡处理				
-a	清除滑坡体	m^3			
205-4	岩溶洞处理				
-a	回填	m^3			
205-5	湿陷性黄土路基处理				
-a	陷穴处理				
-a-1	灌砂	m^3			
-a-2	灌水泥砂浆	m^3			
-b	强夯及强夯置换				
-b-1	强夯	m^2			
-b-2	强夯置换	m^3			
-c	石灰改良土	m^3			
-d	灰土桩	m			
205-6	盐渍土路基处理				
-a	垫层				
-a-1	砂垫层	m^3			

工程量清单

清单　第 200 章　路基					
子目号	子目名称	单位	数量	单价	合价
-a-2	砂砾垫层	m^3			
-b	土工合成材料				
-b-1	防渗土工膜	m^2			
-b-2	土工格栅	m^2			
205-7	风积沙路基处理				
-a	土工合成材料				
-a-l	土工格栅	m^2			
-a-2	土工格室	m^2			
-a-3	蜂窝式塑料网	m^2			
205-8	冻土路基处理				
-a	隔热层				
-a-l	XPS 保温板	m^2			
-b	通风管	m			
-c	热棒	根			
207	坡面排水				
207-1	边沟				
-a	浆砌片石	m^3			
-b	浆砌块石	m^3			
-c	现浇混凝土	m^3			
-d	预制安装混凝土	m^3			
-e	预制安装混凝土盖板	m^3			
-f	干砌片石	m^3			
207-2	排水沟				
-a	浆砌片石	m^3			
-b	浆砌块石	m^3			
-c	现浇混凝土	m^3			
-d	预制安装混凝土	m^3			
-e	预制安装混凝土盖板	m^3			
-f	干砌片石	m^3			
207-3	截水沟				
-a	浆砌片石	m^3			
-b	浆砌块石	m^3			
-c	现浇混凝土	m^3			
-d	预制安装混凝土	m^3			
-e	干砌片石	m^3			

工程量清单

清单　第 200 章　路基					
子目号	子目名称	单位	数量	单价	合价
207-4	跌水与急流槽				
-a	干砌片石	m^3			
-b	浆砌片石	m^3			
-c	现浇混凝土	m^3			
-d	预制安装混凝土	m^3			
207-5	盲沟(渗沟)				
-a	盲沟	m			
-b	渗沟	m			
207-6	蒸发池				
-a	挖土(石)方	m^3			
-b	圬工	m^3			
207-7	涵洞上下游改沟、改渠铺砌				
-a	浆砌片石铺砌	m^3			
-b	现浇混凝土铺砌	m^3			
-c	预制混凝土铺砌	m^3			
207-8	现浇混凝土坡面排水结构物	m^3			
207-9	预制混凝土坡面排水结构物	m^3			
207-10	仰斜式排水孔				
-a	钻孔	m			
-b	排水管	m			
-c	软式透水管	m			
208	护坡、护面墙				
208-1	护坡垫层	m^3			
208-2	干砌片石护坡	m^3			
208-3	浆砌片石护坡				
-a	满铺浆砌片石护坡	m^3			
-b	浆砌骨架护坡	m^3			
-c	现浇混凝土	m^3			
208-4	混凝土护坡				
-a	现浇混凝土满铺护坡	m^3			
-b	混凝土预制件满铺护坡	m^3			
-c	现浇混凝土骨架护坡	m^3			
-d	混凝土预制件骨架护坡	m^3			
-e	浆砌片石	m^3			

工程量清单

清单　第 200 章　路基					
子目号	子目名称	单位	数量	单价	合价
208-5	护面墙				
-a	浆砌片(块)石护面墙	m^3			
-b	现浇混凝土护面墙	m^3			
-c	预制安装混凝土护面墙	m^3			
208-6	封面				
-a	封面	m^2			
208-7	捶面				
-a	捶面	m^2			
208-8	坡面柔性防护				
-a	主动防护系统	m^2			
-b	被动防护系统	m^2			
209	挡土墙				
209-1	垫层	m^3			
209-2	基础				
-a	浆砌片(块)石基础	m^3			
-b	混凝土基础	m^3			
209-3	砌体挡土墙				
-a	浆砌片(块)石	m^3			
209-4	干砌挡土墙	m^3			
209-5	混凝土挡土墙				
-a	混凝土	m^3			
-b	钢筋	kg			
210	锚杆、锚定板挡土墙				
210-1	锚杆挡土墙				
-a	现浇混凝土立柱	m^3			
-b	预制安装混凝土立柱	m^3			
-c	预制安装混凝土挡板	m^3			
210-2	锚定板挡土墙				
-a	现浇混凝土肋柱	m^3			
-b	预制安装混凝土肋柱	m^3			
-c	预制安装混凝土锚定板	m^3			
210-3	现浇墙身混凝土、附属部位混凝土				
-a	现浇混凝土墙身	m^3			
-b	现浇附属部位混凝土	m^3			

工程量清单

清单　第 200 章　路基					
子目号	子目名称	单位	数量	单价	合价
210-4	现浇桩基混凝土	m^3			
210-5	锚杆及拉杆				
-a	锚杆	kg			
-b	拉杆	kg			
210-6	钢筋	kg			
211	加筋土挡土墙				
211-1	基础				
-a	浆砌片石基础	m^3			
-b	混凝土基础	m^3			
211-2	混凝土帽石				
-a	现浇帽石混凝土	m^3			
211-3	预制安装混凝土墙面板	m^3			
211-4	加筋带				
-a	扁钢带	kg			
-b	钢筋混凝土带	m^3			
-c	塑钢复合带	kg			
-d	塑料土工格栅	m^2			
-e	聚丙烯土工带	kg			
211-5	钢筋	kg			
212	喷射混凝土和喷浆边坡防护				
212-1	挂网土工格栅喷浆防护边坡				
-a	喷浆防护边坡	m^2			
-b	铁丝网	kg			
-c	土工格栅	m^2			
-d	锚杆	kg			
212-2	挂网锚喷混凝土防护边坡(全坡面)				
-a	喷射混凝土防护边坡	m^2			
-b	钢筋网	kg			
-c	铁丝网	kg			
-d	土工格栅	m^2			
-e	锚杆	kg			
212-3	坡面防护				
-a	喷浆边坡防护	m^2			
-b	喷射混凝土边坡防护	m^2			

工程量清单

清单　第200章　路基					
子目号	子目名称	单位	数量	单价	合价
212-4	土钉支护				
-a	钻孔注浆钉	m			
-b	击入钉	m			
-c	喷射混凝土	m^2			
-d	钢筋	kg			
-e	钢筋网	kg			
-f	网格梁、立柱、挡土板	m^3			
-g	土工格栅	m^2			
-d	土工格栅	m^2			
-e	锚杆	m			
212-3	坡面防护				
-a	厚……mm喷射混凝土	m^2			
-b	厚……mm喷射水泥砂浆	m^2			
212-4	土钉支护				
-a	土钉钻孔桩	m			
-b	土钉预制击入桩	m			
-c	厚……mm厚喷射混凝土	m^2			
-d	钢筋	kg			
-e	钢筋网	kg			
-f	网格梁、立柱、挡土板	m^3			
-g	土工格栅	m^2			
213	预应力锚索边坡加固				
213-1	预应力钢绞线	m			
213-2	无黏接预应力钢绞线	m			
213-3	锚杆				
-a	钢筋锚杆	kg			
-b	预应力钢筋锚杆	kg			
213-4	混凝土框格梁	m^3			
213-5	混凝土锚固板	m^3			
213-6	钢筋	kg			
214	抗滑桩				
214-1	现浇混凝土桩				
-a	混凝土	m^3			
214-2	桩板式抗滑挡墙				
-a	挡土板	m^3			

工程量清单

清单　第200章　路基					
子目号	子目名称	单位	数量	单价	合价
214-3	钢筋	kg			
215	河道防护				
215-1	河床铺砌				
-a	浆砌片石铺砌	m^3			
-b	混凝土铺砌	m^3			
215-3	导流设施(护岸墙、顺坝、丁坝、调水坝、锥坡)				
-a	浆砌片石	m^3			
-b	混凝土	m^3			
-c	石笼	m^3			
215-4	抛石防护	m^3			
清单200章合计　人民币					

3. 第300章　路面

工程量清单

清单　第300章　路面					
子目号	子目名称	单位	数量	单价	合价
302	垫层				
302-1	碎石垫层				
-a	厚……mm	m^2			
302-2	砂砾垫层				
-a	厚……mm	m^2			
302-3	水泥稳定土垫层				
-a	厚……mm	m^2			
302-4	石灰稳定土垫层				
-a	厚……mm	m^2			
303	石灰稳定土底基层				
303-1	石灰稳定土底基层				
-a	厚……mm	m^2			
303-2	搭板、埋板下石灰稳定土底基层	m^3			
304	水泥稳定土底基层、基层				
304-1	水泥稳定土底基层				
-a	厚……mm	m^2			
304-2	搭板、埋板下水泥稳定土底基层	m^3			
304-3	水泥稳定土基层				
-a	厚……mm	m^2			
305	石灰粉煤灰稳定土底基层、基层				
305-1	石灰粉煤灰稳定土底基层				
-a	厚……mm	m^2			
305-2	搭板、埋板下石灰粉煤灰稳定土底基层	m^3			
305-3	石灰粉煤灰稳定土基层				
-a	厚……mm	m^2			
305-4	石灰煤渣稳定土基层	m^2			
-a	厚……mm	m^2			
306	级配碎(砾)石底基层、基层				
306-1	级配碎石底基层				
-a	厚……mm	m^2			
306-2	搭板、埋板下级配碎石底基层	m^3			
306-3	级配碎石基层				
-a	厚……mm	m^2			

工程量清单

清单　第300章　路面					
子目号	子目名称	单位	数量	单价	合价
306-4	级配砾石底基层				
-a	厚……mm	m^2			
306-5	搭板、埋板下级配砾石底基层	m^3			
306-6	级配砾石基层				
-a	厚……mm	m^2			
307	沥青稳定碎石基层(ATB)				
307-1	沥青稳定碎石基层(ATB)				
-a	厚……mm	m^2			
-b	厚……mm	m^2			
308	透层和黏层				
308-1	透层	m^2			
308-2	黏层	m^2			
309	热拌沥青混合料面层				
309-1	细粒式沥青混凝土				
-a	厚……mm	m^2			
-b	厚……mm	m^2			
309-2	中粒式沥青混凝土				
-a	厚……mm	m^2			
-b	厚……mm	m^2			
309-3	粗粒式沥青混凝土				
-a	厚……mm	m^2			
-b	厚……mm	m^2			
310	沥青表面处治与封层				
310-1	沥青表面处治				
-a	厚……mm	m^2			
-b	厚……mm	m^2			
310-2	封层	m^2			
311	改性沥青及改性沥青混合料				
311-1	细粒式改性沥青混合料路面				
-a	厚……mm	m^2			
-b	厚……mm	m^2			
311-2	中粒式改性沥青混合料路面				
-a	厚……mm	m^2			
-b	厚……mm	m^2			

工程量清单

清单　第 300 章　路面					
子目号	子目名称	单位	数量	单价	合价
311-3	SMA 路面				
-a	厚……mm	m^2			
-b	厚……mm	m^2			
312	水泥混凝土面板				
312-1	水泥混凝土面板				
-a	厚……mm(混凝土弯拉强度……MPa)	m^3			
-b	厚……mm(混凝土弯拉强度……MPa)	m^3			
312-2	钢筋				
-a	光圆钢筋(HPB235、HPB300)	kg			
-b	带肋钢筋(HRB335、HRB400)	kg			
313	培土路肩、中央分隔带回填土、土路肩加固及路缘石				
313-1	培土路肩	m^3			
313-2	中央分隔带回填土	m^3			
313-3	现浇混凝土加固土路肩	m^3			
313-4	混凝土预制块加固土路肩	m^3			
313-5	混凝土预制块路缘石	m^3			
314	路面及中央分隔带排水				
314-1	排水管	m			
314-2	纵向雨水沟(管)	m			
314-3	集水井	座			
314-4	中央分隔带渗沟	m			
314-5	沥青油毡防水层	m^2			
314-6	路肩排水沟	m			
314-7	拦水带				
-a	沥青混凝土拦水带	m			
-b	水泥混凝土拦水带	m			
清单 300 章合计　人民币________					

附录4　工程量清单计量规则(节选)

1.第100章　总则

子目号	子目名称	单位	工程量计量	工程内容
101	通则			
101-1	保险费			
-a	按合同条款规定,提供建筑工程一切险	总额	1.承包人按照合同条款约定的保险费率及保费计算方法办理建筑工程一切险,根据保险公司的保单金额以总额为单位计量; 2.保险期为合同约定的施工期及缺陷责任期; 3.承包人施工机械设备保险和雇用人员工伤事故保险费、人身意外伤害保险费由承包人负担	根据合同条款办理建筑工程一切险
-b	按合同条款规定,提供第三者责任险	总额	1.承包人按照合同条款约定的保险费率及保费计算方法办理第三者责任险,根据保险公司的保单金额以总额为单位计量; 2.保险期为合同约定的施工期及缺陷责任期	根据合同条款办理第三者责任险
102	工程管理			
102-1	竣工文件	总额	以总额为单位计量	按《公路工程竣(交)工验收办法》《公路工程竣(交)工验收办法实施细则》及合同条款规定进行编制
102-2	施工环保费	总额	以总额为单位计量	按《公路工程标准施工招标文件》(2018年版)技术规范102.11小节及合同条款规定落实环境保护
102-3	安全生产费	总额	按投标价的1.5%(若招标人公布了最高投标限价时,按最高投标限价的1.5%)以总额为单位计量	按《公路工程标准施工招标文件》(2018年版)技术规范102.13小节及合同条款规定落实安全生产
102-4	信息化系统(暂估价)	总额	以暂估价的形式按总额计量	1.工程信息化系统的配置、维护、备份管理及网络构筑; 2.系统操作人员培训、劳务
103	临时工程与设施			
103-1	临时道路修建、养护与拆除(包括原道路的养护)	总额	以总额为单位计量	按《公路工程标准施工招标文件》(2018年版)技术规范103.03小节及合同条款规定完成临时道路的修建、养护与拆除

续表

子目号	子目名称	单位	工程量计量	工程内容
103-2	临时占地	总额	1. 以总额为单位计量; 2. 取、弃土(渣)场的绿化、结构防护及排水在相应章节计量	1. 按《公路工程标准施工招标文件》(2018年版)技术规范 103.04 小节及合同条款规定办理及使用临时占地,并进行复垦; 2. 临时占地范围包括承包人驻地的办公室、食堂、宿舍、道路和机械设备停放场、材料堆放场地、弃土(渣)场、预制场、拌和场、仓库、进场临时道路、临时便道、便桥等
103-3	临时供电设施架设、维护与拆除	总额	以总额为单位计量	按《公路工程标准施工招标文件》(2018年版)技术规范 103.02 小节及合同条款规定完成临时供电设施架设、维护与拆除
103-4	电信设施的提供、维修与拆除	总额	以总额为单位计量	按《公路工程标准施工招标文件》(2018年版)技术规范 103.02 小节及合同条款规定完成电信设施的提供、维修与拆除
103-5	临时供水与排污设施	总额	以总额为单位计量	按《公路工程标准施工招标文件》(2018年版)技术规范 103.02 小节及合同条款规定完成临时供水与排污设施的修建、维修与拆除
104	承包人驻地建设			
104-1	承包人驻地建设	总额	以总额为单位计量	1. 承包人驻地建设包括:施工与管理所需的办公室、住房、工地试验室、车间、工作场地、预制场地、仓库与储料场、拌和场、医疗卫生与消防设施等; 2. 驻地建设的建设、管理与维护; 3. 工程交工时,按照合同或协议要求将驻地移走、清除、恢复原貌
105	施工标准化			
105-1	施工驻地	总额	以总额为单位计量	按技术规范第 105 节施工标准化的内容和要求执行
105-2	工地试验室	总额	以总额为单位计量	按技术规范第 105 节施工标准化的内容和要求执行
105-3	拌和站	总额	以总额为单位计量	按技术规范第 105 节施工标准化的内容和要求执行
105-4	钢筋加工场	总额	以总额为单位计量	按技术规范第 105 节施工标准化的内容和要求执行
105-5	预制场	总额	以总额为单位计量	按技术规范第 105 节施工标准化的内容和要求执行
105-6	仓储存放地	总额	以总额为单位计量	按技术规范第 105 节施工标准化的内容和要求执行
105-7	各场(厂)区、作业区连接道路及施工主便道	总额	以总额为单位计量	按技术规范第 105 节施工标准化的内容和要求执行

2. 第200章　路基

子目号	子目名称	单位	工程量计量	工程内容
202	场地清理			
202-1	清理与掘除			
-a	清理现场	m^2	依据图纸所示位置及范围(路基范围以外临时工程用地清场等除外),按路基开挖线或填筑边线之间的水平投影面积以平方米为单位计量	1. 灌木、竹林、胸径小于10 cm树木的砍伐及挖根; 2. 清除场地表面0～30 cm内的垃圾、废料、表土(腐殖土)、石头、草皮; 3. 与清理现场有关的一切挖方、坑穴的回填、整平、压实; 4. 适用材料的装卸、移运、堆放及非适用材料的移运处理; 5. 现场清理
-b	砍伐树木	棵	依据图纸所示路基范围内胸径10 cm以上(含10 cm)的树木,按实际砍伐数量以棵为单位计量	1. 砍伐; 2. 截锯; 3. 装卸、移运至指定地点堆放; 4. 现场清理
-c	挖除树根	棵	依据图纸所示路基范围内胸径10 cm以上(含10 cm)树木的树根,按实际挖除数量以棵为单位计量	1. 挖除树根; 2. 装卸、移运至指定地点堆放; 3. 现场清理
202-2	挖除旧路面	m^3	依据图纸所示位置,挖除路基范围内原有的旧路面,按不同的路面结构类型以立方米为单位计量	1. 挖除; 2. 装卸、移运处理; 3. 场地清理、平整
202-3	拆除结构物			
-a	钢筋混凝土结构	m^3	依据图纸所示位置,拆除路基范围内原有的钢筋混凝土结构以立方米为单位计量	1. 挖除; 2. 装卸、移运处理; 3. 场地清理、平整
-b	混凝土结构	m^3	依据图纸所示位置,拆除路基范围内原有的混凝土结构以立方米为单位计量	1. 挖除; 2. 装卸、移运处理; 3. 场地清理、平整
-c	砖、石及其他砌体结构	m^3	依据图纸所示位置,拆除路基范围内原有的砖、石及其他砌体结构,以立方米为单位计量	1. 挖除; 2. 装卸、移运处理; 3. 场地清理、平整
-d	金属结构	kg	1. 依据图纸所示位置,拆除路基范围内原有的金属结构,以千克为单位计量; 2. 金属回收按合同有关规定办理	1. 切割、挖除; 2. 装卸、移运、堆放; 3. 场地清理、平整
202-4	植物移栽			
-a	移栽乔(灌)木	棵	依据图纸所示位置,起挖路基范围内原有的乔(灌)木并移栽,按成活的各类乔(灌)木数量,以棵为单位计量	1. 起挖; 2. 植物保护、装卸、运输; 3. 坑(穴)开挖; 4. 种植; 5. 支撑、养护; 6. 场地清理

续表

子目号	子目名称	单位	工程量计量	工程内容
-b	移栽草皮	m^2	依据图纸所示位置,起挖路基范围内原有的草皮并移栽,按成活的草皮面积,以平方米为单位计量	1. 起挖; 2. 植物保护、装卸、运输; 3. 坑(穴)开挖; 4. 种植; 5. 养护; 6. 场地清理
203	挖方路基			
203-1	路基挖方			
-a	挖土方	m^3	1. 依据图纸所示地面线、路基设计横断面图、路基土石比例,采用平均断面面积法计算,包括边沟、排水沟、截水沟的土方,按照天然密实体积以立方米为单位计量; 2. 路床顶面以下挖松深 300 mm 再压实作为挖土方的附属工作,不另行计量; 3. 取弃土场的绿化、防护工程、排水设施在相应章节内计量	1. 挖、装、运输、卸车; 2. 填料分理、弃土整形、压实; 3. 施工排水处理; 4. 边坡整修、路床顶面以下挖松深 300 mm 再压实、路床清理
-b	挖石方	m^3	1. 依据图纸所示地面线、路基设计横断面图、路基土石比例,按平均断面积法计算,包括边沟、排水沟、截水沟的石方,按照天然体积以立方米为单位计量; 2. 弃土场绿化、防护工程、排水设施在相应章节内计量	1. 石方爆破; 2. 挖、装、运输、卸车; 3. 填料分理、弃土整形、压实; 4. 施工排水处理; 5. 边坡整修、路床顶面凿平或填平压实、路床清理
-c	挖除非适用材料(不含淤泥、岩盐、冻土)	m^3	1. 依据图纸所示位置,挖除路基范围内非适用材料(不含淤泥、岩盐、冻土)以立方米为单位计量; 2. 弃土场绿化、防护工程、排水设施在相应章节内计量	1. 施工排水处理; 2. 挖除、装载、运输、卸车、堆放; 3. 现场清理
-d	挖淤泥	m^3	1. 依据图纸所示位置,挖除路基范围内淤泥以立方米为单位计量; 2. 弃土场绿化、防护工程、排水设施在相应章节内计量	1. 施工排水处理; 2. 挖除、装载、运输、卸车、堆放; 3. 现场清理
-e	挖岩盐	m^3	1. 依据图纸所示地面线、路基设计横断面图、路基土石比例,按平均断面积法计算,按照天然体积以立方米为单位计量; 2. 弃土场绿化、防护工程、排水设施在相应章节内计量	1. 石方爆破或机械开挖; 2. 挖、装、运输、卸车; 3. 填料分理; 4. 施工排水处理; 5. 路床顶面岩盐破碎、润洒饱和卤水、碾压整平、路床清理
-f	挖冻土	m^3	1. 依据图纸所示地面线、路基设计横断面图、路基土石比例,按平均断面积法计算,按照天然体积以立方米为单位计量; 2. 弃土场绿化、防护工程、排水设施在相应章节内计量	1. 爆破或机械开挖; 2. 挖除、装载、运输、卸车、堆放; 3. 施工排水处理; 4. 现场清理

续表

子目号	子目名称	单位	工程量计量	工程内容
203-2	改河、改渠、改路挖方			
-a	挖土方	m^3	1. 依据图纸所示地面线、设计横断面图、土石比例,按平均断面面积法计算,以立方米为单位计量; 2. 路床顶面以下挖松深 300 mm 再压实作为挖土方的附属工作,不另行计量; 3. 取弃土场的绿化、防护工程、排水设施在相应章节内计量	1. 挖、装、运输、卸车; 2. 填料分理、弃土整形、压实; 3. 施工排水处理; 4. 边坡整修、路床顶面以下挖松深 300 mm 再压实、路床清理
-b	挖石方	m^3	1. 依据图纸所示地面线、设计横断面图、土石比例,按平均断面面积法计算,以立方米为单位计量; 2 弃土场绿化、防护工程、排水设施在相应章节内计量	1. 石方爆破; 2. 挖、装、运输、卸车; 3. 填料分理、弃土整形、压实; 4. 施工排水处理; 5. 边坡整修、路床顶面凿平或填平压实、路床清理
-c	挖除非适用材料(不含淤泥、岩盐、冻土)	m^3	1. 依据图纸所示位置,挖除非适用材料(不含淤泥、岩盐、冻土)以立方米为单位计量; 2. 弃土场绿化、防护工程、排水设施在相应章节内计量	1. 施工排水处理; 2. 挖除、装载、运输、卸车、堆放; 3. 现场清理
-d	挖淤泥	m^3	1. 依据图纸所示位置,挖除淤泥以立方米为单位计量; 2. 弃土场绿化、防护工程、排水设施在相应章节内计量	1. 施工排水处理; 2. 挖除、装载、运输、卸车、堆放; 3. 现场清理
-e	挖岩盐	m^3	1. 依据图纸所示位置,挖岩盐以立方米为单位计量; 2. 路床顶面岩盐破碎、润洒卤水、碾压整平等作为挖岩盐的附属工作,不另行计量	1. 石方爆破或机械开挖; 2. 挖、装、运输、卸车; 3. 填料分理; 4. 施工排水处理; 5. 路床顶面岩盐破碎、润洒饱和卤水、碾压整平、路床清理
-f	挖冻土	m^3	1. 依据图纸所示位置,挖冻土以立方米为单位计量; 2. 弃土场绿化、防护工程、排水设施在相应章节内计量	1. 爆破或机械开挖; 2. 挖除、装载、运输、卸车、堆放; 3. 施工排水处理; 4. 现场清理
204	填方路基			
204-1	路基填筑(包括填前压实)			
-a	利用土方	m^3	1. 依据图纸所示地面线、路基设计横断面图,按平均断面面积法计算压实的体积,以立方米为单位计量; 2. 当填料中石料含量小于30%时,适用于本条; 3. 满足施工需要,预留路基宽度宽填的填方量作为路基填筑的附属工作,不另行计量;	1. 基底翻松、压实、挖台阶; 2. 临时排水、翻晒; 3. 分层摊铺;

续表

子目号	子目名称	单位	工程量计量	工程内容
-a	利用土方	m^3	3. 满足施工需要，预留路基宽度宽填的填方量作为路基填筑的附属工作，不另行计量； 4. 填前压实、地面下沉增加的填方量按填料来源参照本条计量	4. 洒水、压实、刷坡； 5. 整形
-b	利用石方	m^3	1. 依据图纸所示地面线、路基设计横断面图，按平均断面面积法计算压实的体积，以立方米为单位计量； 2. 当填料中石料含量大于70%时，适用于本条； 3. 地面下沉增加的填方量按填料来源参照本条计量	1. 基底翻松、压实，挖台阶； 2. 临时排水、翻晒； 3. 边坡码砌； 4. 分层摊铺； 5. 小石块（或石屑）填缝、找补； 6. 洒水、压实； 7. 整形
-c	利用土石混填	m^3	1. 依据图纸所示地面线、路基设计横断面图，按平均断面面积法计算压实的体积，以立方米为单位计量； 2. 当填料中石料含量大于30%，小于70%时，适用于本条； 3. 满足施工需要，预留路基宽度宽填的填方量作为路基填筑的附属工作，不另行计量； 4. 地面下沉增加的填方量按填料来源参照本条计量	1. 基底翻松、压实、挖台阶； 2. 临时排水、翻晒； 3. 边坡码砌； 4. 分层摊铺； 5. 洒水、压实、刷坡； 6. 整形
-d	借土填方	m^3	1. 依据图纸所示地面线、路基设计横断面图，按平均断面面积法计算压实的体积，以立方米为单位计量； 2. 借土场绿化、防护工程、排水设施、临时用地在相应章节内计量； 3. 满足施工需要，预留路基宽度宽填的填方量作为路基填筑的附属工作，不另行计量； 4. 地面下沉增加的填方量按填料来源参照本条计量	1. 借土场场地清理、清除不适用材料； 2. 简易便道、基底翻松、压实、挖台阶； 3. 挖、装、运输、卸车； 4. 分层摊铺； 5. 洒水、压实、刷坡； 6. 施工排水处理； 7. 整形
-e	粉煤灰及矿渣路堤	m^3	1. 依据图纸所示地面线、路基设计横断面图，按平均断面面积法计算压实的体积，以立方米为单位计量； 2. 满足施工需要，预留路基宽度宽填的填方量作为路基填筑的附属工作，不另行计量； 3. 地面下沉增加的填方量按填料来源参照本条计量	1. 材料选择； 2. 基底翻松、压实、挖台阶； 3. 挖、装、运输、卸车； 4. 分层摊铺； 5. 洒水、压实、土质护坡； 6. 施工排水处理； 7. 整形
-f	吹填砂路堤	m^3	1. 依据图纸所示地面线、路基设计横断面图，按平均断面面积法计算压实的体积，以立方米为单位计量； 2. 满足施工需要，预留路基宽度宽填的填方量作为路基填筑的附属工作，不另行计量； 3. 地面下沉增加的填方量按填料来源参照本条计量	1. 吹砂设备安设； 2. 吹填； 3. 施工排水处理（排水沟、反滤层设置）； 4. 封闭及整形

续表

子目号	子目名称	单位	工程量计量	工程内容
-g	EPS 路堤	m^3	依据图纸所示,按铺筑的 EPS 体积以立方米为单位计量	1. 下承层处理; 2. 铺设垫层; 3. EPS 块加工及铺装
-h	结构物台背回填	m^3	1. 依据图纸所示结构物台背回填数量,按照压实的体积以立方米为单位计量; 2. 挡土墙墙背回填不另行计量	1. 基底翻松、压实、挖台阶; 2. 填料的选择; 3. 临时排水; 4. 分层摊铺; 5. 洒水、压实; 6. 整形
-i	锥坡及台前溜坡填土	m^3	依据图纸所示锥坡及台前溜坡填土数量,按照压实的体积以立方米为单位计量	1. 基底翻松、压实、挖台阶; 2. 填料的选择; 3. 临时排水; 4. 分层摊铺; 5. 洒水、压实; 6. 整形
204-2	改河、改渠、改路填筑			
-a	利用土方	m^3	1. 依据图纸所示地面线、设计横断面图,按平均断面面积法计算压实的体积,以立方米为单位计量; 2. 当填料中石料含量小于 30% 时,适用于本条; 3. 满足施工需要,预留路基宽度宽填的填方量作为路基填筑的附属工作,不另行计量	1. 基底翻松、压实、挖台阶; 2. 临时排水; 3. 分层摊铺; 4. 洒水、压实、刷坡; 5. 整形
-b	利用石方	m^3	1. 依据图纸所示地面线、设计横断面图,按平均断面面积法计算压实的体积,以立方米为单位计量; 2. 当填料中石料含量大于 70% 时,适用于本条; 3. 满足施工需要,预留路基宽度宽填的填方量作为路基填筑的附属工作,不另行计量	1. 基底翻松、压实,挖台阶; 2. 临时排水; 3. 边坡码砌; 4. 分层摊铺; 5. 小石块(或石屑)填缝、找补; 6. 洒水、压实; 7. 整形
-c	利用土石混填	m^3	1. 依据图纸所示地面线、设计横断面图,按平均断面面积法计算压实的体积,以立方米为单位计量; 2. 当填料中石料含量大于 30%,小于 70% 时,适用于本条; 3. 满足施工需要,预留路基宽度宽填的填方量作为路基填筑的附属工作,不另行计量	1. 基底翻松、压实、挖台阶; 2. 临时排水; 3. 分层摊铺; 4. 洒水、压实、刷坡; 5. 整形
-d	借土填方	m^3	1. 依据图纸所示借方填筑数量,按照压实的体积以立方米为单位计量; 2. 借土场绿化、防护工程、排水设施、临时用地在相应章节内计量; 3. 满足施工需要,预留路基宽度宽填的填方量作为路基填筑的附属工作,不另行计量	1. 借土场场地清理; 2. 基底翻松、压实、挖台阶; 3. 挖、装、运输、卸车; 4. 分层摊铺; 5. 洒水、压实、刷坡; 6. 施工排水处理; 7. 整形

续表

子目号	子目名称	单位	工程量计量	工程内容
205	特殊地区路基处理			
205-1	软土路基处理			
-a	抛石挤淤	m^3	依据图纸所示位置和范围，按照抛石体积的片石数量，以立方米为单位计量	1. 临时排水； 2. 抛填片石； 3. 小石块、石屑填塞垫平； 4. 重型压路机压实
-b	爆炸挤淤	m^3	依据图纸所示位置和范围，按照设计的爆炸挤淤的淤泥体积，以立方米为单位计量	1. 超高填石； 2. 爆炸设计； 3. 布置炸药； 4. 爆破； 5. 填石； 6. 钻探（或物探）检查
-c	垫层			
-c-1	砂垫层	m^3	1. 依据图纸所示位置和断面尺寸，按图示砂垫层密实体积以立方米为单位计量； 2. 因换填而挖除的非适用材料列入 203-1 相关子目计量	1. 基底清理； 2. 临时排水； 3. 分层铺筑； 4. 分层碾压
-c-2	砂砾垫层	m^3	1. 依据图纸所示位置和断面尺寸，按图示砂砾垫层密实体积以立方米为单位计量； 2. 因换填而挖除的非适用材料列入 203-1 相关子目计量	1. 基底清理； 2. 临时排水； 3. 分层铺筑； 4. 分层碾压
-c-3	碎石垫层	m^3	1. 依据图纸所示位置和断面尺寸，按图示碎石垫层密实体积以立方米为单位计量； 2. 因换填而挖除的非适用材料列入 203-1 相关子目计量	1. 基底清理； 2. 临时排水； 3. 分层铺筑； 4. 路基边部片石砌护； 5. 分层碾压
-c-4	碎石土垫层	m^3	1. 依据图纸所示位置和断面尺寸，按图示碎石土垫层密实体积以立方米为单位计量； 2. 因换填而挖除的非适用材料列入 203-1 相关子目计量	1. 基底清理； 2. 临时排水； 3. 分层铺筑； 4. 分层碾压
-c-5	灰土垫层	m^3	1. 依据图纸所示位置和断面尺寸，按图示碎石土垫层密实体积以立方米为单位计量； 2. 因换填而挖除的非适用材料列入 203-1 相关子目计量	1. 基底清理； 2. 临时排水； 3. 石灰购置、运输、消解、拌和； 4. 分层铺筑； 5. 分层碾压
-d	土工合成材料			
-d-1	反滤土工布	m^2	1. 依据图纸所示位置和规格，按土层中分层铺设反滤土工布的累计净面积以平方米为单位计量； 2. 接缝的重叠面积和边缘的包裹面积不予计量	1. 清理下承层； 2. 铺设及固定； 3. 接缝处理（搭接、缝接、粘接）； 4. 边缘处理

续表

子目号	子目名称	单位	工程量计量	工程内容
-d-2	防渗土工膜	m^2	1. 依据图纸所示位置和规格，按土层中分层铺设防渗土工膜的累计净面积以平方米为单位计量； 2. 接缝的重叠面积和边缘的包裹面积不予计量	1. 清理下承层； 2. 铺设及固定； 3. 接缝处理（搭接、缝接、粘接）； 4. 边缘处理
-d-3	土工格栅	m^2	1. 依据图纸所示位置和规格、型号，按土层中分层铺设土工格栅的累计净面积以平方米为单位计量； 2. 接缝的重叠面积和边缘的包裹面积不予计量	1. 清理下承层； 2. 铺设及固定； 3. 接缝处理（搭接、缝接、粘接）； 4. 边缘处理
-d-4	土工格室	m^2	1. 依据图纸所示位置和规格、型号，按设置土工格室的累计净面积以平方米为单位计量； 2. 接缝的重叠面积和边缘的包裹面积不予计量	1. 清理下承层； 2. 铺设及固定； 3. 接缝处理（搭接、缝接、粘接）； 4. 边缘处理
-e	预压与超载预压			
-e-1	真空预压	m^2	1. 依据图纸所示的沿密封沟内缘线密封膜覆盖的路基面积以平方米为单位计量； 2. 真空联合堆载预压的堆载土方在205-1-d-2子目计量； 3. 砂垫层作为真空预压的附属工作不另行计量	1. 场地清理及埋设沉降观测设施； 2. 铺设砂垫层及密封薄膜； 3. 施工密封沟； 4. 安装真空设备； 5. 抽真空、沉降观测； 6. 拆除、清理场地； 7. 围堰与临时排水
-e-2	超载预压	m^3	依据图纸所示预压范围（宽度、高度、长度）预压后体积以立方米为单位计量	1. 场地清理及埋设沉降观测设施； 2. 指标试验； 3. 围堰及临时排水； 4. 挖运、堆载、整形及碾压； 5. 沉降观测； 6. 卸载
-f	袋装砂井	m	依据图纸所示位置和断面尺寸，按不同直径袋装砂井的长度以米为单位计量	1. 场地清理； 2.（轨道铺、拆）装砂袋； 3. 桩机定位； 4. 打钢管； 5. 下砂袋； 6. 拔钢管； 7. 起重机（门架）、桩机移位
-g	塑料排水板	m	1. 依据图纸所示位置和断面尺寸，按图示不同类型的塑料排水板长度以米为单位计量； 2. 不计伸入垫层内的塑料排水板长度	1. 场地清理； 2.（轨道铺、拆）桩机定位； 3. 穿塑料排水板； 4. 安桩靴； 5. 打拔钢管； 6. 剪断排水板； 7. 起重机（门架）、桩机移位
-h	粒料桩			

续表

子目号	子目名称	单位	工程量计量	工程内容
-h-1	砂桩	m	依据图纸所示位置和断面尺寸,按图示不同桩径的砂桩长度以米为单位计量	1. 场地清理; 2. 成桩设备安装与就位; 3. 成孔; 4. 灌砂; 5. 桩机移位
-h-2	碎石桩	m	依据图纸所示位置和断面尺寸,按图示不同桩径的碎石桩长度以米为单位计量	1. 场地清理; 2. 成桩设备安装与就位; 3. 成孔; 4. 灌碎石; 5. 桩机移位
-i	加固土桩			
-i-1	粉喷桩	m	依据图纸所示位置和断面尺寸,按图示不同桩径的粉喷桩长度以米为单位计量	1. 场地清理; 2. 钻机安装与就位; 3. 钻孔; 4. 喷(水泥)粉,搅拌; 5. 复喷、二次搅拌; 6. 桩机移位
-i-2	浆喷桩	m	依据图纸所示位置和断面尺寸,按图示不同桩径的浆喷桩长度以米为单位计量	1. 场地清理; 2. 钻机定位; 3. 钻进; 4. 上提喷浆、强制搅拌; 5. 复搅; 6. 提杆出孔; 7. 钻机移位
-j	CFG 桩	m	依据图纸所示位置和断面尺寸,按图示不同桩径的 CFG 桩长度以米为单位计量	1. 场地清理; 2. 钻机定位; 3. 钻进成孔; 4. CFG 桩混合料拌制; 5. 灌注及拔管; 6. 桩头处理; 7. 钻机移位
-k	Y 形沉管灌注桩	m	依据图纸所示位置和断面尺寸,按图示不同规格的 Y 形沉管灌注桩长度以米为单位计量	1. 场地清理; 2. 打桩机定位; 3. 沉管; 4. 混合料拌制; 5. 灌注及拔管; 6. 桩头处理; 7. 打桩机移位

续表

子目号	子目名称	单位	工程量计量	工程内容
-l	薄壁筒形沉管灌注桩	m	依据图纸所示位置和断面尺寸，按图示不同规格的薄壁筒型沉管灌注桩长度以米为单位计量	1. 场地清理； 2. 打桩机定位； 3. 沉管； 4. 混合料拌制； 5. 灌注及拔管； 6. 桩头处理； 7. 打桩机移位
-m	静压管桩	m	依据图纸所示位置和断面尺寸，按图示不同规格的静压管桩长度以米为单位计量	1. 场地清理； 2. 管桩制作； 3. 静力压桩机定位； 4. 压桩； 5. 桩身连接； 6. 桩头处理； 7. 压桩机移位
-n	强夯及强夯置换			
-n-1	强夯	m^2	依据图纸所示位置和处理面积，按图示路堤底面积以平方米为单位计量	1. 场地清理； 2. 拦截、排除地表水； 3. 防止地表水下渗等防渗措施； 4. 强夯处理； 5. 路基整形； 6. 压实； 7. 沉降观测
-n-2	强夯置换	m^3	依据图纸所示位置，按图示置换的体积以立方米为单位计量	1. 场地清理； 2. 拦截、排除地表水； 3. 防止地表水下渗等防渗措施； 4. 挖除材料； 5. 铺设置换材料； 6. 强夯； 7. 路基整形； 8. 承载力检测
205-2	红黏土及膨胀土路基处理			
-a	石灰改良土	m^3	1. 依据图纸所示位置和断面尺寸，对不良填料进行掺石灰改良处理，按不同掺灰量的压实体积，以立方米为单位计量； 2. 本条内容仅指石灰改良土作业，包括石灰的购置、运输、消解、拌和、洒水； 3. 土石方挖运、摊平、压实、整形在204节计量； 4. 包边土方在第204节计量	1. 原状土开挖翻松及晾晒； 2. 石灰消解； 3. 掺灰拌和

续表

子目号	子目名称	单位	工程量计量	工程内容
-b	水泥改良土	m^3	1. 依据图纸所示位置和断面尺寸,对不良填料进行掺水泥改良处理,按不同掺水泥量的压实体积,以立方米为单位计量; 2. 本条内容仅指水泥改良土作业,包括水泥的购置、运输、消解、拌和、洒水; 3. 土石方挖运、摊平、压实、整形在204节计量; 4. 包边土方在第204节计量	1. 原状土开挖翻松及晾晒; 2. 水泥消解; 3. 掺水泥拌和
205-3	滑坡处理			
-a	清除滑坡体	m^3	依据图纸所示位置,按照清除滑坡体土方与石方的天然体积分别以立方米为单位计量	1. 地表水引排、防渗、地下水疏导引离; 2. 挖除、装载; 3. 运输到指定地点堆放; 4. 现场清理
205-4	岩溶洞处理			
-a	回填	m^3	依据图纸所示位置和范围,按照图纸要求的回填材料的密实体积以立方米为单位计量	1. 清除覆土; 2. 炸开顶板; 3. 地下水疏导引离; 4. 挖除充填物; 5. 分层回填; 6. 碾压、夯实
205-5	湿陷性黄土路基处理			
-a	陷穴处理			
-3-1	灌砂	m^3	依据图纸所示位置,按照灌砂的体积,以立方米为单位计量	1. 施工排水处理; 2. 开挖; 3. 灌砂; 4. 压实
-a-2	灌水泥砂浆	m^3	依据图纸所示位置,按照灌水泥砂浆的体积,以立方米为单位计量	1. 施工排水处理; 2. 开挖; 3. 水泥砂浆拌制; 4. 灌水泥砂浆
-b	强夯及强夯置换			
-b-1	强夯	m^2	依据图纸所示位置和处理面积,按图示路堤底面积以平方米为单位计量	1. 场地清理; 2. 拦截、排除地表水; 3. 防止地表水下渗等防渗措施; 4. 强夯处理; 5. 路基整形; 6. 压实; 7. 沉降观测

续表

子目号	子目名称	单位	工程量计量	工程内容
-b-2	强夯置换	m^3	依据图纸所示位置，按图示置换的体积以立方米为单位计量	1. 场地清理； 2. 拦截、排除地表水； 3. 防止地表水下渗等防渗措施； 4. 挖除材料； 5. 铺设置换材料； 6. 强夯； 7. 路基整形； 8. 承载力检测
-c	石灰改良土	m^3	1. 依据图纸所示位置和断面尺寸，对不良填料进行掺石灰改良处理，按不同掺灰量的压实体积，以立方米为单位计量； 2. 本条内容仅指石灰改良土作业，包括石灰的购置、运输、消解、拌和、洒水； 3. 土石方挖运、摊平、压实、整形在 204 节计量	1. 原状土开挖翻松及晾晒； 2. 石灰消解； 3. 掺灰拌和
-d	灰土桩	m	依据图纸所示位置和断面尺寸，按图示不同直径的灰土桩的长度以米为单位计量	1. 场地清理； 2. 钻机安装与就位； 3. 钻孔； 4. 喷(水泥)粉，搅拌； 5. 复喷、二次搅拌； 6. 桩机移位
205-6	盐渍土路基处理			
-a	垫层			
-a-1	砂垫层	m^3	1. 依据图纸所示位置和断面尺寸，按图示砂垫层密实体积以立方米为单位计量； 2. 因换填而挖除的非适用材料列入 203-1 相关子目计量	1. 基底清理； 2. 临时排水； 3. 分层铺筑； 4. 分层碾压
-a-2	砂砾垫层	m^3	1. 依据图纸所示位置和断面尺寸，按图示砂砾垫层密实体积以立方米为单位计量； 2. 因换填而挖除的非适用材料列入 203-1 相关子目计量	1. 基底清理； 2. 临时排水； 3. 分层铺筑； 4. 分层碾压
-b	土工合成材料			
-b-1	防渗土工膜	m^2	1. 依据图纸所示位置和规格，按土层中分层铺设防渗土工膜的累计净面积以平方米为单位计量； 2. 接缝的重叠面积和边缘的包裹面积不予计量	1. 清理下承层； 2. 铺设及固定； 3. 接缝处理(搭接、缝接、粘接)； 4. 边缘处理
-b-2	土工格栅	m^2	1. 依据图纸所示位置和规格、型号，按土层中分层铺设土工格栅的累计净面积以平方米为单位计量； 2. 接缝的重叠面积和边缘的包裹面积不予计量	1. 清理下承层； 2. 铺设及固定； 3. 接缝处理(搭接、缝接、粘接)； 4. 边缘处理

续表

子目号	子目名称	单位	工程量计量	工程内容
205-7	风积沙路基处理			
-a	土工合成材料			
-a-1	土工格栅	m^2	1. 依据图纸所示位置和规格、型号，按土层中分层铺设土工格栅的累计净面积以平方米为单位计量； 2. 接缝的重叠面积和边缘的包裹	1. 清理下承层； 2. 铺设及固定； 3. 接缝处理（搭接、缝接、粘接）； 4. 边缘处理
-a-2	土工格室	m^2	1. 依据图纸所示位置和规格、型号，按设置土工格室的累计净面积以平方米为单位计量； 2. 接缝的重叠面积和边缘的包裹面积不予计量	1. 清理下承层； 2. 铺设及固定； 3. 接缝处理（搭接、缝接、粘接）； 4. 边缘处理
-a-3	蜂窝式塑料网	m^2	1. 依据图纸所示位置和规格、型号，按设置蜂窝式塑料的累计净面积以平方米为单位计量； 2. 接缝的重叠面积和边缘的包裹面积不予计量	1. 清理下承层； 2. 铺设及固定； 3. 接缝处理（搭接、缝接、粘接）； 4. 边缘处理
205-8	冻土路基处理			
-a	隔热层			
-a-1	XPS 保温板	m^2	依据图纸所示位置和断面形状、尺寸，按图示粘贴的 XPS 保温板面积，以平方米为单位计量	1. 备保温板、运输； 2. 裁剪保温板； 3. 清理粘贴面； 4. 涂刷或批刮黏结胶浆； 5. 贴到图示墙面或地面
-b	通风管	m	依据图纸所示位置和断面形状、尺寸，按设置的通风管长度以米为单位计量	1. 基础开挖； 2. 通风管制作； 3. 通风管安装； 4. 回填砂砾； 5. 压实
-c	热棒	根	依据图纸所示位置和尺寸，按图示设置的热棒数量以根为单位计量	1. 场地清理； 2. 备水电、材料、机具设备； 3. 钻机定位； 4. 钻进、成孔； 5. 起吊安装热棒； 6. 热棒四周灌砂密实； 7. 钻机移位
207	坡面排水			
207-1	边沟			
-a	浆砌片石	m^3	依据图纸所示位置及断面尺寸，按浆砌片石的体积以立方米为单位计量	1. 场地清理； 2. 地基平整夯实，断面补挖； 3. 铺设垫层； 4. 砂浆拌制； 5. 浆砌片石、勾缝、抹面、养生； 6. 回填

续表

子目号	子目名称	单位	工程量计量	工程内容
-b	浆砌块石	m^3	依据图纸所示位置及断面尺寸,按照不同强度等级浆砌块石的体积以立方米为单位计量	1. 场地清理; 2. 地基平整夯实,断面补挖; 3. 铺设垫层; 4. 砂浆拌制; 5. 浆砌块石、勾缝、抹面、养生; 6. 回填
-c	现浇混凝土	m^3	依据图纸所示位置及断面尺寸,按照不同强度等级混凝土浇筑的边沟的体积以立方米为单位计量	1. 场地清理; 2. 地基平整夯实,断面补挖; 3. 铺设垫层; 4. 模板制作、安装、拆除; 5. 钢筋制作与安装; 6. 混凝土拌和、运输、浇筑、养生; 7. 回填
-d	预制安装混凝土	m^3	依据图纸所示位置及断面尺寸,按照不同强度等级混凝土预制的边沟的体积以立方米为单位计量	1. 场地清理; 2. 地基平整夯实,断面补挖; 3. 铺设垫层; 4. 模板制作、安装、拆除; 5. 预制件预制、运输、装卸; 6. 预制件安装; 7. 回填
-e	预制安装混凝土盖板	m^3	依据图纸所示位置及断面尺寸,按照不同强度等级混凝土预制的盖板体积以立方米为单位计量	1. 场地清理; 2. 模板制作、安装、拆除; 3. 钢筋制作与安装; 4. 预制件预制、运输、装卸; 5. 预制件安装
-f	干砌片石	m^3	依据图纸所示位置及断面尺寸,按干砌片石的体积以立方米为单位计量	1. 场地清理; 2. 地基平整夯实,断面补挖; 3. 铺设垫层; 4. 铺砌片石; 5. 回填
207-2	排水沟			
-a	浆砌片石	m^3	依据图纸所示位置及断面尺寸,按浆砌片石的体积以立方米为单位计量	1. 场地清理; 2. 地基平整夯实,断面补挖; 3. 铺设垫层; 4. 砂浆拌制; 5. 浆砌片石、勾缝、抹面、养生; 6. 回填
-b	浆砌块石	m^3	依据图纸所示位置及断面尺寸,按照不同强度等级浆砌块石的体积以立方米为单位计量	1. 场地清理; 2. 地基平整夯实,断面补挖; 3. 铺设垫层; 4. 砂浆拌制; 5. 浆砌块石、勾缝、抹面、养生; 6. 回填

续表

子目号	子目名称	单位	工程量计量	工程内容
-c	现浇混凝土	m^3	依据图纸所示位置及断面尺寸，按照不同强度等级混凝土浇筑的排水沟的体积以立方米为单位计量	1. 场地清理； 2. 地基平整夯实，断面补挖； 3. 铺设垫层； 4. 模板制作、安装、拆除； 5. 钢筋制作与安装； 6. 混凝土拌和、运输、浇筑、养生； 7. 回填
-d	预制安装混凝土	m^3	依据图纸所示位置及断面尺寸，按照不同强度等级混凝土预制的排水沟的体积以立方米为单位计量	1. 场地清理； 2. 地基平整夯实，断面补挖； 3. 铺设垫层； 4. 模板制作、安装、拆除； 5. 预制件预制、运输、装卸； 6. 预制件安装； 7. 回填
-e	预制安装混凝土盖板	m^3	依据图纸所示位置及断面尺寸，按照不同强度等级混凝土预制的盖板体积以立方米为单位计量	1. 场地清理； 2. 模板制作、安装、拆除； 3. 钢筋制作与安装； 4. 预制件预制、运输、装卸； 5. 预制件安装
-f	干砌片石	m^3	依据图纸所示位置及断面尺寸，按干砌片石的体积以立方米为单位计量	1. 场地清理； 2. 地基平整夯实，断面补挖； 3. 铺设垫层； 4. 铺砌片石； 5. 回填
207-3	截水沟			
-a	浆砌片石	m^3	依据图纸所示位置及断面尺寸，按浆砌片石的体积以立方米为单位计量	1. 场地清理； 2. 地基平整夯实，断面补挖； 3. 铺设垫层； 4. 砂浆拌制； 5. 浆砌片石、勾缝、抹面、养生； 6. 回填
-b	浆砌块石	m^3	依据图纸所示位置及断面尺寸，按照不同强度等级浆砌块石的体积以立方米为单位计量	1. 场地清理； 2. 地基平整夯实，断面补挖； 3. 铺设垫层； 4. 砂浆拌制； 5. 浆砌块石、勾缝、抹面、养生； 6. 回填
-c	现浇混凝土	m^3	依据图纸所示位置及断面尺寸，按照不同强度等级混凝土浇筑的截水沟的体积以立方米为单位计量	1. 场地清理； 2. 地基平整夯实，断面补挖； 3. 铺设垫层； 4. 模板制作、安装、拆除； 5. 混凝土拌和、运输、浇筑、养生； 6. 回填

续表

子目号	子目名称	单位	工程量计量	工程内容
-d	预制安装混凝土	m^3	依据图纸所示位置及断面尺寸，按照不同强度等级混凝土预制的截水沟的体积以立方米为单位计量	1. 场地清理； 2. 地基平整夯实，断面补挖； 3. 铺设垫层； 4. 模板制作、安装、拆除； 5. 预制件预制、运输、装卸； 6. 预制件安装； 7. 回填
-e	干砌片石	m^3	依据图纸所示位置及断面尺寸，按干砌片石的体积以立方米为单位计量	1. 场地清理； 2. 地基平整夯实，断面补挖； 3. 铺设垫层； 4. 铺砌片石； 5. 回填
207-4	跌水与急流槽			
-a	干砌片石	m^3	依据图纸所示位置及断面尺寸，按干砌片石的体积以立方米为单位计量	1. 场地清理； 2. 基础开挖； 3. 铺设垫层； 4. 铺砌片石； 5. 回填
-b	浆砌片石	m^3	依据图纸所示位置及断面尺寸，按照不同强度等级浆砌片石的体积以立方米为单位计量	1. 场地清理； 2. 基础开挖； 3. 铺设垫层； 4. 砂浆拌制； 5. 浆砌片石、勾缝、抹面、养生； 6. 回填
-c	现浇混凝土	m^3	依据图纸所示位置及断面尺寸，按照不同强度等级混凝土浇筑的体积以立方米为单位计量	1. 场地清理； 2. 地基平整夯实，断面补挖； 3. 铺设垫层； 4. 模板制作、安装、拆除； 5. 混凝土拌和、运输、浇筑、养生； 6. 回填
-d	预制安装混凝土	m^3	依据图纸所示位置及断面尺寸，按照不同强度等级混凝土预制的体积以立方米为单位计量	1. 场地清理； 2. 地基平整夯实，跌水与 3. 急流槽断面补挖； 4. 铺设垫层； 5. 模板制作、安装、拆除； 6. 预制件预制、运输、装卸； 7. 预制件安装； 8. 回填
207-5	盲沟（渗沟）			

续表

子目号	子目名称	单位	工程量计量	工程内容
-a	盲沟	m	依据图纸所示位置及断面尺寸,分不同类型及规格的盲沟,按长度以米为单位计量	1. 基础开挖; 2. 进出水口处理; 3. 铺设防水材料; 4. 铺设透水管; 5. 填料填筑及夯实; 6. 铺设透水土工材料; 7. 回填夯实; 8. 现场清理
-b	渗沟	m	依据图纸所示位置及断面尺寸,分不同类型及规格的渗沟,按长度以米为单位计量	1. 基础开挖; 2. 进出水口处理; 3. 铺设防水材料; 4. 铺设透水管; 5. 填料填筑及夯实; 6. 铺设透水土工材料; 7. 回填夯实; 8. 现场清理
207-6	蒸发池			
-a	挖土(石)方	m^3	依据图纸所示地面线、断面尺寸、土石比例,按开挖的天然密实体积以立方米为单位计量	1. 场地清理; 2. 开挖、集中、装运; 3. 施工排水处理; 4. 弃方处理
-b	圬工	m^3	依据图纸所示位置及断面尺寸,分不同类型及强度等级,按圬工体积以立方米为单位计量	1. 场地清理; 2. 基坑开挖及弃方处理; 3. 地基平整夯实,断面补挖; 4. 浆砌片石、勾缝、抹面、养生; 5. 回填
207-7	涵洞上下游改沟、改渠铺砌			
-a	浆砌片石铺砌	m^3	依据图纸所示位置及断面尺寸,按照不同强度等级水泥砂浆铺砌的片石体积以立方米为单位计量	1. 场地清理; 2. 地基平整夯实,沟、渠断面补挖; 3. 铺设垫层; 4. 砂浆拌制; 5. 浆砌片石、勾缝、抹面、养生; 6. 回填
-b	现浇混凝土铺砌	m^3	依据图纸所示位置及断面尺寸,按照不同强度等级混凝土浇筑的沟、渠铺砌体积以立方米为单位计量	1. 场地清理; 2. 地基平整夯实,沟、渠断面补挖; 3. 铺设垫层; 4. 模板制作、安装、拆除; 5. 混凝土拌和、运输、浇筑、养生; 6. 回填

续表

子目号	子目名称	单位	工程量计量	工程内容
-c	预制混凝土铺砌	m^3	依据图纸所示位置及断面尺寸，按照不同强度等级混凝土预制的沟、渠铺砌的体积以立方米为单位计量	1. 场地清理； 2. 地基平整夯实，沟、渠断面补挖； 3. 铺设垫层； 4. 模板制作、安装、拆除； 5. 预制件预制、运输、装卸； 6. 预制件安装； 7. 回填
207-8	现浇混凝土坡面排水结构物	m^3	依据图纸所示位置及断面尺寸，按照不同强度等级混凝土浇筑的坡面排水结构物的体积以立方米为单位计量	1. 场地清理； 2. 地基平整夯实，坡面排水结构物断面补挖； 3. 铺设垫层； 4. 模板制作、安装、拆除； 5. 混凝土拌和、运输、浇筑、养生； 6. 回填
207-9	预制混凝土坡面排水结构物	m^3	依据图纸所示位置及断面尺寸，按照不同强度等级混凝土预制的坡面排水结构物的体积以立方米为单位计量	1. 场地清理； 2. 地基平整夯实，坡面排水结构物断面补挖； 3. 铺设垫层； 4. 模板制作、安装、拆除； 5. 预制件预制、运输、装卸； 6. 预制件安装； 7. 回填
207-10	仰斜式排水孔			
-a	钻孔	m	依据图纸所示位置及孔径，按照不同孔径排水孔长度以米为单位计量	1. 搭拆脚手架； 2. 安拆钻机； 3. 布眼、钻孔、清孔； 4. 现场清理
-b	排水管	m	依据图纸所示位置及排水管材质，按照不同管径排水管长度以米为单位计量	1. 搭拆脚手架； 2. 管体制作、包裹渗水土工布； 3. 安装排水管，排水口处理； 4. 现场清理
-c	软式透水管	m	依据图纸所示位置及排水管材质，按照不同管径排水管长度以米为单位计量	1. 搭拆脚手架； 2. 管体制作、包裹渗水土工布(反滤膜)； 3. 安装透水管，排水口处理； 4. 现场清理
208	护坡、护面墙			
208-1	护坡垫层	m^3	依据图纸所示位置和密实厚度，按照不同材料类别的垫层体积以立方米为单位计量	1. 坡面清理、修整； 2. 垫层材料铺筑； 3. 压实、捣固； 4. 弃渣处理

续表

子目号	子目名称	单位	工程量计量	工程内容
208-2	干砌片石护坡	m^3	1. 依据图纸所示位置和铺砌厚度,扣除急流槽所占部分,以立方米为单位计量; 2. 含碎落台、护坡平台满铺干砌片石数量	1. 清理边坡,坡面夯实,基础开挖; 2. 铺砌片石; 3. 回填; 4. 清理现场
208-3	浆砌片石护坡			
-a	满铺浆砌片石护坡	m^3	1. 依据图纸所示位置和铺砌厚度、水泥砂浆强度,按照铺砌体积以立方米为单位计量; 2. 含碎落台、护坡平台满铺浆砌片石数量; 3. 扣除急流槽所占体积	1. 清理边坡,坡面夯实,基础开挖; 2. 浆砌片石; 3. 勾缝、抹面、养生; 4. 回填; 5. 清理现场
-b	浆砌骨架护坡	m^3	1. 依据图纸所示位置和铺砌厚度、骨架形式、水泥砂浆强度,按照护坡体体积以立方米为单位计量; 2. 含碎落台、护坡平台浆砌骨架数量; 3. 扣除急流槽所占体积。	1. 清理边坡,坡面夯实,基础开挖; 2. 浆砌片石; 3. 勾缝、抹面、养生; 4. 回填; 5. 清理现场
-c	现浇混凝土	m^3	依据图纸所示位置及断面尺寸,按照不同强度等级混凝土浇筑的现浇混凝土体积以立方米为单位计量	1. 清理边坡,坡面夯实,基坑开挖; 2. 模板制作、安装、拆除; 3. 混凝土拌和、运输、浇筑、养生; 4. 回填; 5. 清理现场
208-4	混凝土护坡			
-a	现浇混凝土满铺护坡	m^3	1. 依据图纸所示位置及断面尺寸,按照不同强度等级混凝土浇筑的实体体积以立方米为单位计量; 2. 含碎落台、护坡平台满铺混凝土数量; 3. 扣除急流槽所占体积。	1. 清理边坡,坡面夯实,基坑开挖; 2. 模板制作、安装、拆除; 3. 混凝土拌和、运输、浇筑、养生; 4. 回填; 5. 清理现场
-b	混凝土预制件满铺护坡	m^3	1. 依据图纸所示位置和构造尺寸,按照不同强度等级混凝土预制件铺砌坡面的实体体积以立方米为单位计量; 2. 含碎落台、护坡平台满铺混凝土数量; 3. 扣除急流槽所占体积	1. 清理边坡,坡面夯实,基坑开挖; 2. 预制场建设; 3. 预制件预制、运输、装卸; 4. 预制件安装; 5. 回填; 6. 清理现场
-c	现浇混凝土骨架护坡	m^3	依据图纸所示位置及断面尺寸,按照不同强度等级混凝土浇筑的骨架护坡体积以立方米为单位计量	1. 清理边坡,坡面夯实,2. 基坑开挖; 3. 模板制作、安装、拆除; 4. 混凝土拌和、运输、浇筑、养生; 5. 回填; 6. 清理现场

续表

子目号	子目名称	单位	工程量计量	工程内容
-d	混凝土预制件骨架护坡	m^3	依据图纸所示位置和构造尺寸，按照不同强度等级混凝土预制件骨架护坡的体积以立方米为单位计量	1. 清理边坡，坡面夯实，基坑开挖； 2. 预制场建设； 3. 预制件预制、运输、装卸； 4. 预制件安装； 5. 回填； 6. 清理现场
-e	浆砌片石	m^3	依据图纸所示位置和铺砌厚度，按照不同强度等级水泥砂浆砌筑的浆砌片石护坡体积以立方米为单位计量	1. 清理边坡，坡面夯实，基础开挖； 2. 浆砌片石； 3. 勾缝、抹面、养生； 4. 回填； 5. 清理现场
208-5	护面墙			
-a	浆砌片(块)石护面墙	m^3	1. 依据图纸所示位置和断面尺寸，按图示不同强度等级水泥砂浆砌片(块)石体积以立方米为单位计量； 2. 不扣除沉降缝、泄水孔、预埋件所占体积	1. 基坑开挖、地基平整夯实、废方弃运； 2 边坡清理夯实； 3. 浆砌片石，设泄水孔及其滤水层； 4. 接缝处理； 5. 勾缝、抹面、墙背排水设施设置、填料分层填筑； 6. 清理现场
-b	现浇混凝土护面墙	m^3	1. 依据图纸所示位置和断面尺寸，按图示不同强度等级混凝土体积以立方米为单位计量； 2. 不扣除沉降缝、泄水孔、预埋件所占体积	1. 场地清理； 2. 基坑开挖，地基平整夯实，废方弃运； 3. 边坡清理夯实； 4. 模板制作、安装、拆除； 5. 混凝土拌和、运输、浇筑、养生； 6. 泄水孔及其滤水层、沉降缝设置； 7. 墙背排水设施设置、填料分层填筑； 8. 清理现场
-c	预制安装混凝土护面墙	m^3	1. 依据图纸所示位置及断面尺寸，按照不同强度等级混凝土预制件体积以立方米为单位计量； 2. 不扣除沉降缝、泄水孔、预埋件所占体积	1. 预制场建设； 2. 预制件预制、运输、装卸； 3. 预制件安装； 4. 墙背排水设施设置、填料分层填筑； 5. 清理现场
208-6	封面			
-a	封面	m^2	依据图纸所示位置及断面尺寸，按照不同厚度的封面面积以平方米为单位计量	1. 坡面清理； 2. 封面施工； 3. 清理现场
208-7	捶面			

续表

子目号	子目名称	单位	工程量计量	工程内容
-a	捶面	m^2	依据图纸所示位置及断面尺寸，按照不同厚度的捶面面积以平方米为单位计量	1. 坡面清理； 2. 捶面施工； 3. 清理现场
208-8	坡面柔性防护			
-a	主动防护系统	m^2	1. 依据图纸所示，按主动防护系统防护的坡面面积以平方米为单位计量； 2. 网片搭接部分作为附属工作，不另行计量	1. 坡面清理； 2. 脚手架安设、拆除、完工清理和保养； 3. 支撑绳穿绳、张拉、固定； 4. 挂网、网片连接、缝合、固定； 5. 钻孔、清孔、套管装拔，锚杆制作、安装、锚固、锚头处理； 6. 浆液制备、注浆、养护； 7. 网面调整
-b	被动防护系统	m^2	1. 依据图纸所示，按被动防护系统网面面积以平方米为单位计量； 2. 网片搭接部分作为附属工作，不另行计量	1. 坡面清理； 2. 基础及立柱施工； 3. 支撑绳穿绳、张拉、固定； 4. 挂网、网片连接、缝合、固定； 5. 钻孔、清孔、套管装拔，锚杆制作、安装、锚固、锚头处理； 6. 浆液制备、注浆、养护； 7. 网面调整
209	挡土墙			
209-1	垫层	m^3	依据图纸所示位置及垫层密实厚度，按照不同材料的垫层体积以立方米为单位计量	1. 基底清理； 2. 临时排水； 3. 铺筑垫层； 4. 夯实
209-2	基础			
-a	浆砌片（块）石基础	m^3	依据图纸所示位置和断面尺寸，按图示不同强度等级水泥砂浆砌石体积以立方米为单位计量	1. 基坑开挖、清理、平整、夯实，废方弃运； 2. 拌、运砂浆； 3. 砌筑、养生； 4. 回填
-b	混凝土基础	m^3	依据图纸所示位置和断面尺寸，按图示不同强度等级混凝土体积以立方米为单位计量	1. 基坑开挖、清理、平整、夯实； 2. 混凝土制作、运输； 3. 浇筑、振捣； 4. 养生； 5. 回填； 6. 清理现场
209-3	砌体挡土墙			

续表

子目号	子目名称	单位	工程量计量	工程内容
-a	浆砌片(块)石	m^3	1. 依据图纸所示位置和断面尺寸，按图示不同强度等级水泥砂浆砌石体积以立方米为单位计量； 2. 不扣除沉降缝、泄水孔、预埋件所占体积	1. 基坑开挖、清理、平整、夯实； 2. 浆砌片(块)石，设泄水孔及其滤水层； 3. 接缝处理； 4. 勾缝、抹面、墙背排水设施设置、墙背填料分层填筑； 5. 清理、废方弃运
209-4	干砌挡土墙	m^3	1. 依据图纸所示位置和断面尺寸，按图示干砌体积以立方米为单位计量； 2. 不扣除沉降缝、泄水孔所占体积	1. 基坑开挖、清理、平整、夯实； 2. 砌筑片(块)石，泄水孔及其滤水层； 3. 接缝处理； 4. 抹面； 5. 墙背排水设施设置、墙 6. 背填料分层填筑； 7. 清理、废方弃运
209-5	混凝土挡土墙			
-a	混凝土	m^3	1. 依据图纸所示位置和断面尺寸，按图示不同强度等级混凝土体积以立方米为单位计量； 2. 不扣除沉降缝、泄水孔、预埋件所占体积	1. 基坑开挖、清理、平整、夯实； 2. 模板制作、安装、拆除； 3. 混凝土拌和、运输、浇筑、养生； 4. 泄水孔及其滤水层、沉降缝设置； 5. 墙背填料分层填筑； 6. 清理，弃方处理
-b	钢筋	kg	1. 依据图纸所示及钢筋表所列钢筋质量质量以千克为单位计量； 2. 固定钢筋的材料、定位架立钢筋、钢筋接头、吊装钢筋、钢板、铁丝作为钢筋作业的附属工作，不另行计量	1. 钢筋的保护、储存及除锈； 2. 钢筋整直、接头； 3. 钢筋截断、弯曲； 4. 钢筋安设、支承及固定
210	锚杆、锚定板挡土墙			
210-1	锚杆挡土墙			
-a	现浇混凝土立柱	m^3	依据图纸所示位置及断面尺寸，按照不同强度等级混凝土体积以立方米为单位计量	1. 基坑开挖、清理、平整、夯实； 2. 模板制作、安装、拆除； 3. 混凝土拌和、运输、浇筑、养生； 4. 锚头制作、防锈及防水封闭； 5. 清理现场
-b	预制安装混凝土立柱	m^3	依据图纸所示位置及断面尺寸，按照不同强度等级混凝土立柱体积以立方米为单位计量	1. 基础开挖； 2. 预制场建设； 3. 预制件预制、运输、装卸； 4. 预制件安装； 5. 锚头制作、防锈及防水封闭； 6. 清理现场

续表

子目号	子目名称	单位	工程量计量	工程内容
-c	预制安装混凝土挡板	m^3	依据图纸所示位置和断面尺寸，按图示不同强度等级混凝土体积以立方米为单位计量	1. 沟槽开挖； 2. 预制场建设； 3. 预制件预制、运输、装卸； 4. 预制件安装； 5. 墙背回填及墙背排水系统施工； 6. 清理，弃方处理
210-2	锚定板挡土墙			
-a	现浇混凝土肋柱	m^3	依据图纸所示位置及断面尺寸，按照不同强度等级混凝土体积以立方米为单位计量	1. 基坑开挖、清理、平整、夯实； 2. 模板制作、安装、拆除； 3. 混凝土拌和、运输、 4. 浇筑、养生； 5. 锚头制作、防锈及防水封闭； 6. 清理现场
-b	预制安装混凝土肋柱	m^3	依据图纸所示位置及断面尺寸，按照不同强度等级混凝土体积以立方米为单位计量	1. 基础开挖； 2. 预制场建设； 3. 预制件预制、运输、 4. 装卸； 5. 预制件安装； 6. 锚头制作、防锈及防水封闭； 7. 清理现场
-c	预制安装混凝土锚定板	m^3	依据图纸所示位置及断面尺寸，按照不同强度等级混凝土体积以立方米为单位计量	1. 沟槽开挖； 2. 预制场建设； 3. 预制件预制、运输、装卸； 4. 预制件安装； 5. 墙背回填及墙背排水系统施工； 6. 清理现场
210-3	现浇墙身混凝土、附属部位混凝土			
-a	现浇混凝土墙身	m^3	1. 依据图纸所示位置和断面尺寸，按图示不同强度等级混凝土体积以立方米为单位计量； 2. 不扣除沉降缝、泄水孔、预埋件所占体积	1. 模板制作、安装、拆除； 2. 混凝土拌和、运输、浇筑、养生； 3. 墙背回填及墙背排水系统施工； 4. 清理现场
-b	现浇附属部位混凝土	m^3	依据图纸所示断面尺寸，按照不同强度等级混凝土体积以立方米为单位计量	1. 模板制作、安装、拆除； 2. 混凝土拌和、运输、浇筑、养生； 3. 清理现场
210-4	现浇桩基混凝土	m^3	1. 依据图纸所示位置及断面尺寸，按照不同强度等级混凝土体积以立方米为单位计量； 2. 护壁混凝土为桩基混凝土的附属工作，不另行计量	1. 钻孔； 2. 模板制作、安装、拆除； 3. 护壁及桩身混凝土拌和、运输、浇筑、养生； 4. 墙背回填、压实、排水措施施工； 5. 清理现场
210-5	锚杆及拉杆			

续表

子目号	子目名称	单位	工程量计量	工程内容
-a	锚杆	kg	依据图纸所示位置，按照锚杆设计长度和规格计算质量质量以千克为单位计量	1. 坡面清理； 2. 钻孔； 3. 制作安放锚杆； 4. 灌浆； 5. 拉拔试验； 6. 锚固； 7. 锚头处理
-b	拉杆	kg	依据图纸所示位置，按照拉杆设计长度和规格计算质量质量以千克为单位计量	1. 拉杆沟槽开挖、废方弃运； 2. 拉杆制作、防锈处理、安装； 3. 拉杆与肋柱、锚定板连接处的防锈处理； 4. 锚头制作、防锈处理、防水封闭、养生
210-6	钢筋	kg	1. 依据图纸所示及钢筋表所列钢筋质量质量以千克为单位计量； 2. 固定钢筋的材料、定位架立钢筋、钢筋接头、吊装钢筋、钢板、铁丝作为钢筋作业的附属工作，不另行计量	1. 钢筋的保护、储存及除锈； 2. 钢筋整直、接头； 3. 钢筋截断、弯曲； 4. 钢筋安设、支承及固定
211	加筋土挡土墙			
211-1	基础			
-a	浆砌片石基础	m^3	依据图纸所示位置和断面尺寸，按图示不同强度等级水泥砂浆砌石体积以立方米为单位计量	1. 基坑开挖、清理、平整、夯实，废方弃运； 2. 拌、运砂浆； 3. 砌筑； 4. 养生； 5. 回填
-b	混凝土基础	m^3	依据图纸所示位置和断面尺寸，按图示不同强度等级混凝土体积以立方米为单位计量	1. 基坑开挖、清理、平整、夯实； 2. 混凝土制作、运输； 3. 浇筑、振捣； 4. 养生； 5. 回填； 6. 清理现场
211-2	混凝土帽石			
-a	现浇帽石混凝土	m^3	依据图纸所示断面尺寸，按照不同强度等级混凝土体积以立方米为单位计量	1. 模板制作、安装、拆除； 2. 混凝土拌和、运输、浇筑、养生； 3. 清理现场
211-3	预制安装混凝土墙面板	m^3	1. 依据图纸所示位置及断面尺寸，按照不同强度等级混凝土体积以立方米为单位计量； 2. 加筋土挡土墙的路堤填料第 204 节计量	1. 沟槽开挖； 2. 预制场建设； 3. 预制件预制、运输、装卸； 4. 预制件安装； 5. 墙背回填(不含路堤填料的回填)及墙背排水系统施工； 6. 清理现场

续表

子目号	子目名称	单位	工程量计量	工程内容
211-4	加筋带			
-a	扁钢带	kg	依据图纸所示位置和断面尺寸,按铺设数量换算为质量,质量以千克为单位计量	1. 场地清理; 2. 铺设加筋带; 3. 填料摊平; 4. 分层压实
-b	钢筋混凝土带	m^3	1. 依据图纸所示位置和断面尺寸,按不同强度等级混凝土体积以立方米为单位计量; 2. 混凝土中的钢筋作为加筋带的附属工作,不另行计量	1. 场地清理; 2. 铺设加筋带; 3. 填料摊平; 4. 分层压实
-c	塑钢复合带	kg	依据图纸所示位置和断面尺寸,按铺设数量换算为质量,质量以千克为单位计量	1. 场地清理; 2. 铺设加筋带; 3. 填料摊平; 4. 分层压实
-d	塑料土工格栅	m^2	1. 依据图纸所示位置和规格、型号,按土层中分层铺设土工格栅的累计净面积以平方米为单位计量; 2. 接缝的重叠面积和边缘的包裹面积不予计量	1. 场地清理; 2. 铺设加筋带; 3. 填料摊平; 4. 分层压实
-e	聚丙烯土工带	kg	依据图纸所示位置和断面尺寸,按铺设数量换算为质量,质量以千克为单位计量	1. 场地清理; 2. 铺设加筋带; 3. 填料摊平; 4. 分层压实
211-5	钢筋	kg	1. 依据图纸所示及钢筋表所列钢筋质量,质量以千克为单位计量; 2. 固定钢筋的材料、定位架立钢筋、钢筋接头、吊装钢筋、钢板、铁丝作为钢筋作业的附属工作,不另行计量; 3. 加筋带中的钢筋不另行计量	1. 钢筋的保护、储存及除锈; 2. 钢筋整直、接头; 3. 钢筋截断、弯曲; 4. 钢筋安设、支承及固定
212	喷射混凝土和喷浆边坡防护			
212-1	挂网土工格栅喷浆防护边坡			
-a	喷浆防护边坡	m^2	依据图纸所示位置及砂浆强度等级,按照不同厚度喷浆防护面积以平方米为单位计量	1. 岩面清理; 2. 设备安装与拆除; 3. 水泥砂浆拌制; 4. 喷射; 5. 养护
-b	铁丝网	kg	1. 依据图纸所示位置,按照设计数量以千克为单位计量; 2. 因搭接而增加的铁丝网不予计量	1. 清理坡面; 2. 铁丝网安设、支承及固定

续表

子目号	子目名称	单位	工程量计量	工程内容
-c	土工格栅	m^2	1. 依据图纸所示位置和规格、型号,按分层铺设土工格栅的累计净面积以平方米为单位计量; 2. 接缝的重叠面积和边缘的包裹面积不予计量	1. 清理坡面; 2. 铺设; 3. 接缝处理(搭接、缝接、粘接)
-d	锚杆	kg	依据图纸所示位置,按照锚杆设计长度和规格计算质量以千克为单位计量	1. 清理坡面; 2. 钻孔; 3. 制作安放锚杆; 4. 灌浆
212-2	挂网锚喷混凝土防护边坡(全坡面)			
-a	喷射混凝土防护边坡	m^2	依据图纸所示位置及混凝土浆强度等级,按照不同厚度喷射混凝土防护面积以平方米为单位计量	1. 岩面清理; 2. 设备安装与拆除; 3. 混凝土拌制; 4. 喷射; 5. 沉降缝设置; 6. 养护
-b	钢筋网	kg	1. 依据图纸所示位置,按照设计数量以千克为单位计量; 2. 因搭接而增加的钢筋网不予计量	1. 清理坡面; 2. 钢筋网安设、支承及固定
-c	铁丝网	kg	1. 依据图纸所示位置,按照设计数量以千克为单位计量; 2. 因搭接而增加的铁丝网不予计量	1. 清理坡面; 2. 铁丝网安设、支承及固定
-d	土工格栅	m^2	1. 依据图纸所示位置和规格、型号,按分层铺设土工格栅的累计净面积以平方米为单位计量; 2. 接缝的重叠面积和边缘的包裹面积不予计量	1. 清理坡面; 2. 铺设; 3. 接缝处理(搭接、缝接、粘接)
-e	锚杆	kg	依据图纸所示位置,按照锚杆设计长度和规格计算质量以千克为单位计量	1. 清理坡面; 2. 钻孔; 3. 制作安放锚杆; 4. 灌浆
212-3	坡面防护			
-a	喷浆边坡防护	m^2	依据图纸所示位置及砂浆强度等级,按照不同厚度喷浆防护面积以平方米为单位计量	1. 岩面清理; 2. 设备安装与拆除; 3. 水泥砂浆拌制; 4. 喷射; 5. 养护
-b	喷射混凝土边坡防护	m^2	依据图纸所示位置及混凝土强度等级,按照不同厚度喷射混凝土面积以平方米为单位计量	1. 岩面清理; 2. 设备安装与拆除; 3. 混凝土拌制; 4. 喷射; 5. 养护
212-4	土钉支护			

续表

子目号	子目名称	单位	工程量计量	工程内容
-a	钻孔注浆钉	m	依据图纸所示位置,按图示不同直径的土钉钻孔桩长度以米为单位计量	1. 清理坡面; 2. 钻孔; 3. 制作安放土钉钢筋; 4. 浆体配置、运输、注浆
-b	击入钉	m	依据图纸所示位置,按图示金属击入桩的质量以千克为单位计量	1. 清理坡面; 2. 土钉制作; 3. 土钉击入
-c	喷射混凝土	m^2	依据图纸所示位置及混凝土强度等级,按照不同厚度喷射混凝土面积以平方米为单位计量	1. 清理坡面; 2. 混凝土拌制; 3. 喷射混凝土; 4. 沉降缝设置; 5. 养护
-d	钢筋	kg	1. 依据图纸所示及钢筋表所列钢筋质量以千克为单位计量; 2. 固定钢筋的材料、定位架立钢筋、钢筋接头、铁丝作为钢筋作业的附属工作,不另行计量; 3. 土钉用钢材不予计量	1. 钢筋的保护、储存及除锈; 2. 钢筋整直、接头; 3. 钢筋截断、弯曲; 4. 钢筋安设、支承及固定
-e	钢筋网	kg	1. 依据图纸所示位置,按照设计数量以千克为单位计量; 2. 因搭接而增加的钢筋网不予计量	1. 清理坡面; 2. 钢筋网安设、支承及固定
-f	网格梁、立柱、挡土板	m^3	依据图纸所示位置及断面尺寸,按照混凝土体积以立方米为单位计量	1. 边坡清理及土槽开挖; 2. 模板制作、安装、拆除; 3. 混凝土制作、运输、浇筑、养生; 4. 清理现场
-g	土工格栅	m^2	1. 依据图纸所示位置和规格、型号,按分层铺设土工格栅的累计净面积以平方米为单位计量; 2. 接缝的重叠面积和边缘的包裹面积不予计量	1. 清理坡面; 2. 铺设; 3. 接缝处理(搭接、缝接、粘接)
213	预应力锚索边坡加固			
213-1	预应力钢绞线	m	依据图纸所示位置和钢绞线规格,按照各类锚索锚固端底至锚具外侧的长度,以米为单位计量	1. 坡面清理; 2. 脚手架安设、拆除、完工清理和保养; 3. 钻孔、清孔; 4. 锚索成束、支架及导向头制作安装、锚固; 5. 浆液制备、注浆、养护; 6. 锚头防腐处理、封锚

续表

子目号	子目名称	单位	工程量计量	工程内容
213-2	无黏接预应力钢绞线	m	依据图纸所示位置和钢绞线规格，按照各类锚索锚固端底至锚具外侧的长度，以米为单位计量	1. 坡面清理； 2. 脚手架安设、拆除、完工清理和保养； 3. 钻孔、清孔； 4. 锚索成束、支架及导向头制作安装、锚固； 5. 浆液制备、注浆、养护； 6. 锚头防腐处理、封锚
213-3	锚杆			
-a	钢筋锚杆	kg	依据图纸所示位置和规格、型号，按照安装的锚杆质量以千克为单位计量	1. 坡面清理； 2. 脚手架安设、拆除、完工清理和保养； 3. 钻孔、清孔、套管装拔； 4. 锚杆制作、安装、锚固、锚头处理； 5. 浆液制备、注浆、养护
-b	预应力钢筋锚杆	kg	依据图纸所示位置和规格、型号，按照安装的锚杆质量以千克为单位计量	1. 坡面清理； 2. 脚手架安设、拆除、完工清理和保养； 3. 钻孔、清孔、套管装拔； 4. 锚杆制作、安装； 5. 浆液制备、一次注浆、锚固； 6. 张拉、二次注浆
213-4	混凝土框格梁	m^3	依据图纸所示位置及断面尺寸，按照不同强度等级混凝土浇筑体积以立方米为单位计量	1. 边坡清理； 2. 模板制作、安装、拆除； 3. 混凝土制作、运输、浇筑、养生； 4. 清理现场
213-5	混凝土锚固板	m^3	依据图纸所示位置及断面尺寸，按照不同强度等级混凝土浇筑体积以立方米为单位计量	1. 边坡清理； 2. 模板制作、安装、拆除； 3. 混凝土制作、运输、浇筑、养生； 4. 清理现场
213-6	钢筋	kg	1. 依据图纸所示及钢筋表所列钢筋质量以千克为单位计量； 2. 固定钢筋的材料、定位架立钢筋、钢筋接头、吊装钢筋、钢板、铁丝作为钢筋作业的附属工作，不另行计量	1. 钢筋的保护、储存及除锈； 2. 钢筋整直、接头； 3. 钢筋截断、弯曲； 4. 钢筋安设、支承及固定
214	抗滑桩			
214-1	现浇混凝土桩			
-a	混凝土	m^3	1. 依据图纸所示位置及断面尺寸，按照不同强度等级混凝土体积以立方米为单位计量； 2. 护壁混凝土及护壁钢筋为桩基混凝土的附属工作，不另行计量； 3. 声测管为现浇混凝土桩的附属工作，不另行计量	1. 场地清理； 2. 成孔； 3. 模板制作、安装、拆除； 4. 护壁及桩身混凝土制作、运输、浇筑、养生； 5. 桩的无损检测； 6. 清理现场

续表

子目号	子目名称	单位	工程量计量	工程内容
214-2	桩板式抗滑挡墙			
-a	挡土板	m^3	依据图纸所示位置及断面尺寸,按照不同强度等级混凝土体积以立方米为单位计量	1. 沟槽开挖; 2. 预制场建设; 3. 预制件预制、运输、装卸; 4. 预制件安装; 5. 墙背回填及墙背排水系统施工; 6. 清理现场
214-3	钢筋	kg	1. 依据图纸所示及钢筋表所列钢筋质量以千克为单位计量; 2. 固定钢筋的材料、定位架立钢筋、钢筋接头、吊装钢筋、钢板、铁丝作为钢筋作业的附属工作,不另行计量; 3. 抗滑桩的护壁钢筋不予计量	1. 钢筋的保护、储存及除锈; 2. 钢筋整直、接头; 3. 钢筋截断、弯曲; 4. 钢筋安设、支承及固定
215	河道防护			
215-1	河床铺砌			
-a	浆砌片石铺砌	m^3	依据图纸所示位置和断面尺寸,按图示不同强度等级水泥砂浆铺砌体积以立方米为单位计量	1. 临时排水; 2. 基坑开挖; 3. 拌、运砂浆; 4. 砌筑; 5. 养生; 6. 清理现场
-b	混凝土铺砌	m^3	依据图纸所示位置及断面尺寸,按照不同强度等级混凝土铺筑的体积以立方米为单位计量	1. 临时排水; 2. 基坑开挖; 3. 模板制作、安装、拆除; 4. 混凝土拌和、运输、浇筑、养生; 5. 清理现场
215-3	导流设施(护岸墙、顺坝、丁坝、调水坝、锥坡)			
-a	浆砌片石	m^3	图纸所示位置和断面尺寸,按图示不同强度等级水泥砂浆砌石体积以立方米为单位计量	1. 围堰、临时排水工程施工; 2. 基坑修整、清理夯实,废方弃运; 3. 拌、运砂浆; 4. 砌筑、勾缝、抹面、养生; 5. 墙背回填、夯实
-b	混凝土	m^3	依据图纸所示位置及断面尺寸,按照不同强度等级混凝土浇筑的体积以立方米为单位计量	1. 围堰、临时排水工程施工; 2. 基坑修整、清理夯实,废方弃运; 3. 模板制作、安装、拆除、修理及保养; 4. 混凝土制作、运输、浇筑、振捣、养生; 5. 墙背回填、夯实

续表

子目号	子目名称	单位	工程量计量	工程内容
-c	石笼	m^3	1. 依据图纸所示位置和构造类型、结构尺寸，按照实际铺筑的石笼防护体积以立方米为单位计量； 2. 石笼钢筋（铁丝）网片不另行计量，含在石笼报价之中	1. 备材料及补助设施； 2. 编织网片、装入块石、封闭成石笼； 3. 抛到图纸指定处； 4. 石笼间连接牢固
215-4	抛石防护	m^3	依据图纸所示位置和断面尺寸，按照抛填石料体积以立方米为单位计量	1. 移船定位； 2. 抛填； 3. 测量检查

3. 第300章　路面

子目号	子目名称	单位	工程量计量	工程内容
302	垫层			
302-1	碎石垫层	m^2	依据图纸所示压实厚度，按照铺筑的顶面面积以平方米为单位计量	1. 检查、清除路基上的浮土、杂物，并洒水湿润； 2. 摊铺； 3. 整平、整形； 4. 洒水、碾压、整修
302-2	砂砾垫层	m^2	依据图纸所示压实厚度，按照铺筑的顶面面积以平方米为单位计量	1. 检查、清除路基上的浮土、杂物，并洒水湿润； 2. 摊铺； 3. 整平、整形； 4. 洒水、碾压、整修
302-3	水泥稳定土垫层	m^2	依据图纸所示压实厚度，按照铺筑的顶面面积以平方米为单位计量	1. 检查、清除路基上的浮土、杂物，并洒水湿润； 2. 拌和、运输、摊铺； 3. 整平、整形； 4. 洒水、碾压、整修、初期养护
302-4	石灰稳定土垫层	m^2	依据图纸所示压实厚度，按照铺筑的顶面面积以平方米为单位计量	1. 检查、清除路基上的浮土、杂物，并洒水湿润； 2. 拌和、运输、摊铺； 3. 整平、整形； 4. 洒水、碾压、整修、初期养护
303	石灰稳定土底基层、基层			
303-1	石灰稳定土底基层	m^2	依据图纸所示压实厚度，按照铺筑的顶面面积以平方米为单位计量	1. 检查、清理下承层、洒水； 2. 拌和、运输、摊铺； 3. 整平、整形； 4. 洒水、碾压、初期养护
303-2	搭板、埋板下石灰稳定土底基层	m^3	依据图纸所示尺寸、范围，按照铺筑体积以立方米为单位计量	1. 检查、清理下承层、洒水； 2. 拌和、运输、摊铺； 3. 整平、整形； 4. 洒水、碾压、初期养护

续表

子目号	子目名称	单位	工程量计量	工程内容
303-3	石灰稳定土垫层	m^2	依据图纸所示压实厚度，按照铺筑的顶面面积以平方米为单位计量	1. 检查、清理下承层、洒水； 2. 拌和、运输、摊铺； 3. 整平、整形； 4. 洒水、碾压、初期养护
304	水泥稳定土底基层、基层			
304-1	水泥稳定土底基层	m^2	依据图纸所示压实厚度，按照铺筑的顶面面积以平方米为单位计量	1. 检查、清理下承层、洒水； 2. 拌和、运输、摊铺； 3. 整平、整形； 4. 洒水、碾压、初期养护
304-2	搭板、埋板下水泥稳定土底基层	m^3	依据图纸所示尺寸、范围，按照铺筑体积以立方米为单位计量	1. 检查、清理下承层、洒水； 2. 拌和、运输、摊铺； 3. 整平、整形； 4. 洒水、碾压、初期养护
304-3	水泥稳定土垫层	m^2	依据图纸所示压实厚度，按照铺筑的顶面面积以平方米为单位计量	1. 检查、清理下承层、洒水； 2. 拌和、运输、摊铺； 3. 整平、整形； 4. 洒水、碾压、初期养护
305	石灰粉煤灰稳定土底基层、基层			
305-1	石灰粉煤灰稳定土底基层	m^2	依据图纸所示压实厚度，按照铺筑的顶面面积以平方米为单位计量	1. 检查、清理下承层、洒水； 2. 拌和、运输、摊铺； 3. 整平、整形； 4. 洒水、碾压、初期养护
305-2	搭板、埋板下石灰粉煤灰稳定土底基层	m^3	依据图纸所示尺寸、范围，按照铺筑体积以立方米为单位计量	1. 检查、清理下承层、洒水； 2. 铺筑材料拌和、运输、摊铺； 3. 整平、整形； 4. 洒水、碾压、初期养护
305-3	石灰粉煤灰稳定土基层	m^2	依据图纸所示压实厚度，按照铺筑的顶面面积以平方米为单位计量	1. 检查、清理下承层、洒水； 2. 铺筑材料拌和、运输、摊铺； 3. 整平、整形； 4. 洒水、碾压、初期养护
305-4	石灰煤渣稳定土基层	m^2	依据图纸所示压实厚度，按照铺筑的顶面面积以平方米为单位计量	1. 检查、清理下承层、洒水； 2. 铺筑材料拌和、运输、摊铺； 3. 整平、整形； 4. 洒水、碾压、初期养护
306	级配碎（砾）石底基层、基层			
306-1	级配碎石底基层	m^2	依据图纸所示压实厚度，按照铺筑的顶面面积以平方米为单位计量	1. 检查、清理下承层、洒水； 2. 铺筑材料拌和、运输、摊铺； 3. 整平、整形； 4. 洒水、碾压

续表

子目号	子目名称	单位	工程量计量	工程内容
306-2	搭板、埋板下级配碎石底基层	m^3	依据图纸所示尺寸、范围，按照铺筑体积以立方米为单位计量	1. 检查、清理下承层、洒水； 2. 铺筑材料拌和、摊铺； 3. 整平、整形； 4. 洒水、碾压
306-3	级配碎石基层	m^2	依据图纸所示压实厚度，按照铺筑的顶面面积以平方米为单位计量	1. 检查、清理下承层、洒水； 2. 铺筑材料拌和、运输、摊铺； 3. 整平、整形； 4. 洒水、碾压
306-4	级配砾石底基层	m^2	依据图纸所示压实厚度，按照铺筑的顶面面积以平方米为单位计量	1. 检查、清理下承层、洒水； 2. 铺筑材料拌和、运输、摊铺； 3. 整平、整形； 4. 洒水、碾压
306-5	搭板、埋板下级配砾石底基层	m^3	依据图纸所示尺寸、范围，按照铺筑体积以立方米为单位计量	1. 检查、清理下承层、洒水； 2. 铺筑材料拌和、运输、摊铺； 3. 整平、整形； 4. 洒水、碾压
306-6	级配砾石基层	m^2	依据图纸所示压实厚度，按照铺筑的顶面面积以平方米为单位计量	1. 检查、清理下承层、洒水； 2. 铺筑材料拌和、运输、摊铺； 3. 整平、整形； 4. 洒水、碾压
307	沥青稳定碎石基层(ATB)			
307-1	沥青稳定碎石基层(ATB)	m^2	依据图纸所示级配类型、铺筑压实厚度按照铺筑的顶面面积以平方米为单位计量	1. 检查和清理下承层； 2. 拌和设备安装、调试、拆除； 3. 沥青铺筑材料加热、保温、输送，配运料，矿料加热烘干，拌和、出料； 4. 运输、摊铺、压实、成型； 5. 接缝； 6. 初期养护
308	透层和黏层			
308-1	透层	m^2	依据图纸所示沥青品种、规格、喷油量，按照洒布面积以平方米为单位计量	1. 检查和清扫下承层； 2. 材料制备、运输； 3. 试洒； 4. 沥青洒布车均匀喷洒并检测洒布用量； 5. 初期养护
308-2	黏层	m^2	依据图纸所示沥青品种、规格、喷油量，按照洒布面积以平方米为单位计量	1. 检查和清扫下承层； 2. 材料制备、运输； 3. 试洒； 4. 沥青洒布车均匀喷洒并检测洒布用量； 5. 初期养护
309	热拌沥青混合料面层			

续表

子目号	子目名称	单位	工程量计量	工程内容
309-1	细粒式沥青混凝土	m^2	依据图纸所示级配类型及铺筑压实厚度，按照铺筑的顶面面积以平方米为单位计量	1. 检查和清理下承层； 2. 拌和设备安装、调试、拆除； 3. 沥青加热、保温、输送，配运料，矿料加热烘干，拌和、出料； 4. 运输、摊铺、碾压、成型； 5. 接缝； 6. 初期养护
309-2	中粒式沥青混凝土	m^2	依据图纸所示级配类型及铺筑压实厚度，按照铺筑的顶面面积以平方米为单位计量	1. 检查和清理下承层； 2. 拌和设备安装、调试、拆除； 3. 沥青加热、保温、输送，配运料，矿料加热烘干，拌和、出料； 4. 运输、摊铺、碾压、成型； 5. 接缝； 6. 初期养护
309-3	粗粒式沥青混凝土	m^2	依据图纸所示级配类型及铺筑压实厚度，按照铺筑的顶面面积以平方米为单位计量	1. 检查和清理下承层； 2. 拌和设备安装、调试、拆除； 3. 沥青加热、保温、输送，配运料，矿料加热烘干，拌和、出料； 4. 运输、摊铺、碾压、成型； 5. 接缝； 6. 初期养护
310	沥青表面处治与封层			
310-1	沥青表面处治	m^2	依据图纸所示沥青种类、厚度、喷油量，按照沥青表面处治面积以平方米为单位计量	1. 检查和清理下承层； 2. 安拆除熬油设备； 3. 熬油、运油； 4. 沥青撒布车洒油； 5. 整形、碾压、找补； 6. 初期养护
310-2	封层	m^2	依据图纸所示沥青种类、厚度，按照封层面积以平方米为单位计量	1. 检查和清扫下承层； 2. 试验段施工； 3. 专用设备撒布或施工封层； 4. 整形、碾压、找补； 5. 初期养护
311	改性沥青及改性沥青混合料			
311-1	细粒式改性沥青混合料路面	m^2	依据图纸所示级配类型及压实厚度，按照铺筑的顶面面积以平方米为单位计量	1. 检查和清理下承层； 2. 拌和设备安装、调试、拆除； 3. 改性沥青混合料生产； 4. 混合料运输、摊铺、碾压、成型； 5. 接缝； 6. 初期养护

续表

子目号	子目名称	单位	工程量计量	工程内容
311-2	中粒式改性沥青混合料路面	m^2	依据图纸所示级配类型及压实厚度,按照铺筑的顶面面积以平方米为单位计量	1. 检查和清理下承层; 2. 拌和设备安装、调试、拆除; 3. 改性沥青混合料生产; 4. 混合料运输、摊铺、碾压、成型; 5. 接缝; 6. 初期养护
311-3	SMA 路面	m^2	依据图纸所示级配类型及压实厚度,按照铺筑的顶面面积以平方米为单位计量	1. 检查和清理下承层; 2. 拌和设备安装、调试、拆除; 3. 改性沥青混合料生产; 4. 混合料运输、摊铺、碾压、成型; 5. 接缝; 6. 初期养护
312	水泥混凝土面板			
312-1	水泥混凝土面板	m^3	依据图纸所示厚度和混凝土强度等级,按照铺筑体积以立方米为单位计量	1. 检查和清理下承层、洒水湿润; 2. 模板制作、架设、安装、修理、拆除; 3. 混凝土拌和物配合比设计、配料、拌和、运输、浇筑、振捣、真空吸水、抹平、压(刻)纹、养生; 4. 切缝、灌缝; 5. 初期养生
312-2	钢筋	kg	1. 依据图纸所示水泥混凝土路面钢筋按图示质量以千克(kg)为单位计量; 2. 因搭接而增加的钢筋作为附属工作,不另行计量	1. 钢筋的保护、储存及除锈; 2. 钢筋整直、连接; 3. 钢筋截断、弯曲; 4. 钢筋安设、支承及固定
313	培土路肩、中央分隔带回填土、土路肩加固及路缘石			
313-1	培土路肩	m^3	依据图纸所示断面尺寸,按照压实体积以立方米为单位计量	1. 挖运土; 2. 路基整修、培土、整形; 3. 分层填筑、压实; 4. 修整路肩横坡
313-2	中央分隔带回填土	m^3	依据图纸所示断面尺寸,按照压实后体积以立方米为单位计量	1. 挖运土; 2. 路基整修、培土、整形; 3. 分层填筑、压实;
313-3	现浇混凝土加固土路肩	m^3	依据图纸所示断面尺寸和混凝土强度等级,按照浇筑体积以立方米为单位计量	1. 路基整修; 2. 模板制作、安装、拆除、修理、涂脱模剂; 3. 混凝土拌和、制备、运输、摊铺、振捣、养生
313-4	混凝土预制块加固土路肩	m^3	依据图纸所示断面尺寸和混凝土强度等级,按照预制安装体积以立方米为单位计量	1. 预制场地平整,硬化处理; 2. 预制块预制、装运; 3. 路基整修; 4. 预制块铺砌、勾缝

续表

子目号	子目名称	单位	工程量计量	工程内容
313-5	混凝土预制块路缘石	m^3	依据图纸所示断面尺寸和混凝土强度等级，按照预制安装体积以立方米为单位计量	1. 预制场地平整，硬化处理； 2. 路缘石预制、装运； 3. 路基整修、基槽开挖与回填，废方弃运； 4. 基槽夯实； 5. 路缘石铺砌、勾缝； 6. 路缘石后背回填夯实
314	路面及中央分隔带排水			
314-1	排水管	m	依据图纸所示位置，分不同类型及规格，按埋设管长以米为单位计量	1. 基槽开挖填筑、废方弃运； 2. 垫层（基础）铺筑； 3. 排水管制作； 4. 安放排水管； 5. 接头处理； 6. 回填、压实； 7. 出水口处理
314-2	纵向雨水沟（管）	m	依据图纸所示位置，分不同类型及规格，按埋设长度以米为单位计量	1. 基槽开挖、废方弃运； 2. 垫层（基础）铺筑； 3. 模板制作、安装、拆除、修理； 4. 钢筋制作与安装； 5. 盖板预制及安装； 6. 混凝土拌和、运输、浇筑； 7. 养生； 8. 安放排水管； 9. 接头处理； 10. 回填、压实； 11. 出水口处理
314-3	集水井	座	依据图纸所示位置，分不同类型及规格，按设置的集水井数量，以座为单位计量	1. 基坑开挖及废方弃运； 2. 地基平整夯实，垫层及基础施工； 3. 模板制作、安装、拆除、修理； 4. 钢筋制作与安装； 5. 混凝土拌和、运输、浇筑、养生； 6. 井壁外围回填，夯实
314-4	中央分隔带渗沟	m	依据图纸所示位置，分不同类型，按埋设长度以米为单位计量	1. 基槽开挖、废方弃运； 2. 垫层（基础）铺筑； 3. 制管、打孔； 4. 安放排水管； 5. 接头处理； 6. 填碎石、铺设土工布； 7. 回填、压实
314-5	沥青油毡防水层	m^2	依据图纸所示位置，按铺设的防水层面积以平方米为单位计量	1. 下承层清理； 2. 喷涂黏结层； 3. 铺油毡； 4. 接缝处理

续表

子目号	子目名称	单位	工程量计量	工程内容
314-6	路肩排水沟	m	依据图纸所示位置及断面尺寸,按照不同类型的路肩排水沟的长度,以米为单位计量	1. 场地清理; 2. 地基平整夯实,排水沟断面补挖; 3. 铺设垫层; 4. 模板制作、安装、拆除; 5. 钢筋制作、安装; 6. 混凝土拌和、运输、浇筑、养生; 7. 预制件预制(现浇)、运输、装卸、安装; 8. 回填、清理
314-7	拦水带	m	依据图纸所示位置及断面尺寸,分不同类型,按照拦水带长度,以米为单位计量	1. 混凝土制作,运输,浇筑,振捣,养护,拆模,刷漆; 2. 开槽; 3. 预制块装运,安装,接缝防漏处理; 4. 沥青混凝土配运料、拌和、运输、摊铺、压实、成型、初期养护; 5. 清理
315	其他路面			
315-1	沥青贯入式碎石路面			
-a	石油沥青贯入式路面	m^2	依据图纸所示沥青品种、规格、压实厚度,按照铺筑的顶面面积以平方米为单位计量	1. 检查和清理下承层; 2. 安拆熬油设备;熬油、运油; 3. 主层集料摊铺、碾压; 4. 沥青撒布车洒油; 5. 铺撒嵌缝料; 6. 整形、碾压、找补; 7. 初期养护
-b	乳化沥青贯入式路面	m^2	依据图纸所示沥青品种、规格、压实厚度,按照铺筑的顶面面积以平方米为单位计量	1. 检查和清理下承层; 2. 主层集料摊铺、碾压; 3. 沥青撒布车洒油; 4. 铺撒嵌缝料; 5. 整形、碾压、找补; 6. 初期养护
315-2	上拌下贯式沥青碎石路面			
-a	石油沥青贯入式路面	m^2	依据图纸所示沥青品种、规格、压实厚度,按照铺筑的顶面面积以平方米为单位计量	1. 检查和清理下承层; 2. 安拆熬油设备、熬油、运油; 3. 下层集料摊铺、整平; 4. 沥青撒布车洒油; 5. 整形、碾压、找补; 6. 上层沥青混合料施工;拌和、运输、摊铺、碾压、整修; 7. 初期养护

续表

子目号	子目名称	单位	工程量计量	工程内容
-b	乳化沥青贯入式路面	m^2	依据图纸所示沥青品种、规格、压实厚度,按照铺筑的顶面面积以平方米为单位计量	1. 检查和清理下承层; 2. 安拆熬油设备、熬油、运油; 3. 下层集料摊铺、整平; 4. 沥青撒布车洒油; 5. 整形、碾压、找补; 6. 上层沥青混合料施工;拌和、运输、摊铺、碾压、整修; 7. 初期养护
315-3	贫混凝土基层	m^3	依据图纸所示厚度和混凝土强度等级,按照铺筑体积以立方米为单位计量	1. 检查和清理下承层、洒水; 2. 混凝土拌和、运输、摊铺; 3. 整平、整形; 4. 碾压、设置纵缝、横缝并灌入填缝料; 5. 初期养护
315-4	天然砂砾路面	m^2	依据图纸所示压实厚度,按照铺筑的顶面面积以平方米为单位计量	1. 检查和清理下承层、洒水; 2. 摊铺、整平、整形; 3. 洒水、碾压、找补
315-5	级配碎(砾)石路面	m^2	依据图纸所示沥青品种、规格、压实厚度,按照铺筑的顶面面积以平方米为单位计量	1. 检查和清理下承层、洒水; 2. 摊铺、整平、整形; 3. 洒水、碾压、找补
315-6	泥结碎(砾)石路面	m^2	依据图纸所示压实厚度,按照铺筑的顶面面积以平方米为单位计量	1. 清理下承层、洒水; 2. 铺筑材料拌和、运输; 3. 摊铺、整平; 4. 撒铺嵌缝材料、整形、洒水、碾压、找补,初期养护
315-7	整齐块石路面			
-a	水泥混凝土预制块路面	m^3	依据图纸所示厚度和混凝土强度等级,按照预制块铺筑体积以立方米为单位计量	1. 清理下承层; 2. 水泥混凝土预制块制备、养生、运输; 3. 找平层水泥砂浆制备、运输、铺筑; 4. 人工铺砌预制块、找平; 5. 灌注嵌缝砂浆或石屑; 6. 初期养护
-b	砖块路面	m^2	依据图纸所示砖块规格和铺筑厚度,按照铺筑的	1. 清理下承层; 2. 砖块制备、运输;
-c	块石路面	m^2	依据图纸所示块石规格和铺筑压实厚度,按照铺筑的顶面面积以平方米为单位计量	1. 检查和清理下承层; 2. 块石制备、运输; 3. 找平层水泥砂浆制备、运输、铺筑; 4. 人工铺砌砖块、找平; 5. 灌注嵌缝砂浆或石屑; 6. 初期养护
315-8	避险车道			
-a	避险车道制动坡床路面	m^3	依据图纸所示,分不同材料,按照铺筑的体积以立方米为单位计量	1. 检查和清理下承层、洒水; 2. 摊铺、整平、整形、找补

附录5　公路工程建设项目估算概算预算编制办法广西补充规定

一、适用范围

本补充规定适用范围与《公路工程建设项目投资估算编制办法》(JTG 3820-2018)、《公路工程建设项目概算预算编制办法》(JTG 3830-2018)、《公路工程估算指标》(JTG/T 3821-2018)、《公路工程概算定额》(JTG/T 3831-2018)、《公路工程预算定额》(JTG/T 3832-2018)、《公路工程机械台班费用定额》(JTG/T 3833-2018)(以下统称"新编办""新定额")的适用工程范

二、人工费

人工费单价(含机械人工、船员)全区统一为101.25元/工日;潜水员人工费单价为164元/工日。本人工费单价只作为编制投资估算、概算预算的依据,不作为施工企业实发工资的依据。

三、沿海地区工程施工增加费

沿海地区工程施工增加费适用于我区北海、钦州及防城港市受海风、海浪和潮汐影响施工的构造物Ⅱ、构造物川、技术复杂大桥、钢材和钢结构工程。

四、规费

规费包括施工企业应缴纳的养老保险费、失业保险费、医疗保险费、工伤保险费和住房公积金。本规费费率只作为编制投资估算、概算预算的依据,不作为施工企业实际缴纳相关费用的依据。

规费费率表

规费项目	养老保险费	医疗保险费(含生育保险)	失业保险费	工伤保险费	住房公积金	合计
费率(%)	16	7.5	0.5	1	8.5	33.5

五、税率

税率按财税部门规定税率执行。

六、新编办、新定额执行时间和要求

(一)2019年5月1日前已批准工程概算、预算的公路工程建设项目,造价不因新编办、新定额施行进行调整。

(二)2019年5月1日后上报的公路工程建设项目工程概算、预算,应按部新编办、新定额编制;但2019年5月1日前已通过设计文件行业审查的公路工程建设项目工程概算、预算仍按原编办及定额编制。

(三)2019年新开工地高网高速公路建设项目可按原编办及定额执行。

七、自2019年5月1日起,我厅原下发的《关于印发公路基本建设工程概算预算编制办法广西补充规定的通知》(桂交基建发〔2008〕62号)、《关于发布广西公路工程机械台班车船使用税标准的通知》(桂交基建发〔2009〕11号)同时废止。

参考文献

[1] 中华人民共和国交通运输部. 公路工程标准施工招标文件:2018 年版[S]. 北京:人民交通出版社,2018.

[2] 中华人民共和国交通运输部. 公路工程建设项目投资估算编制办法:JTG 3820—2018[S]. 北京:人民交通出版社,2018.

[3] 中华人民共和国交通运输部. 公路工程估算指标:JTG/T 3821—2018[S]. 北京:人民交通出版社,2018.

[4] 中华人民共和国交通运输部. 公路工程建设项目概算预算编制办法:JTG 3830—2018[S]. 北京:人民交通出版社,2018.

[5] 中华人民共和国交通运输部. 公路工程概算定额:JTG/T 3831—2018[S]. 北京:人民交通出版社,2018.

[6] 中华人民共和国交通运输部. 公路工程预算定额:JTG/T 3832—2018[S]. 北京:人民交通出版社,2018.

[7] 中华人民共和国交通运输部. 公路工程机械台班费用定额:JTG/T 3833—2018[S]. 北京:人民交通出版社,2018.

[8] 蔡跃. 职业教育活页式教材开发指导手册[M]. 上海:华东师范大学出版社,2020.

[9] 刘大君. 基于工作过程导向的项目化课程的设计——以建筑设备监控系统工程设计与施工课程为例[J]. 现代职业教育, 2020(35):148-149.

[10] 匡永萍,闫向琴. 公路工程造价编制[M]. 北京:人民交通出版社,2012.

[11] 曹佐,王虎盛. 公路工程造价与清单计价[M]. 北京:清华大学出版社,2020.

[12] 姜仁安,郭梅. 公路工程施工招投标[M]. 北京:机械工业出版社,2020.

高等教育路桥工程类专业系列教材

公路工程招投标与工程造价

GONGLU GONGCHENG ZHAOTOUBIAO YU GONGCHENG ZAOJIA

主 编 **张春艳 成德贤** / 副主编 **杨照叔 姚杏芬 银燕琼**
主 审 **黄泰群 兰秋足**

重庆大学出版社

内容提要

本书以《公路工程建设项目概算预算编制办法》（JTG 3830—2018）及《公路工程标准施工招标文件》（2018 年版）为编写依据，以编制公路工程项目招投标阶段的造价文件为主线，以真实工程项目为载体，设置一个实操训练项目和一个案例学习项目。每个项目以企业实际工作过程分别设置 5 个任务，分别是公路工程造价认知、公路工程造价管理软件操作、编制公路工程招标工程量清单、编制公路工程量清单招标控制价、编制公路工程量清单投标报价，每个任务都融入课程思政元素。

本书为新型活页式、工作手册式教材，分为 4 个部分，包括工作任务、案例项目、任务项目图纸和案例项目图纸，并配套数字化辅助教学资源。

本书适合作为应用型高等教育院校、职业院校工程造价、道路桥梁工程技术专业教材，也可作为相关专业工程技术人员学习公路工程招投标与工程造价的参考书。

图书在版编目（CIP）数据

公路工程招投标与工程造价 / 张春艳，成德贤主编
. -- 重庆 ：重庆大学出版社，2022.1
ISBN 978-7-5689-3144-1

Ⅰ. ①公… Ⅱ. ①张… ②成… Ⅲ. ①道路工程—招标—高等职业教育—教材②道路工程—投标—高等职业教育—教材③道路工程—工程造价—高等职业教育—教材
Ⅳ. ①U415.1

中国版本图书馆 CIP 数据核字（2022）第 019510 号

公路工程招投标与工程造价
主　编　张春艳　成德贤
副主编　杨照叔　姚杏芬　银燕琼
主　审　黄泰群　兰秋足
责任编辑：肖乾泉　　版式设计：肖乾泉
责任校对：邹　忌　　责任印制：赵　晟
*
重庆大学出版社出版发行
出版人：饶帮华
社址：重庆市沙坪坝区大学城西路 21 号
邮编：401331
电话：（023）88617190　88617185（中小学）
传真：（023）88617186　88617166
网址：http://www.cqup.com.cn
邮箱：fxk@cqup.com.cn（营销中心）
全国新华书店经销
重庆市国丰印务有限责任公司印刷
*
开本：889mm×1194mm　1/16　印张：22　字数：667 千　插页：8 开 49 页
2022 年 1 月第 1 版　　2022 年 1 月第 1 次印刷
印数：1—1 500
ISBN 978-7-5689-3144-1　定价：66.00 元

本书如有印刷、装订等质量问题，本社负责调换
版权所有，请勿擅自翻印和用本书
制作各类出版物及配套用书，违者必究

前　言

本书为新型活页式、工作手册式教材，包括工作任务、案例项目、任务项目图纸、案例项目图纸4个部分，并配套数字化辅助教学资源，是响应《国家职业教育改革实施方案》“建设一大批校企‘双元’合作开发的国家规划教材，倡导使用新型活页式、工作手册式教材并配套开发信息化资源”的要求，对道路桥梁工程技术专业工程造价课程教材进行的改革与创新。本书主要具有以下特点：

(1)以交通运输部颁布的《公路工程建设项目概算预算编制办法》(JTG 3830—2018)及《公路工程标准施工招标文件》(2018 年版)为编写依据，经过企业调研，由企业与学校合作共同编写而成。

(2)按照“以就业为导向，以培养学生综合职业能力为本位，以岗位需要为依据，满足学生职业生涯发展需求”的指导思想，以编制公路工程项目招投标阶段的造价文件为主线，以企业实际工作过程为教材结构，内容上突出“职业性、实用性、适用性”，以探究式、体验式学习设计为组织形式，详细介绍了招标控制价和投标报价的编制方法、步骤，可以实现学习过程记录和学习成果达成的目标，体现“项目导向、任务驱动”的教学原则，让学生在具体工程项目的招标工程量清单及招标控制价编制过程中掌握相关的技能与基础理论，以更好地适应“校企合作、工学结合”的人才培养模式。

(3)把“立德树人”贯穿教育教学全过程，实现全程育人、全方位育人的目标。在每个任务中根据课程内容恰当地融入了课程思政元素，贯彻“立德树人”的中心思想。

(4)为便于教学，本书配套数字化辅助教学资源。

(5)采用项目教学法，以任务驱动教学模式开展教学，根据课程设置融入课程思政元素，引导学生树立和培养远大理想、职业道德和工匠精神。通过本课程的学习，培养学生良好的职业素质，应用相关规范和公路工程造价软件编制工程量清单和招标控制价(投标报价)。

本书由广西建设职业技术学院张春艳、成德贤担任主编，广西建设职业技术学院杨照叔、姚杏芬及南宁学院银燕琼担任副主编。其中，任务 1 由姚杏芬负责编写，任务 2 由银燕琼负责编写，任务 3 由成德贤负责编写，任务 4 由张春艳负责编写，任务 5 由杨照叔负责编写，张春艳、成德贤负责编写工程项目造价文件。全书由重庆驰久工程咨询有限公司黄泰群和广西路桥工程集团有限公司兰秋足担任主审。

本书案例、任务评价参考答案均采用同望公路工程造价管理软件进行编制，编写中参考了国内有关著作、论文和公路工程项目实践案例，在此谨向有关专家、学者和工程技术人员表示衷心的感谢。

由于编者学识有限，书中难免存在不妥之处，有待于教学使用的检验，恳请读者提出宝贵意见。

编　者

2021 年 10 月

本书课程思政元素

页码	内容索引	问题引导	课程思政元素
74	公路工程造价管理软件	目前常用的公路工程造价管理软件有哪些？面对同望科技股份有限公司这一强劲对手，珠海纵横创新软件有限公司和昆明海巍科技有限公司怎样通过创新来发展和竞争公路工程造价管理软件市场？	创新与竞争 拓展学习
70	公路工程招标方式	1. 公路工程招投标方式有哪几种？ 2. 公路建设项目筹集建设资金的方式有哪些？ 3. 超级工程如新世界七大奇迹之一“港珠澳大桥”，如何招标？	国家利益 科学精神 团队合作 创新意识
69	各阶段招标文件	当成本控制与安全施工产生冲突时，应该如何取舍？	成本与安全
105	编制工程量清单	《公路工程标准施工招标文件》(2018 年版)中的清单子目单位与设计图纸工程数量表中的单位不一致时，以前者单位还是后者单位为准？	规则意识 认真细致 责任心
106	编制工程量清单 100 章	1. 除一般步骤外，编制工程量清单还需要考虑哪些其他因素？ 2. 编制工程量清单时，如何避免漏项？	全局观 发展观 严谨 责任心
92	编制招标控制价	编制招标控制价时间短、精度要求高，如何提高工作效率？	统筹规划 团队合作 沟通交流
165	编制招标控制价	为避免影响招标，编制招标控制价应注意什么？	科学精神 责任心 实事求是 公平公正
133	定额选择	作为一名造价员，当设计图出现了未接触过的施工工艺时，应该如何套用定额？	科学精神 实事求是 严谨
157	定额调整	1. 港珠澳大桥、杭州湾跨海大桥等工程建设过程涉及大量的新标准、新工艺、新技术、新设备，相关定额标准缺项的条件下，其造价如何编制？ 2. 计价过程设计与定额不符时，定额无相同材料、机械时，如何利用定额？	科学精神 创新精神
139	税金	现行国家税法规定的个人所得税起征点是多少？	法律意识 完税意识
171	投标报价	造价员是否可以将投标报价告知他人？	职业操守 法律意识
168	投标报价	投标时，怎么避免废标？	规则意识 严谨 责任心

本书配套资源表

序号	资源名称	资源类型	页码
1	同望公路造价软件操作-新建项目及填写属性	微课	84
2	同望公路造价软件操作-编制清单及套用定额	微课	84
3	同望公路造价软件操作-定额选择	微课	84
4	同望公路造价软件操作-工料机汇总及取费	微课	84
5	同望公路造价软件操作-项目文件备份及交互共享	微课	85
6	纵横公路造价软件操作-编制清单	微课	89
7	工程量清单及招标控制价导读	微课	92
8	工程量清单基础	微课	92
9	路基土石方压实方与天然方换算系数应用	微课	97
10	路基土石方工程量清单编制-列项	微课	98
11	路基土石方工程量清单编制-确定清单工程量	微课	99
12	同望公路造价软件进行路基土石方工程量清单列项示例	微课	100
13	路基排水工程工程量清单编制-复核图纸	微课	100
14	路基排水工程工程量清单编制-列项及确定清单工程量	微课	101
15	路面工程工程量清单编制	微课	102
16	第100章总则清单编制	微课	105
17	工程量清单汇总表编制	微课	107
18	工程量清单固化	微课	108
19	如何确定工程的取费类别	微课	115
20	工地转移费费率之内插法	微课	119
21	公路工程预算定额组成与运用	微课	123
22	查书章节法查定额	微课	125
23	软件章节法查定额	微课	125
24	软件智查法查定额	微课	125
25	如何编制路基土石方工程量清单单价	微课	126
26	怎样确定清单子目的定额组价方案	微课	128
27	路基土石方工程施工	短视频	128
28	路基土石方工程施工机械	短视频	128
29	软基处理-自动落锤式强夯锤强夯	短视频	128
30	软基及高填方路基处理-冲击碾压	短视频	128
31	机械台班预算单价计算示例	微课	133

续表

序号	资源名称	资源类型	页码
32	如何填写单价分析表	微课	136
33	工料机费与定额工料机费有何不同	微课	138
34	路基排水工程施工	短视频	140
35	如何编制路基排水工程工程量清单单价	微课	140
36	涵台背回填砂石-人工打夯机夯实	短视频	140
37	涵台背回填砂性土-液压强夯机夯实	短视频	140
38	涵台背回填砂石-液压强夯机夯实	短视频	140
39	与混凝土配合比有关的定额调整	微课	143
40	与钢筋有关的定额调整	微课	144
41	定额工程量计算方法	微课	148
42	材料预算价格计算方法	微课	148
43	同望公路造价软件进行工料机预算单价计算操作示例	微课	148
44	路面施工工艺流程	短视频	149
45	路面水泥稳定碎石基层施工机械设备	短视频	149
46	水泥混凝土路面施工机械设备	短视频	149
47	沥青混凝土路面施工机械设备	短视频	149
48	如何编制路面工程工程量清单单价	微课	149
49	沥青混凝土路面施工-摊铺	短视频	150
50	沥青混凝土路面施工-初压	短视频	150
51	沥青混凝土路面施工-复压	短视频	150
52	沥青混凝土路面施工-终压	短视频	150
53	沥青混凝土路面铣刨	短视频	153
54	平地机铺筑水泥稳定碎石层施工	短视频	153
55	与路面厚度有关的定额调整	微课	154
56	与水泥稳定碎石配合比有关的定额调整	微课	155
57	厂拌混合料的平均运距计算	微课	156
58	增运运距是几倍	微课	157
59	路面分层施工的定额调整	微课	157
60	同望公路造价软件调整工料机定额消耗量的操作方法	微课	157
61	第 100 章清单单价编制方法	微课	161
62	编制投标报价方法	微课	168
63	同望公路造价软件操作-分摊与调价	微课	170

目　录

第1部分　工作任务

第2部分 案例项目

第 3 部分 任务项目图纸

第 4 部分 案例项目图纸

第1部分　工作任务

任务项目导读

陆塞至和驰高速公路为新建公路项目，其中No.10合同段位于广西壮族自治区河池市金城江区境内，起点位于河池市陆塞镇附近，起点桩号为YK86+198(ZK86+200)，终点位于河池市和驰镇地吴村以西600 m附近，终点桩号为K96+880，路线全长10.682 km。路基宽度为26.0 m，采用三层式沥青混凝土路面。

该项目已经在中国采购与招标网、广西招标网等发布了招标信息，距离开标时间还有21天。接到编制招标控制价的任务后，招标委托人要求在开标前5天公布招标控制价(最高投标限价)。

陆塞至和驰高速公路No.10合同段项目在国家指定的媒体网络上公开发布招标信息后，共有15家施工单位报名参与项目投标。

模块 1　公路工程造价基础

任务 1　公路工程造价认知

1.1　任务引入

为完成陆塞至和驰高速公路 No. 10 合同段招标和投标工作任务，首先要对公路工程造价相关知识有一定认知。例如：了解公路工程建设项目的建设程序，招投标阶段的招标工作和投标工作在建设程序中的地位和作用；招标人的招标工作和施工单位的投标工作中，与公路工程造价相关的主要内容有哪些，怎样才能完成这些相关造价文件的编制。

1.2　学习目标

素质目标	1. 全过程造价分析，逐级地深化与精准，理解工程造价的科学发展观 2. 从专业发展和学长经历分享，塑造价值观 3. 翻转学习，高效利用时间，树立正确的人生观、价值观
知识目标	1. 公路工程建设项目的建设程序 2. 招投标阶段的造价文件 3. 编制造价文件的依据
能力目标	1. 以“预则立，不预则废”强调预习与自学的重要性，培养独立思考和分析问题的能力 2. 能够对不同阶段造价文件选择合适的造价依据

1.3　任务书

通过阅读公路工程造价概述，学习公路工程造价的基础知识，知道公路工程建设各阶段的造价工作及其依据、方法，能够明确项目招投标阶段有哪些造价工作，招标人和投标人要编制哪些造价文件，编制造价文件的依据和方法是什么。

1.4　任务实施

学习完公路工程造价基础知识，请完成以下任务：

①政府投资公路建设项目与企业投资公路建设项目，在建设程序上有什么不同？

②建设程序有：工可、立项、技术设计、初步设计、施工图设计、决算、项目招标、项目实施、项目后评价，将以上建设程序按正确顺序排列。

③在陆塞至和驰高速公路 No.10 合同段项目招标阶段，招标人和投标人分别要完成哪些造价工作？

④列出公路工程施工图设计及招投标阶段编制造价的主要依据。现在执行的是哪一年的版本？

1.5　评价及反馈(表 1.1.1)

表 1.1.1　学习情况评价表

评价指标		权重(%)	自评分	组内互评	教师评分	综合评分
知识与能力	造价知识认知	50				综合评分
	造价依据选择	20				
素质		30				
合计						

任务2 公路工程造价管理软件操作

2.1 任务引入

随着社会发展步入信息化时代,交通行业的造价文件编制工作变得高效、快捷,应用公路工程造价管理软件编制完成造价文件是当前完成造价工作的必备技能。在陆塞至和驰高速公路 No.10 合同段土建施工招标阶段,需要编制招标控制价和投标报价。这就要求我们必须掌握公路工程相关造价管理软件操作,并能够熟练应用它们完成造价工作任务。

2.2 学习目标

素质目标	1. 对比软件发展,激发创新意识 2. 操作过程中培养协作共进的团队精神 3. 培养刻苦训练、踏踏实实、干一行爱一行的敬业精神
知识目标	1. 同望公路工程造价管理软件 2. 纵横公路工程造价管理软件
能力目标	1. 学会造价软件基本操作 2. 能够应用软件完成一般造价的编制流程

2.3 任务书

应用公路工程造价管理软件完成陆塞至和驰高速公路 No.10 合同段工程量清单计价文件编制,包括新建项目、列清单项并填写相应工程量、选套定额并填写相应工程量、工料机分析及汇总、取费、计算、报表预览、导出导入文件等操作,并通过反复训练,熟悉软件各操作界面功能,达到熟练应用。

2.4 任务实施

1)新建项目和造价文件

根据陆塞至和驰高速公路 No.10 合同段项目概况,完成新建项目和造价文件任务。

2)设置界面操作

将自动保存文件时间设为 5 ~ 10min,不自动填写工程量,自动计算造价,工程量、消耗量、费用显示 3 位小数,单价显示 2 位小数。

3)预算书界面操作

按表 1.1.2 所示内容,在软件上列出工程量清单子目,并选择定额,填入工程量。

表 1.1.2 预算书界面操作基础数据

清单子目号	定额编号	子目或定额名称	单位	数量
102-3		安全生产费	总额	1
203-1		路基挖方		

续表

清单子目号	定额编号	子目或定额名称	单位	数量
-c		挖除非适用材料(不含淤泥、岩盐、冻土)(含5 km运输)	m^3	18590
	1-1-9-8	2.0 m^3以内挖掘机挖装普通土	1000 m^3天然密实方	18590
	1-1-11-13	30 t以内自卸汽车运输土1 km	1000 m^3天然密实方	18590
207-1		边沟		
-a		M7.5浆砌片石	m^3	4720
	1-3-1-2	人工开挖石方	1000 m^3	6294
	1-3-3-1	浆砌片石边沟	10 m^3	4720
	4-11-6-17	水泥砂浆抹面厚2 cm	100 m^2	2951

4)工料机汇总界面操作

①填写广西人工、机械工预算单价:101.25元/工日。

②计算32.5级水泥预算单价,将结果填入相应表中,相关参数如表1.1.3所示。

表1.1.3 材料预算单价计算参数表

原价(元/t)	起讫地点	运输方式	运距(km)	运价(元/t·km)	装卸次数	装卸单价(元/t)	其他费用	预算单价(元/t)
310	河池水泥厂—工地	汽车	6.3	0.44	1	3.20	0	

③计算代号为8007020的30 t以内自卸汽车台班单价,将结果填入相应表中,相关参数如表1.1.4所示。

表1.1.4 机械台班预算单价计算参数表

机械工预算单价(元/工日)	柴油预算单价(元/kg)	车船使用税标准	养路费	不变系数	机械台班预算价(元/台班)
101.25	6.32	《广西壮族自治区交通工程造价管理站关于公布广西公路工程机械台班车船使用税标准的函》(桂交监造价函〔2019〕16号)	0	1.0	

5)取费程序界面操作

根据表1.1.5所示信息填写取费费率参数。

表1.1.5 取费费率参数表

费率信息	取费参数信息
费率标准	《广西壮族自治区交通运输厅关于印发公路工程建设项目估算概算预算编制办法广西补充规定的通知》(桂交建管发〔2019〕39号)
雨季施工	河池市属于Ⅱ区,5个月

续表

费率信息	取费参数信息
冬季、夜间、高原、风沙、沿海施工、行车干扰、职工取暖	不计
施工辅助、基本费用、职工探亲、财务费用、辅助生产、利润	计
工地转移(km)	250
综合里程(km)	5
税金(%)	9
基价系数	1.0

在表1.1.6中填写综合费率。

表1.1.6 综合费率表

工程类别	费率				
01 土方	措施费Ⅰ(%)	措施费Ⅱ(%)	企业管理费(%)	规费(%)	利润(%)

6)项目文件备份

将陆塞至和驰高速公路No.10合同段造价文件,分别导出为项目文件(.ecpt文件)和造价文件(.ecbt文件)。

7)项目文件交互共享

将陆塞至和驰高速公路No.10合同段造价文件导入造价管理软件,将新的造价文件名称改为“陆塞至和驰高速公路No.11合同段”。

8)完成任务需要解决的问题

①怎样确定陆塞至和驰高速公路No.10合同段项目处于哪个工程建设阶段?要进行哪些造价工作?

②新建项目时,如果工程阶段选择错误,会有什么影响?

③新建造价文件时,如果计价依据选择错误,会有什么影响?

2.5 评价及反馈(表1.1.7)

表1.1.7 学习情况评价表

<table>
<tr><th colspan="2">评价指标</th><th>权重(%)</th><th>自评分</th><th>组内互评</th><th>教师评分</th><th rowspan="9">综合评分</th></tr>
<tr><td rowspan="7">知识与能力</td><td>新建文件</td><td>10</td><td></td><td></td><td rowspan="7"></td></tr>
<tr><td>设置参数</td><td>10</td><td></td><td></td></tr>
<tr><td>预算书</td><td>15</td><td></td><td></td></tr>
<tr><td>工料机</td><td>15</td><td></td><td></td></tr>
<tr><td>取费</td><td>10</td><td></td><td></td></tr>
<tr><td>导出</td><td>10</td><td></td><td></td></tr>
<tr><td>导入</td><td>10</td><td></td><td></td></tr>
<tr><td colspan="2">素质</td><td>20</td><td></td><td></td><td></td></tr>
<tr><td colspan="3">合计</td><td></td><td></td><td></td><td></td></tr>
</table>

模块 2　公路工程土建施工招标与招标控制价

任务 3　编制公路工程招标工程量清单

3.1　任务引入

我们已接受编制陆塞至和驰高速公路 No. 10 合同段招标控制价的任务，招标人要求在开标前 5 天公布招标控制价(最高投标限价)。我们怎样完成编制招标控制价任务呢?

编制招标控制价应根据招标项目的设计图纸及招标文件要求，需要先编制招标工程量清单。

3.2　学习目标

素质目标	1. 以招标时的团队协作培养团队意识 2. 在自主学习中领会不同造价软件的优势，激发创业创新意识 3. 从失误教训中反思分析，提高责任意识 4. 从清单的完善性探讨对工程项目实施的影响，提出坚守职业道德和工匠精神
知识目标	1. 公路工程工程量清单组成 2. 公路工程工程量清单计量规则 3. 公路工程工程量清单编制方法 4. 土石方换算系数 5. 路基排水及路面工程分类与构造
能力目标	1. 能编制本项目的路基土石方、排水、防护、路面工程工程量清单 2. 能从设计图纸上正确摘取和计算清单工程量 3. 能够应用公路工程造价软件完成上述工作

3.3　任务书

根据公路项目基本建设程序及其相应造价文件编制要求，陆塞至和驰高速公路 No. 10 合同段工程项目处于招投标阶段，进行的是土建施工招标。受招标人委托，第一步应编制招标项目招标文件的主要部分，即第五章工程量清单。

3.4　任务实施

通过本书第 2 部分案例项目的学习，分章节完成编制工程量清单的任务。

任务单 1　编制第 200 章路基土石方工程工程量清单

1) 实施步骤

步骤 1：回顾附录 3 工程量清单第 200 章路基土石方工程工程量清单。

步骤2：梳理设计图纸中的路基土石方工程。

梳理陆塞至和驰高速公路 No.10 合同段的路基土石方工程量，填入表1.2.1。

表1.2.1　土石方工程数量

工程数量梳理情况	图纸数量表摘录

挖土方包括挖________和挖________，挖石方包括挖________挖________和挖________；

本项目挖普通土________m³，挖硬土________m³，挖软石________m³，挖次坚石________m³，挖坚石________m³；

请复核：

挖方总量＝________________________________

序号	起讫桩号	长度(m)	挖方(m³)					
			总数量	土方		石方		
				普通土	硬土	软石	次坚石	坚石
1	2	3	4	5	6	7	8	9
29	合计	8649.72	1150077	66291	275071	284992	516193	7530

填方总量＝________________________________；

填方中（有/无）利用土石填方，（有/无）借方；

（以下以天然密实方为单位）

本项目利用普通土填方________m³，

利用硬土填方________m³，

利用软石填方________m³，

利用次坚石填方________m³，

利用坚石填方________m³，

借普通土填方________m³，

借硬土填方________m³

填方数量(m³)			
总数量	填土石	填石	码砌石方
10	11	12	13
1290438	1290438		

填方(自然方)									
利用方(m³)					借方(m³)			合计(m³)	
普通土	硬土	软石	次坚石	坚石	普通土	硬土	软石	土	石
14	15	16	17	8	19	20	21	22	23
30504	274537	284992	498612	467	71496	107246		399158	784071

本项目（有/无）弃方，如有，请复核：

弃普通土________m³，

弃硬土________m³，

弃软石________m³，

弃次坚石________m³，

弃坚石________m³，

总弃方量＝________________________________

弃方(m³)					机械碾压(m³)		备注
普通土	硬土	软石	次坚石	坚石	土方	石方	
24	25	26	27	28	30	31	32
35787	534		644		438187	852251	换填次坚石 16937 m³，坚石 7063 m³

汇总挖方、填方、利用方和借方工程量，填入表 1.2.2，土石方换算请写出计算式。

表 1.2.2　土石方工程数量统计表

挖方		填方		利用方			借方		
土石类	数量（天然方）	土石类	数量（压实方）	土石类	数量（天然方）	数量（压实方）	土石类	数量（天然方）	数量（压实方）
普通土		填土石		普通土			普通土		
硬土				硬土			硬土		
软石		码砌石方		软石					
次坚石				次坚石					
坚石				坚石					
合计		合计		合计			合计		

步骤 3：初编工程量清单。

步骤 4：检查完善工程量清单。

初编并完善第 200 章路基土石方工程量清单，填入表 1.2.3。

表 1.2.3　工程量清单表

清单　第 200 章　路基			
子目号	子目名称	单位	数量计算过程及结果

步骤5:用造价软件列出工程量清单。

2)完成任务需要解决的问题

①要做到路基土石方平衡,挖方、填方、利用方、弃方、借方之间应满足什么关系?

②路基土石方挖方、填方、利用方、弃方、借方中,哪些按天然密实体积计算,哪些按压(夯)实后的体积计算?

③为什么公路等级越高,其压实方换算天然密实方系数会越大?请说说你的理解。

④怎么理解“路基填方为借方时，则压实方换算天然密实方系数应在原系数基础上增加0.03的损耗”？

⑤对于设计图纸中出现的内容，在《公路工程标准施工招标文件》(2018年版)中没有找到对应的子目项时，应如何列其清单？依据是什么？

⑥挖方中的运输运距如何确定？

3)任务评价及反馈(表1.2.4)

表1.2.4　学习情况评价表

<table>
<tr><th colspan="2">评价指标</th><th>权重(%)</th><th>自评分</th><th>组内互评</th><th>教师评分</th><th rowspan="6">综合评分</th></tr>
<tr><td rowspan="4">知识与能力</td><td>设计图纸梳理</td><td>20</td><td></td><td></td><td rowspan="4"></td></tr>
<tr><td>工程量清单列项</td><td>20</td><td></td><td></td></tr>
<tr><td>清单工程量计算</td><td>20</td><td></td><td></td></tr>
<tr><td>软件完成任务的时间质量</td><td>20</td><td></td><td></td></tr>
<tr><td colspan="2">素质</td><td>20</td><td></td><td></td><td></td></tr>
<tr><td colspan="3">合计</td><td></td><td></td><td></td><td></td></tr>
</table>

任务单2　编制第200章路基排水构造物工程量清单

1)实施步骤

步骤1:回顾附录3工程量清单第200章路基排水工程工程量清单。

步骤2:梳理设计图纸中的路基排水工程。

根据陆塞至和驰高速公路No.10合同段工程设计图纸,以K96+860~K96+880段为例,复核图纸工程量,填入表1.2.5。

表1.2.5　边沟工程量复核

<table>
<tr><td rowspan="3">起讫桩号</td><td rowspan="3">工程名称</td><td rowspan="2">位置及数量</td><td colspan="9">工程数量</td></tr>
<tr><td>材料及部位</td><td>M7.5浆砌片石</td><td>C20现浇混凝土台帽</td><td>M10砂浆抹面</td><td>C30混凝土盖板</td><td>HPB300 Φ8钢筋</td><td>HRB400 Φ14钢筋</td><td>开挖基础</td></tr>
<tr><td>右/m</td><td>单位</td><td>m³</td><td>m³</td><td>m³</td><td>m³</td><td>kg</td><td>kg</td><td>m³</td></tr>
<tr><td>K96+860~K96+880</td><td>矩形边沟</td><td></td><td>总工程数量</td><td></td><td></td><td></td><td></td><td></td><td></td><td></td></tr>
</table>

工程量计算过程:

水沟底边总长:

台帽厚度:

开挖基础土方:

浆砌片石沟身:

C20混凝土台帽:

M10砂浆抹面:

盖板数量:

C30预制盖板:

带肋钢筋:

光圆钢筋:

步骤3:初编工程量清单。

步骤4:检查完善工程量清单。

初编并完善第200章路基排水工程工程量清单,填入表1.2.6。

表 1.2.6　工程量清单表

清单　第 200 章　路基			
子目号	子目名称	单位	数量

步骤 5:用造价软件列出工程量清单。

2)完成任务需要解决的问题

①按《公路工程标准施工招标文件》(2018 年版)第五章工程量清单第 200 章初步编制的路基排水工程工程量清单,应从哪些方面检查完善?

②按混凝土结构物施工的方式不同,应如何列工程量清单?

3)任务评价及反馈(表 1.2.7)

表 1.2.7　学习情况评价表

评价指标		权重(%)	自评分	组内互评	教师评分	综合评分
知识与能力	设计图纸梳理	20				
	工程量清单列项	20				
	清单工程量计算	20				
	软件完成任务时间质量	20				
素质		20				
合计						

任务单3　编制第300章路面工程量清单

1) 实施步骤

步骤1:回顾附录3工程量清单第300章路面工程工程量清单范本。

步骤2:梳理设计图纸中的路面工程。

本项目的路面工程主要内容有:________________。

本项目路面工程设计图纸分析如下:

路面结构类型有:________________。

路面结构及功能层由底至上共________层,分别是:________________

____

路面附属结构主要包括:________________。

步骤3:初编工程量清单。

步骤4:检查完善工程量清单。

初编并完善第300章路面工程工程量清单,填入表1.2.8。

表1.2.8　工程量清单表

清单　第300章　路面			
子目号	子目名称	单位	数量

步骤5:用造价软件列出工程量清单。

2）完成任务需要解决的问题

①列路面工程量清单项时，应注意哪些问题？

②列路面工程量清单时，本项目沥青混合料路面与案例项目的水泥混凝土路面有什么不同？

③本项目路面面层采用什么类型的沥青和碎石材料？

④计算路面工程清单工程量时，应注意哪些问题？

⑤《公路工程标准施工招标文件》(2018 年版)第五章工程量清单中的清单子目单位与设计图纸工程数量表中的单位不一致时，以前者单位还是后者单位为准？

3）任务评价及反馈（表 1.2.9）

表 1.2.9 学习情况评价表

<table>
<tr><td colspan="2">评价指标</td><td>权重(%)</td><td>自评分</td><td>组内互评</td><td>教师评分</td><td rowspan="6">综合评分</td></tr>
<tr><td rowspan="4">知识与能力</td><td>设计图纸梳理</td><td>20</td><td></td><td></td><td rowspan="4"></td></tr>
<tr><td>工程量清单列项</td><td>20</td><td></td><td></td></tr>
<tr><td>清单工程量计算</td><td>20</td><td></td><td></td></tr>
<tr><td>软件完成任务时间质量</td><td>20</td><td></td><td></td></tr>
<tr><td colspan="2">素质</td><td>20</td><td></td><td></td><td></td></tr>
<tr><td colspan="3">合计</td><td></td><td></td><td></td><td></td></tr>
</table>

任务单 4　编制第 100 章总则清单

根据陆塞至和驰高速公路 No. 10 合同段工程的招标文件获取以下信息：

“不计保险费，安全生产费不作为竞争性费用，信息化系统指定暂估价 200000 元。”

“查阅陆塞至和驰高速公路 No. 10 合同段设计图纸可知，设计中还包括____等，与这些相关的内容也是应该列出的清单项。”

“承包人施工驻地根据招标文件技术规范要求，需计列。”

根据以上分析，初编并完善陆塞至和驰高速公路 No. 10 合同段招标工程量清单第 100 章列项，填入表 1.2.10。

表 1.2.10　工程量清单表

清单　第 100 章　总则					
子目号	子目名称	单位	数量	单价	合价

1)完成任务需要解决的问题

本项目第100章总则清单，必须列出《公路工程标准施工招标文件》(2018年版)中第100章所列的全部清单项吗？第100章应根据什么列项？

2)任务评价及反馈(表1.2.11)

表1.2.11 学习情况评价表

评价指标		权重(%)	自评分	组内互评	教师评分	
知识与能力	工程量清单列项	40				综合评分
	清单工程量计算	10				
	软件完成任务时间质量	30				
素质		20				
合计						

任务单 5　工程量清单固化

学习案例项目中工程量清单固化方法，明确固化的内容和需要编辑的计算式，对陆塞至和驰高速公路 No. 10 合同段招标工程量清单进行固化。

1）完成任务需要解决的问题

①招标工程量清单固化主要是锁定哪些不允许投标人修改的内容？

②工程量清单中，需要编辑计算式的有哪几项？写出需要编辑的计算式。

2）任务评价及反馈（表 1.2.12）

表 1.2.12　学习情况评价表

<table>
<tr><td colspan="2">评价指标</td><td>权重（%）</td><td>自评分</td><td>组内互评</td><td>教师评分</td><td rowspan="7">综合评分</td></tr>
<tr><td rowspan="4">知识与能力</td><td>固化单价</td><td>20</td><td></td><td></td><td rowspan="4"></td></tr>
<tr><td>固化章合计及合价</td><td>20</td><td></td><td></td></tr>
<tr><td>固化汇总表</td><td>20</td><td></td><td></td></tr>
<tr><td>完成任务时间质量</td><td>20</td><td></td><td></td></tr>
<tr><td colspan="2">素质</td><td>20</td><td></td><td></td><td></td></tr>
<tr><td colspan="3">合计</td><td></td><td></td><td></td></tr>
</table>

3.5 任务成果

1)成果文件

提供陆塞至和驰高速公路 No.10 合同段固化工程量清单 Excel 电子文件。

2)清单编制小结

(提示:主要从清单编制的依据、步骤、方法、注意事项等方面进行小结,如有对教学的意见建议,也请写出。)

3.6 评价及反馈(表 1.2.13)

表 1.2.13 学习情况评价表

评价内容	任务单 1	任务单 2	任务单 3	任务单 4	任务单 5	成果	小结	综合评分
分值								

任务4　编制公路工程量清单招标控制价

4.1　任务引入

我们已接到编制陆塞至和驰高速公路No.10合同段招标控制价的任务,招标人要求在开标前5天公布招标控制价(最高投标限价)。

目前,根据招标项目的设计图纸及招标文件要求,完成了招标工程量清单编制。下一步任务是编制工程量清单计价文件并形成招标控制价,其中最主要的工作是计算工程量清单子目单价。

4.2　学习目标

素质目标	1.以招标时的团队协作培养团队意识 2.以招标控制价的重要性来获得认同感,建立信心,提升自身的专业能力及专业素养 3.以训练过程的思考,培养科学思维 4.从招标控制价编制的严谨性,提出坚守职业道德和工匠精神 5.从招标控制价的保密性,提出加强法律意识,严格职业操守
知识目标	1.工程量清单单价组成 2.建设项目费用组成 3.工程量清单单价编制方法及步骤 4.公路工程预算定额 5.预算定额的调整换算方法 6.公路工程建设项目概预算编制办法
能力目标	1.能编制本项目的路基土石方、排水、路面工程等章节清单子目单价及合价 2.能够导出及打印报表 3.能够应用造价软件完成上述工作

4.3　任务书

在陆塞至和驰高速公路No.10合同段土建施工招标阶段,已完成编制招标文件和招标工程量清单工作,下一步任务是编制工程量清单计价文件并形成招标控制价。

该项目路面混合料运输的平均运距为2.8 km。

经过询价,本项目材料原价及运输信息如表1.2.14所示。

表1.2.14　材料预算单价计算参数表

序号	名称	单位	原价(元)	起讫地点	运输方式	运距(km)	单位运价(元/t·km)	装卸费(元/t·次)	装卸次数	其他费用(元/t)	预算单价
1	光圆钢筋	t	3600	河池钢材厂—工地	汽车	30	0.44	3.2	1	5	
2	带肋钢筋	t	3600								

续表

序号	名称	单位	原价（元）	起讫地点	运输方式	运距（km）	单位运价（元/t·km）	装卸费（元/t·次）	装卸次数	其他费用（元/t）	预算单价
3	32.5 级水泥	t	310	河化集团群山水泥厂—工地	汽车	6.3	0.44	3.2	1	0	
4	石油沥青	t	3700	南宁—工地	汽车	280	0.44	3.9	1	15	
5	改性沥青	t									4870
6	橡胶沥青	t									4100
7	改性乳化沥青	t									3000
8	岩沥青	t									3410
9	重油	kg									4.1
10	汽油	kg									7.02
11	柴油	kg									6.32
12	电	kW·h									1.92
13	水	m^3									2.22
14	砂（各类）	m^3	68	六甲梅洞石场—工地	汽车	6.3	0.4	1.5	1	0	
15	片石	m^3	50	六甲梅洞石场—工地	汽车	6.3	0.4	1.5	1	0	
16	碎石（各类石灰岩碎石）	m^3	70	六甲梅洞石场—工地	汽车	6.3	0.4	1.5	1	0	
17	路面用石屑	m^3	80	六甲梅洞石场—工地	汽车	6.3	0.4	1.5	1	0	
18	辉绿岩碎石	m^3	90	田东那拔石场—工地	汽车	240	0.4	2	1	0	

注：表中未列出的材料，预算单价采用定额单价。

有关取费费率参数如表 1.2.15 所示。

表 1.2.15　取费费率参数表

费率信息	参数要求
工地转移（南宁—工地）（km）	250
综合里程（沿线乡镇）（km）	5

4.4 任务实施

通过第2部分案例项目学习,分章节完成编制工程量清单单价的任务。

任务单1 编制第200章路基土石方工程量清单单价

1)实施步骤

步骤1:分析清单子目的计量规则。

通过案例项目回顾路基土石方工程工程量清单计量规则。

步骤2:清单子目选套定额,填入表1.2.16。

根据本项目路基土石方工程的清单子目工程内容,选套正确定额,并将部分结果填入表1.2.16中。

步骤3:计算定额工程量,填入表1.2.16。

步骤4:分析消耗的资源及数量,计算工料机预算价格。

①分析清单子目工作的工料机消耗量。

通过查找清单子目对应的定额,求出清单子目工作的资源消耗量。

试在表1.2.17中,分析【203-1-c挖除非适用材料(不含淤泥、岩盐、冻土)(含5 km运输)】的资源消耗量,该工作拟采用的机械为2.0 m^3以内履带式液压单斗挖掘机和装载质量30 t以内自卸汽车。

②确定人工和机械台班预算单价。

a.确定人工预算单价。根据《公路工程建设项目估算概算预算编制办法广西补充规定》(桂交建管发〔2019〕39号)(简称《部颁编制办法广西补充规定》),人工费单价(含机械人工、船员)全区统一为______元/工日,潜水员人工费单价为______元/工日。

b.确定机械台班预算单价。在表1.2.18中计算装载质量30 t以内自卸汽车(代号8007020)的台班预算单价,已知机械的车船税为1.36元/台班,不计养路费。

步骤5:计算措施费及企业管理费。

①根据工程类别的划分标准,确定各定额子目的工程类别,填入表1.2.16。

②根据《公路工程建设项目概算预算编制办法》(JTG 3830—2018),将措施费各项费率填入表1.2.19,企业管理费各项费率填入表1.2.20。

③在表1.2.17中完成措施费、企业管理费的计算。

步骤6:计算规费、利润及税金。

根据《部颁编制办法广西补充规定》《公路工程建设项目概算预算编制办法》(JTG 3830—2018)及国家现行有关税项规定,在表1.2.17中完成规费、利润及税金的计算。

步骤7:用造价软件完成清单子目单价、合价及章合计计算。

①在表1.2.17中完成指定清单子目的单价计算。

②陆塞至和驰高速公路No.10合同段路基土石方清单的单价、合价、章合计结果填入表1.2.21。

③利用公路工程造价软件完成路基土石方工程工程量清单计价,导出块文件。

表 1.2.16　清单子目项与定额子目对应关系(路基土石方工程)

工程内容	子目号/定额编号	子目名称/定额名称	单位/定额单位	设计工程量	定额换算	工程类别
推、装、运、弃	202-1-a	清理现场	m^2	221592		
挖、装、运、弃	203-1-a	路基挖土方(含 5 km 运输)	m^3	341362		

续表

工程内容	子目号/定额编号	子目名称/定额名称	单位/定额单位	设计工程量	定额换算	工程类别
挖、装、运、弃	203-1-c	挖除非适用材料(不含淤泥、岩盐、冻土)(含5 km运输)	m^3	18590		
整平、碾压	204-1-a	路基利用土填筑	m^3	278165		

表 1.2.17 单价分析表

细目号：203-1-c

细目名称：挖除非适用材料（不含淤泥、岩盐、冻土）（含 5 km 运输） 数量： 单位： 单价：

序号	工程项目											合计	
	工程细目												
	定额单位												
	工程数量												
	定额表号												
	工料机名称	单位	定额单价	定额人工	预算单价	定额	数量（计算过程）	金额（计算过程）	定额	数量（计算过程）	金额（计算过程）	数量	金额
1													
2													
3													
4	基价（定额直接费）	元											
5	其中：定额人工费	元											
6	其中：定额施工机械费	元											
7	直接费	元											
8	其中：人工费	元											

续表

序号	工程项目											合计	
	工程细目												
	定额单位												
	工程数量												
	定额表号												
	工料机名称	单位	定额单价	定额人工	预算单价	定额	数量（计算过程）	金额（计算过程）	定额	数量（计算过程）	金额（计算过程）	数量	金额
	其中:机械人工费	元											
	措施费 Ⅰ	元											
	措施费 Ⅱ	元											
	企业管理费	元											
	规费	元											
	利润	元											
	税金	元											
	金额合计	元											
	综合单价	元/m^3											

表 1.2.18 机械台班预算单价计算

<table>
<tr><td rowspan="6">装载质量 30 t 以内自卸汽车</td><td colspan="2">不变费用</td><td colspan="3">可变费用</td></tr>
<tr><td>折旧费</td><td></td><td>名称</td><td>台班消耗量</td><td>金额</td></tr>
<tr><td>检修费</td><td></td><td>人工</td><td></td><td></td></tr>
<tr><td>维护费</td><td></td><td>燃油</td><td></td><td></td></tr>
<tr><td>安拆辅助费</td><td></td><td>其他费用</td><td>—</td><td></td></tr>
<tr><td>小计</td><td></td><td>小计</td><td>—</td><td></td></tr>
<tr><td>台班预算单价
（元/台班）</td><td colspan="5"></td></tr>
</table>

表 1.2.19 措施费费率

<table>
<tr><td colspan="3">工程类别</td><td>序号</td><td>取费参数信息</td><td></td><td></td></tr>
<tr><td rowspan="11">措施费费率（%）</td><td colspan="2">冬季施工增加费</td><td>1</td><td></td><td></td><td></td></tr>
<tr><td colspan="2">雨季施工增加费</td><td>2</td><td></td><td></td><td></td></tr>
<tr><td colspan="2">夜间施工增加费</td><td>3</td><td></td><td></td><td></td></tr>
<tr><td colspan="2">高原地区施工增加费</td><td>4</td><td></td><td></td><td></td></tr>
<tr><td colspan="2">风沙地区施工增加费</td><td>5</td><td></td><td></td><td></td></tr>
<tr><td colspan="2">沿海地区施工增加费</td><td>6</td><td></td><td></td><td></td></tr>
<tr><td colspan="2">行车干扰施工增加费</td><td>7</td><td></td><td></td><td></td></tr>
<tr><td colspan="2">施工辅助费</td><td>8</td><td></td><td></td><td></td></tr>
<tr><td colspan="2">工地转移费</td><td>9</td><td></td><td></td><td></td></tr>
<tr><td rowspan="2">综合费率</td><td>Ⅰ</td><td>10</td><td>—</td><td></td><td></td></tr>
<tr><td>Ⅱ</td><td>11</td><td>—</td><td></td><td></td></tr>
</table>

表 1.2.20　企业管理费费率

序号	工程类别	企业管理费率(%)					
		基本费用	主副食运费补贴	职工探亲路费	职工取暖补贴	财务费用	综合费率
1							
2							

表 1.2.21　标价工程量清单

清单　第 200 章　路基					
子目号	子目名称	单位	数量	单价	合价
清单　第 200 章合计　人民币__________元					

2)完成任务需要解决的问题

①结合陆塞至和驰高速公路 No. 10 合同段设计图纸,工程量清单子目“202-1-a 清理现场”的工程内容有哪些?

②本项目招标工程量清单子目描述中已经说明含 5 km 运输,如果超出此运距,怎么处理?

③与机械作业相关的同一定额表中有多个可选择的定额时,如定额表 1-1-10,应如何选择定额?

④清单子目 202-1-a 场地清理、203-1-c 挖除非适用材料(不含淤泥、岩盐、冻土)和 204-1-d 借土填方套用了运输定额,其运距如何确定?

⑤清单子目中的“单位”和套用定额时的“定额单位”有什么不同?

⑥对比定额子目工程量与清单子目工程量,有何异同?

⑦如何理解工程量清单计价中经常说的"计价不计量"?

⑧定额直接费怎么计算?

3)任务评价及反馈(表 1.2.22)

表 1.2.22　学习情况评价表

<table>
<tr><th colspan="2">评价指标</th><th>权重(%)</th><th>自评分</th><th>组内互评</th><th>教师评分</th><th rowspan="10">综合评分</th></tr>
<tr><td rowspan="7">知识与能力</td><td>定额选择</td><td>10</td><td></td><td></td><td rowspan="9"></td></tr>
<tr><td>定额工程量计算</td><td>10</td><td></td><td></td></tr>
<tr><td>机械台班预算单价计算</td><td>10</td><td></td><td></td></tr>
<tr><td>确定取费费率</td><td>10</td><td></td><td></td></tr>
<tr><td>单价分析表计算完整正确</td><td>20</td><td></td><td></td></tr>
<tr><td>问题的分析与解决</td><td>10</td><td></td><td></td></tr>
<tr><td>软件完成任务时间质量</td><td>10</td><td></td><td></td></tr>
<tr><td colspan="2">素质</td><td>20</td><td></td><td></td></tr>
<tr><td colspan="3">合计</td><td></td><td></td></tr>
</table>

任务单2 编制第200章路基排水工程量清单单价

1) 实施步骤

步骤1:分析清单子目的计量规则。

通过案例项目回顾路基排水工程工程量清单计量规则。

步骤2:清单子目选套定额,填入表1.2.23。

①根据本项目排水工程的清单子目工程内容,选套正确定额,填入表1.2.23。

②分析判断有无定额换算。根据定额和设计分析判断,对于边沟所套用的定额,有定额换算的填入表1.2.24。

③对于定额【4-6-3-1 混凝土墩、台帽】,混凝土C30换算成C20,调整定额中水泥、中粗砂和碎石消耗量,计算过程填入表1.2.25。

步骤3:计算定额工程量,填入表1.2.23。

步骤4:分析消耗的资源及数量,计算工料机预算价格。

①分析清单子目工作的工料机消耗量。通过查找清单子目对应的定额,求出清单子目工作的资源消耗量。

试在表1.2.26中,分析【207-1-c 现浇C20混凝土台帽】的资源消耗量,该工作拟采用250 L以内混凝土搅拌机拌和。

②确定材料的预算单价。试计算材料碎石、32.5级水泥的预算单价,计算参数详见"第1部分4.3任务书"。

a.碎石:

运杂费=________

预算单价=________

b.32.5级水泥:

运杂费=________

预算单价=________

步骤5:计算措施费及企业管理费。

①根据工程类别的划分标准,确定各定额子目的工程类别,填入表1.2.23。

②根据《公路工程建设项目概算预算编制办法》(JTG 3830—2018)关于措施费及企业管理费计算规定,确定排水工程措施费及企业管理费的取费类别及费率,填入表1.2.27。

③根据确定的措施费及企业管理费综合费率,完成表1.2.26中措施费、企业管理费的计算。

步骤6:计算规费、利润及税金。

在表1.2.26中完成规费、利润及税金的计算。

步骤7:用造价软件完成清单子目单价、合价及章合计计算。

本项目路基边沟清单的单价、合价、章合计计算如表1.2.28所示。

表 1.2.23　清单子目项与定额子目对应关系(路基排水工程)

工程内容	子目号/定额编号	子目名称/定额名称	单位/ 定额单位	设计工程量	定额换算	工程类别
挖基、砌石、勾缝、抹面	207-1-a	M7.5 浆砌片石	m^3	4720		
混凝土拌和、浇筑	207-1-c	现浇 C20 混凝土台帽	m^3	1396		
预制混凝土、钢筋制作及安装、盖板安装	207-1-e	预制安装 C30 混凝土边沟盖板	m^3	482		

挖基、铺防水材料、铺管、填筑、铺透水土工材料	207-5-b	渗沟	m	5653		

表 1.2.24　定额调整分析

序号	定额	定额采用	设计采用	定额换算/调整

表 1.2.25　混凝土配合比定额换算

项目	原定额	设计	混凝土用量(m^3)	32.5 级水泥用量	中粗砂用量(m^3)	碎石(m^3)
配合比						
现浇混凝土台帽						

表 1.2.26　单价分析表

细目号：207-1-c

细目名称：现浇 C20 混凝土台帽　　数量：　　单位：　　单价：　　货币单位：人民币元

<table>
<tr><td rowspan="6">序号</td><td colspan="5">工程项目</td><td colspan="3"></td><td colspan="3"></td><td colspan="2" rowspan="5">合计</td></tr>
<tr><td colspan="5">工程细目</td><td colspan="3"></td><td colspan="3"></td></tr>
<tr><td colspan="5">定额单位</td><td colspan="3"></td><td colspan="3"></td></tr>
<tr><td colspan="5">工程数量</td><td colspan="3"></td><td colspan="3"></td></tr>
<tr><td colspan="5">定额表号</td><td colspan="3"></td><td colspan="3"></td></tr>
<tr><td>工料机名称</td><td>单位</td><td>定额单价</td><td>定额人工</td><td>预算单价</td><td>定额</td><td>数量（计算过程）</td><td>金额（计算过程）</td><td>定额</td><td>数量（计算过程）</td><td>金额（计算过程）</td><td>数量</td><td>金额</td></tr>
<tr><td>1</td><td></td><td></td><td></td><td></td><td></td><td></td><td></td><td></td><td></td><td></td><td></td><td></td><td></td></tr>
<tr><td>2</td><td></td><td></td><td></td><td></td><td></td><td></td><td></td><td></td><td></td><td></td><td></td><td></td><td></td></tr>
<tr><td>3</td><td></td><td></td><td></td><td></td><td></td><td></td><td></td><td></td><td></td><td></td><td></td><td></td><td></td></tr>
<tr><td>4</td><td></td><td></td><td></td><td></td><td></td><td></td><td></td><td></td><td></td><td></td><td></td><td></td><td></td></tr>
<tr><td>5</td><td></td><td></td><td></td><td></td><td></td><td></td><td></td><td></td><td></td><td></td><td></td><td></td><td></td></tr>
<tr><td>6</td><td></td><td></td><td></td><td></td><td></td><td></td><td></td><td></td><td></td><td></td><td></td><td></td><td></td></tr>
<tr><td>7</td><td></td><td></td><td></td><td></td><td></td><td></td><td></td><td></td><td></td><td></td><td></td><td></td><td></td></tr>
<tr><td>8</td><td></td><td></td><td></td><td></td><td></td><td></td><td></td><td></td><td></td><td></td><td></td><td></td><td></td></tr>
<tr><td>9</td><td></td><td></td><td></td><td></td><td></td><td></td><td></td><td></td><td></td><td></td><td></td><td></td><td></td></tr>
<tr><td>10</td><td></td><td></td><td></td><td></td><td></td><td></td><td></td><td></td><td></td><td></td><td></td><td></td><td></td></tr>
<tr><td>11</td><td></td><td></td><td></td><td></td><td></td><td></td><td></td><td></td><td></td><td></td><td></td><td></td><td></td></tr>
<tr><td>12</td><td></td><td></td><td></td><td></td><td></td><td></td><td></td><td></td><td></td><td></td><td></td><td></td><td></td></tr>
</table>

续表

<table>
<tr><td rowspan="6">序号</td><td colspan="6">工程项目</td><td colspan="3"></td><td colspan="3"></td><td colspan="2" rowspan="5">合计</td></tr>
<tr><td colspan="6">工程细目</td><td colspan="3"></td><td colspan="3"></td></tr>
<tr><td colspan="6">定额单位</td><td colspan="3"></td><td colspan="3"></td></tr>
<tr><td colspan="6">工程数量</td><td colspan="3"></td><td colspan="3"></td></tr>
<tr><td colspan="6">定额表号</td><td colspan="3"></td><td colspan="3"></td></tr>
<tr><td colspan="2">工料机名称</td><td>单位</td><td>定额单价</td><td>定额人工</td><td>预算单价</td><td>定额</td><td>数量（计算过程）</td><td>金额（计算过程）</td><td>定额</td><td>数量（计算过程）</td><td>金额（计算过程）</td><td>数量</td><td>金额</td></tr>
<tr><td></td><td colspan="2">其中:定额人工费</td><td>元</td><td></td><td></td><td></td><td></td><td></td><td></td><td></td><td></td><td></td><td></td><td></td></tr>
<tr><td></td><td colspan="2">其中:定额施工机械使用费</td><td>元</td><td></td><td></td><td></td><td></td><td></td><td></td><td></td><td></td><td></td><td></td><td></td></tr>
<tr><td></td><td colspan="2">直接费</td><td>元</td><td></td><td></td><td></td><td></td><td></td><td></td><td></td><td></td><td></td><td></td><td></td></tr>
<tr><td></td><td colspan="2">其中:人工费(含机械工)</td><td>元</td><td></td><td></td><td></td><td></td><td></td><td></td><td></td><td></td><td></td><td></td><td></td></tr>
<tr><td></td><td rowspan="2">措施费</td><td>Ⅰ</td><td>元</td><td></td><td></td><td></td><td></td><td></td><td></td><td></td><td></td><td></td><td></td><td></td></tr>
<tr><td></td><td>Ⅱ</td><td>元</td><td></td><td></td><td></td><td></td><td></td><td></td><td></td><td></td><td></td><td></td><td></td></tr>
<tr><td></td><td colspan="2">企业管理费</td><td>元</td><td></td><td></td><td></td><td></td><td></td><td></td><td></td><td></td><td></td><td></td><td></td></tr>
<tr><td></td><td colspan="2">规费</td><td>元</td><td></td><td></td><td></td><td></td><td></td><td></td><td></td><td></td><td></td><td></td><td></td></tr>
<tr><td></td><td colspan="2">利润</td><td>元</td><td></td><td></td><td></td><td></td><td></td><td></td><td></td><td></td><td></td><td></td><td></td></tr>
<tr><td></td><td colspan="2">税金</td><td>元</td><td></td><td></td><td></td><td></td><td></td><td></td><td></td><td></td><td></td><td></td><td></td></tr>
<tr><td></td><td colspan="2">金额合计</td><td>元</td><td></td><td></td><td></td><td></td><td></td><td></td><td></td><td></td><td></td><td></td><td></td></tr>
<tr><td></td><td colspan="2">综合单价</td><td>元/m^3</td><td></td><td></td><td></td><td></td><td></td><td></td><td></td><td></td><td></td><td></td><td></td></tr>
</table>

表 1.2.27　措施费及企业管理费综合费率计算表

工程类别	措施费综合费率(%)											企业管理费综合费率(%)					
	冬季施工增加费	雨季施工增加费	夜间施工增加费	高原地区施工增加费	风沙地区施工增加费	沿海地区施工增加费	行车干扰施工增加费	施工辅助费	工地转移费	合计		基本费用	主副食运费补贴	职工探亲路费	职工取暖补贴	财务费用	合计
										Ⅰ	Ⅱ						

表 1.2.28　标价工程量清单

清单　第 200 章　路基					
子目号	子目名称	单位	数量	单价	合价
清单　第 200 章合计　人民币________元					

利用公路工程造价管理软件完成路基排水工程工程量清单计价,导出块文件。

2)完成任务需要解决的问题

①边沟盖板采用现场预制和预制场预制的不同施工方法,工程内容上有什么不同?

②现浇混凝土边沟与浆砌片石边沟套用定额有何不同?

③如何判断混凝土结构物定额中是否包含拌制混凝土的工作?

④需要单独套用混凝土拌制工作内容的定额时,一般应在《公路工程预算定额》(JTG/T 3832—2018)哪个章节中查找?

⑤现浇混凝土结构物套用混凝土拌制定额时,定额工程量是否要考虑损耗?损耗率怎么计算?

⑥碎石从石场运输到工地堆料场过程中发生的运输损耗属于什么损耗,损耗率怎么确定?从工地堆料场到施工工作面发生的运输及操作损耗属于什么损耗,损耗率怎么确定?

3)任务评价及反馈(表1.2.29)

表1.2.29　学习情况评价表

<table>
<tr><th colspan="2">评价指标</th><th>权重(%)</th><th>自评分</th><th>组内互评</th><th>教师评分</th><th rowspan="10">综合评分</th></tr>
<tr><td rowspan="7">知识与能力</td><td>定额选择</td><td>10</td><td></td><td></td><td rowspan="7"></td></tr>
<tr><td>定额工程量计算</td><td>10</td><td></td><td></td></tr>
<tr><td>材料预算单价计算</td><td>10</td><td></td><td></td></tr>
<tr><td>确定取费费率</td><td>10</td><td></td><td></td></tr>
<tr><td>单价分析表计算完整正确</td><td>20</td><td></td><td></td></tr>
<tr><td>问题的分析与解决</td><td>10</td><td></td><td></td></tr>
<tr><td>软件完成任务时间质量</td><td>10</td><td></td><td></td></tr>
<tr><td colspan="2">素质</td><td>20</td><td></td><td></td><td></td></tr>
<tr><td colspan="3">合计</td><td></td><td></td><td></td></tr>
</table>

任务单3　编制第300章路面工程量清单单价

1)实施步骤

步骤1:分析清单子目的计量规则。

通过案例项目回顾路基排水工程工程量清单计量规则。

步骤2:清单子目选套定额,填入表1.2.30。

①根据路面工程清单子目工程内容,选套正确定额,填入表1.2.30。

该工作拟采用的机械为装载质量30 t以内自卸汽车和宽度12.5 m以内摊铺机。

②分析判断有无定额换算。根据定额和设计分析判断,路面工程清单所套用的定额,换算填入表1.2.31。

a.路面厚度换算。本任务中【定额2-2-2-15 机械摊铺级配碎石底基层】分析如表1.2.32所示。

消耗量换算如表1.2.33所示。

b.稳定土配合比的换算。本任务中【定额2-1-7-5 厚40 cm厂拌水泥稳定碎石基层】分析如表1.2.34所示。

消耗量换算如表1.2.35所示。

c.运距超过1 km时的换算。本任务中【定额2-1-8-11 装载质量30 t以内自卸汽车运厂拌基层稳定土混合料运输第一个1 km】,根据稳定土拌和站位置及供应全线水泥稳定碎石混合料的关系,确定本项目水泥稳定碎石混合料的平均运距为2.8 km。

增运运距分析填入表1.2.36。

消耗量换算如表1.2.37所示。

d.分层拌和碾压时的换算。本任务中【定额2-1-9-12 宽度12.5 m以内摊铺机铺筑底基层】消耗量换算如表1.2.38所示。

步骤3:计算定额工程量。

分析图纸相应清单子目的工程内容,正确摘取并计算定额子目的工程量。各定额子目的工程量填入表1.2.30中。

步骤4:分析消耗的资源及数量,计算工料机预算价格。

①分析清单子目工作的全部资源(工料机等)消耗量。通过查找清单子目对应的定额,可求出清单子目工作的资源消耗量。

下面以【310-2 厚6 mm改性乳化沥青稀浆封层】为例,利用表1.2.39分析资源消耗量。

②确定工料机预算单价。

a.确定人工预算单价。根据《部颁编制办法广西补充规定》,人工费单价全区统一为________元/工日。

b.确定材料预算单价。请计算石油沥青(罐装)、路面用石屑的预算单价,计算参数详见“第1部分4.3任务书”。

- 石油沥青:

运杂费=________________

预算单价=________________

- 路面用石屑:

运杂费=________________

预算单价=________________

表 1.2.30　清单子目项与定额子目对应关系（路面工程）

工程内容	子目号/定额编号	子目名称/定额名称	单位/定额单位	设计工程量	定额换算	工程类别
摊铺、整平、洒水、碾压	302-1-a	厚 150 mm 级配碎石垫层	m^2	200704		
拌和、运输、摊铺、整形、碾压、养护、拌和站安拆	304-3-a	厚 400 mm4% 水泥稳定碎石底基层	m^2	176482		

续表

工程内容	子目号/定额编号	子目名称/定额名称	单位/定额单位	设计工程量	定额换算	工程类别
清理下承层、洒布、整形、碾压、找补、养护	310-2	厚 6 mm 改性乳化沥青稀浆封层	m^2	171784		
拌和、运输、摊铺、整形、碾压、养护、拌和站安拆	309-3-a	厚 80 mmAC-25C 粗粒式沥青混凝土下面层	m^2	167027		

表 1.2.31 定额调整分析

序号	定额	定额采用	设计采用	定额换算/调整

表 1.2.32 路面结构层厚度定额换算分析

项目	原定额	设计	增加厚度
厚度(cm)			

表 1.2.33　结构层厚度定额换算

工料机名称	单位	原定额消耗		按设计要求换算的定额消耗
		压实厚度 8 cm	每增减 1 cm	厚度 15 cm
人工	工日			
碎石	m^3			
10000 L 以内洒水汽车	台班			

表 1.2.34　水泥稳定碎石层定额换算分析

项目	原定额	设计
厚度(cm)		
水泥用量(%)		
碎石用量(%)		

表 1.2.35　厚度、配合比定额换算

工料机名称	单位	原定额消耗		按设计要求换算的定额消耗	
		压实厚度 20 cm	每增减 1 cm	先换算厚度	再换算配合比
32.5 级水泥	t	22.566	1.128		
碎石	m^3	296.73	14.84		

表 1.2.36　混合料增运级数分析

项目	原定额	设计	增运运距	增运级数 (每增运 0.5 km 为一级)
运距(km)				

表 1.2.37　运距定额换算

工料机名称	单位	原定额消耗		按设计要求换算的定额消耗
		第一个 1 km	每增运 0.5 km	运距 19.82 km
30 t 以内自卸汽车	台班			

表 1.2.38 分层碾压定额换算

工料机名称	单位	原定额消耗量	按设计要求换算的定额消耗量
		单层碾压	分(　　)层碾压
人工	工日		
12～15 t 光轮压路机	台班		
20 t 以内振动压路机	台班		
12.5 m 以内稳定土摊铺机	台班		
16～20 t 轮胎式压路机	台班		
10000 L 以内洒水汽车	台班		

c.确定机械预算单价。

在表 1.2.40 中计算 10000 L 以内洒水汽车(代号 8007043)的台班预算单价,已知机械的车船税为 0.76 元/台班,不计养路费。

③将工料机预算单价填入表 1.2.39 中相应位置,并继续填写单价分析表。

步骤 5:计算措施费及企业管理费。

①根据工程类别的划分标准,确定各定额子目的工程类别,填入表 1.2.39。

②查《公路工程建设项目概算预算编制办法》(JTG 3830—2018),确定本任务涉及的工程类别的措施费综合费率和企业管理费综合费率,填入表 1.2.41。

③根据确定的措施费及企业管理费综合费率,完成表 1.2.39 中措施费、企业管理费的计算。

步骤 6:计算规费、利润及税金。

在表 1.2.39 中完成规费、利润及税金的计算。

步骤 7:用造价软件完成清单子目单价、合价及章合计计算。

本项目路面工程清单的单价、合价、章合计计算如表 1.2.42 所示。

表 1.2.39　单价分析表

细目号:310-2

细目名称：厚 6 mm 改性乳化沥青稀浆封层　　数量：　　单位：　　单价：　　货币单位：人民币元

序号	工程项目								合计	
	工程细目									
	定额单位									
	工程数量									
	定额表号									
	工料机名称	单位	定额单价	定额人工	预算单价	定额	数量（计算过程）	金额（计算过程）	数量	金额
1										
2										
3										
4										
5										
6										
7										
8										
9	基价（定额直接费）	元								

	其中:定额人工费		元								
	其中:定额施工机械使用费		元								
	直接费		元								
	其中:人工费(含机械工)		元								
	措施费	Ⅰ	元								
		Ⅱ	元								
	企业管理费		元								
	规费		元								
	利润		元								
	税金		元								
	合计金额		元								
	综合单价		元/m^2								

表 1.2.40　机械台班预算单价计算表

<table>
<tr><td rowspan="6">10000 L 以内洒水汽车</td><td colspan="2">不变费用</td><td colspan="3">可变费用</td></tr>
<tr><td>折旧费</td><td></td><td>名称</td><td>台班消耗量</td><td>金额</td></tr>
<tr><td>检修费</td><td></td><td>人工</td><td></td><td></td></tr>
<tr><td>维护费</td><td></td><td>燃油</td><td></td><td></td></tr>
<tr><td>安拆辅助费</td><td></td><td>其他费用</td><td>—</td><td></td></tr>
<tr><td>小计</td><td></td><td>小计</td><td>—</td><td></td></tr>
<tr><td>台班预算单价
（元/台班）</td><td colspan="5"></td></tr>
</table>

表 1.2.41　措施费及企业管理费综合费率计算表

<table>
<tr><td rowspan="3">工程类别</td><td colspan="11">措施费综合费率(%)</td><td colspan="6">企业管理费综合费率(%)</td></tr>
<tr><td rowspan="2">冬季施工增加费</td><td rowspan="2">雨季施工增加费</td><td rowspan="2">夜间施工增加费</td><td rowspan="2">高原地区施工增加费</td><td rowspan="2">风沙地区施工增加费</td><td rowspan="2">沿海地区施工增加费</td><td rowspan="2">行车干扰施工增加费</td><td rowspan="2">施工辅助费</td><td rowspan="2">工地转移费</td><td colspan="2">合计</td><td rowspan="2">基本费用</td><td rowspan="2">主副食运费补贴</td><td rowspan="2">职工探亲路费</td><td rowspan="2">职工取暖补贴</td><td rowspan="2">财务费用</td><td rowspan="2">合计</td></tr>
<tr><td>Ⅰ</td><td>Ⅱ</td></tr>
<tr><td></td><td></td><td></td><td></td><td></td><td></td><td></td><td></td><td></td><td></td><td></td><td></td><td></td><td></td><td></td><td></td><td></td><td></td></tr>
<tr><td></td><td></td><td></td><td></td><td></td><td></td><td></td><td></td><td></td><td></td><td></td><td></td><td></td><td></td><td></td><td></td><td></td><td></td></tr>
<tr><td></td><td></td><td></td><td></td><td></td><td></td><td></td><td></td><td></td><td></td><td></td><td></td><td></td><td></td><td></td><td></td><td></td><td></td></tr>
</table>

表 1.2.42 标价工程量清单

清单 第300章 路面					
子目号	子目名称	单位	数量	单价	合价
清单 300章合计 人民币______元					

利用公路工程造价软件完成路面工程工程量清单计价,导出块文件。

2）完成任务需要解决的问题

①级配碎石底基层，水泥混凝土的拌和、运输，拌和站安拆定额分别在哪些章节？

②以 40 cm 厚 4% 水泥稳定碎石为例说明，当路面结构层压实厚度超过定额要求，且需要分层拌和碾压时，选用定额如何换算？

③如果本项目水泥稳定碎石基层采用生产能力为 400 t/h 以内稳定土厂拌设备进行拌和，选择的定额有哪些变化？需进行哪些调整？

3）任务评价及反馈（表 1.2.43）

表 1.2.43 学习情况评价表

<table>
<tr><th colspan="2">评价指标</th><th>权重（%）</th><th>自评分</th><th>组内互评</th><th>教师评分</th><td rowspan="9">综合评分</td></tr>
<tr><td rowspan="7">知识与能力</td><td>定额选择</td><td>10</td><td></td><td></td><td rowspan="7"></td></tr>
<tr><td>定额工程量计算</td><td>10</td><td></td><td></td></tr>
<tr><td>材料预算单价计算</td><td>10</td><td></td><td></td></tr>
<tr><td>确定取费费率</td><td>10</td><td></td><td></td></tr>
<tr><td>单价分析表计算完整正确</td><td>20</td><td></td><td></td></tr>
<tr><td>问题的分析与解决</td><td>10</td><td></td><td></td></tr>
<tr><td>软件完成任务时间质量</td><td>10</td><td></td><td></td></tr>
<tr><td colspan="2">素质</td><td>20</td><td></td><td></td><td></td></tr>
<tr><td colspan="3">合计</td><td></td><td></td><td></td><td></td></tr>
</table>

任务单4 编制第100章总则工程量清单总额价

根据《公路工程标准施工招标文件》(2018年版)关于第100章总则的有关条款,采用相应方法确定各项清单子目的总额价。

在造价软件中计算陆塞至和驰高速公路No.10合同段第100章清单子目单价、合价,填入表1.2.44。

表1.2.44 第100章清单子目计价方式

清单 第100章 总则					
子目号	子目名称	单位	数量	单价	计价方式
102	工程管理				
102-1	竣工文件	总额	1		
102-2	施工环保费	总额	1		
102-3	安全生产费	总额	1		
102-4	信息化系统(暂估价)	总额	1		
103	临时工程与设施				
103-1	临时道路修建、养护与拆除	总额	1		
103-2	临时占地	总额	1		
103-3	临时供电设施架设、维护与拆除(包括原道路的养护)	总额	1		
103-4	电信设施提供、维修与拆除	总额	1		
103-5	临时供水与排污设施	总额	1		
104	承包人驻地建设				
105	施工标准化				
105-1	施工驻地	总额	1		
105-3	拌和站	总额	1		

4.5 任务成果

1)招标控制价成果文件

①导出项目文件。

②导出报表。根据《公路工程标准施工招标文件》(2018 年版),报表包括工程量清单说明、投标报价说明、计日工说明、其他说明及工程量清单。

③编制招标控制价封面。

2)清单子目单价编制小结

(提示:主要从清单子目单价编制的依据、步骤、方法、注意事项等方面进行小结,如有对教学的意见建议,也请写出。)

4.6 评价及反馈(表 1.2.45)

表 1.2.45 学习情况评价表

评价内容	任务单 1	任务单 2	任务单 3	任务单 4	成果	小结	综合评分
分值							

模块3　公路工程土建施工投标与投标报价

任务5　编制公路工程工程量清单投标报价

5.1　任务引入

陆塞至和驰高速公路No.10合同段项目在规定的媒体上公布公开招标信息后，共有15家施工单位报名参与项目投标。作为其中一家投标单位，在项目招标规定的投标截止日期之前，需要编制投标文件并参与投标。

投标文件的核心是投标报价。投标报价要根据招标项目的设计图纸及招标要求，按照招标人公布的招标工程量清单进行工程量清单复核、工程量清单子目单价和合价计算、投标报价汇总，再根据招标控制价(最高投标限价)、评标办法等调整报价，最终确定项目的投标报价。

5.2　学习目标

素质目标	1.以投标时需要良好的团队协作培养团队意识 2.对围标、串标等社会热点问题进行讨论分析，提高辨识能力和法律意识 3.以注重企业成本分析管理促进投标报价竞争性，强化管理出效率的企业精神 4.以编制优质的投标报价获取中标来获得认同感，建立信心，提升自身的专业能力
知识目标	1.投标步骤 2.评标办法 3.投标单价编制方法 4.投标报价的调整方法
能力目标	1.能够导入招标工程量清单 2.学会编制投标报价的方法 3.能够说出实施性施工组织设计与投标报价的关系 4.能够应用造价软件完成编制、调整、导出投标报价工作

5.3　任务书

根据项目的招标文件要求，以《公路工程建设项目概算预算编制办法》(JTG 3830—2018)、《部颁编制办法广西补充规定》《公路工程预算定额》(JTG/T 3832—2018)、《公路工程机械台班费用定额》(JTG/T 3833—2018)、企业施工定额及市场询价为依据，编制陆塞至和驰高速公路No.10合同段标投标报价，并根据公布的招标控制价调整报价。

已经公布的陆塞至和驰高速公路No.10合同段的招标控制价为134653500元。

5.4 任务实施

任务单 1 编制投标报价

通过造价软件编制陆塞至和驰高速公路 No.10 合同段的工程量清单单价、合价，填写投标报价汇总表（表 1.3.1）。

表 1.3.1 投标报价汇总表

______公路______合同段

序号	章次	科目名称	金额(元)
1	100	总则	
2	200	路基	
3	300	路面	
4	400	桥梁、涵洞	
5	500	隧道	
6	600	安全设施及预埋管线	
7	700	绿化及环境保护设施	
8	第 100 章至 700 章清单合计		
9	已包含在清单合计中的材料、工程设备、专业工程暂估价合计		
10	清单合计减去材料、工程设备、专业工程暂估价合计(即 8-9=10)		
11	计日工合计		
12	暂列金额(不含计日工总额，按第 100 章至 700 章清单合计 6 %计)		
13	投标报价(8+11+12)= 13		

任务单 2 调整投标报价

分别采取以下 3 种调价方案调整投标报价，将调价结果填入表 1.3.2。

表 1.3.2 调价方案与调价结果

方案	调价目标	调整后报价(元)
一	目标报价约 1.20 亿元	
二	机械调价系数 0.90(311-2 AC-20C 中粒式岩沥青改性沥青混凝土的机械系数不调价)	
三	按以下几项清单子目的目标综合单价调整： 挖土方:9.96 元/m^3 挖石方:24.70 元/m^3 M7.5 浆砌片石:330.50 元/m^3	

5.5　任务成果

1)成果文件

①编制最终投标报价,导出项目文件。

②编制投标报价封面。

2)投标报价编制小结

(提示:主要从投标报价编制与招标控制价编制的比较等进行小结,如有对教学的意见建议,也请写出。)

5.6　评价及反馈(表1.3.3)

表1.3.3　学习情况评价表

评价内容	任务单1	任务单2	成果	小结	综合评分
分值					

练习题

一、判断题

1. 大、中桥起点至终点桩号之间的土石方数量计入桥梁工程的工程量中，不计入路基土石方工程量。(　　)

2. 现行公路工程造价组成中，建筑安装工程费包括安全生产费和标准化工程建设费。(　　)

3. 施工图预算、工程招标的标底或造价控制值等不能随意突破概算。(　　)

4. 借方=填方-利用方，单位为压实方；弃方=挖方-利用方，单位为天然密实方。(　　)

5. 各省、自治区等根据不同情况，对《公路工程建设项目概算预算编制办法》(JTG 3830—2018)须进行相关补充，形成重要的编制办法补充规定文件。(　　)

6. 场外运输损耗是指有些材料在正常的运输过程中发生的损耗，这部分损耗应摊入材料单价内。(　　)

7. 劳动定额和机械台班定额一般以时间定额的形式出现，分别是定额单位工日和台班。(　　)

8. 高速公路项目招标工程量清单可自行编制，不需要执行《公路工程标准施工招标文件》(2018 年版)。(　　)

9. 在项目建设的各阶段中，对建设工程全过程造价控制的重点是在设计阶段。(　　)

10. 在公路工程造价中，所有人工、机械均按 8 小时来计工日或台班。(　　)

11. 图纸中所列的工程数量表及数量汇总表仅是提供招投标资料，不是工程量清单的外延。当图纸与工程量清单所列数量不一致时，以清单数量为准。(　　)

12. 工程量清单一般由招标单位提供。在招投标时，根据相的同工程量清单，招标人编制投标报价，投标人编制招标控制价。(　　)

13. 已中标的工程量清单单价，在施工结算中不能变更。(　　)

14. 同为基础混凝土工程，C30 混凝土和 C25 混凝土工程量可以合并列，只列一项清单子目。(　　)

15. 工程量清单不考虑设计图纸未提供的工程量。(　　)

16. 计日工清单可以用来处理一些附加或小型的变更工程计价。(　　)

17. 工程量清单综合单价不包含风险费用，否则报价会偏高。(　　)

18. 不计风险费用时，清单子目综合单价=建筑安装工程费/清单子目工程量。(　　)

19. 投标报价时，工程量清单第 100 章可以不填报价格。(　　)

20. 一般变更工程清单项目综合单价需要考虑下浮系数，即中标价/招标上控价。(　　)

二、选择题

1.《公路工程预算定额》(JTG/T 3832—2018)可在(　　)时使用。

A. 编制施工图预算　　B. 编制设计概算
C. 编制工可估算　　D. 编制招标控制价

2. 材料从采购点运至施工地点或仓库过程中发生的损耗即场外运输损耗费，(　　)。

A. 计入定额消耗量　　B. 不计场外运输损耗
C. 计入材料预算单价　　D. 以固定费率考虑

3.《公路工程预算定额》(JTG/T 3832—2018)中，隧道洞身喷射混凝土的混凝土施工操作损耗率为(　　)。

A. 15%　　B. 1.5%　　C. 2.0%　　D. 20%

4.《公路工程预算定额》(JTG/T 3832—2018)中，【1-3-3 石砌边沟、排水沟、截水沟、急流槽】工作内容不包含下列(　　)。

A. 拌制砂浆　B. 砌筑、勾缝　C. 抹面　D. 养生

5. 下列各项费用中,(　　)不属于公路工程机械台班单价组成部分。

A. 检修费及维护费　B. 折旧费

C. 机上人工费及动力燃料费　D. 大型机械进退场费

6. 编制工程量清单的主要依据是下列的(　　)。

A.《公路工程预算定额》(JTG/T 3832—2018)

B.《公路工程标准施工招标文件》(2018 年版)

C.《公路工程建设项目概预算编制办法》(JTG 3830—2018)

D.《公路工程机械台班费用定额》(JTG/T 3833—2018)

7. 清单工程量计算与计量规则依据(　　)确定。

A.《公路工程预算定额》(JTG/T 3832—2018)工程量计算规则

B.《公路工程标准施工招标文件》(2018 年版)技术规范

C. 设计图纸

D.《公路工程建设项目概算预算编制办法》(JTG 3830—2018)

8. 一个清单子目计价时的定额数目为(　　)。

A. 一个

B. 两个

C. 多个

D. 由清单工程内容和定额工作内容确定

9. 工程量清单是招标文件的重要组成部分,其用途是(　　)。

A. 编制投标报价　B. 编制招标控制价

C. 施工中期计量支付　D. 竣工结算

10. 清单子目综合单价由(　　)组成。

A. 直接费　B. 设备购置费　C. 企业管理费

D. 措施费　E. 规费　F. 利润和税金

11. 根据《公路工程标准施工招标文件》(2018 年版)规定,公路工程招投标报价文件的编制工作流程中“分解清单细目,确定相应定额子目”的下一步流程应为(　　)。

A. 通过资格预审,获取招标文件

B. 制定施工组织计划

C. 计算清单项目预算单价

D. 分析计算待摊费用、确定清单细目综合单价

12. 招标控制价编制时,定额工程量计算依据是(　　)。

A.《公路工程预算定额》(JTG/T 3832—2018)工程量计算规则

B.《公路工程标准施工招标文件》(2018 年版)技术规范

C.《部颁编制办法广西补充规定》

D.《公路工程建设项目概预算编制办法》(JTG 3830—2018)

13. 公路工程计量和计价时,挖台阶工作(　　)。

A. 单独计量

B. 为利用方的附属工作,不单独计量

C. 为挖方的附属工作,不单独计量

D. 为附属工作,不予以计量

14. 清单第 100 章安全生产费属于招标人指定项目，投标报价时（　　）。

A. 可以不报价　　B. 可以随意报价

C. 按招标文件要求报价　　D. 先按招标文件要求报价，再调整

15. 根据《公路工程标准施工招标文件》（2018 年版），采用路基挖土方进行软土路基的回填，则回填工作应（　　）。

A. 计入换填方　　B. 计入利用方回填

C. 计入借方回填　　D. 计入灰土垫层

16. 某项目路基填料采用挖方，其中石料含量为 28%，则路基填筑清单子目为（　　）。

A. 利用土方　　B. 利用石方

C. 借土填方　　D. 利用土石混填

三、计算题

1. 广西壮族自治区南宁市某一级公路项目 42.5 级水泥、碎石情况如习题表 1 所示。

习题表 1　材料预算单价计算参数表

材料、名称	原价	起讫地点	运输方式	运距(km)
42.5 级水泥	320 元/t	某水泥厂、工地	汽车	15
碎石	80 元/m^3	某碎石场、工地	汽车	4

已知材料运价为 0.5 元/(t·km)，装卸费为 5 元/t(只装卸一次)，杂费为 0.8 元/t。

请确定 42.5 级水泥、碎石的材料预算价格(计算结果保留两位小数)。

2. 广西壮族自治区南宁市汽油单价为 7.12 元/kg，请确定 2000 L 以内沥青洒布车(代号 8003037)的台班预算单价(车船使用税为 0.27)。

3. 某一级公路项目路基土石方工程数量如习题表 2 所示，请列出清单(习题表 3)，计算清单工程量，写出计算过程(计算结果保留整数)。

习题表 2 工程数量表

序号	工程项目	单位	工程量(天然方)
1	清除表土(厚 30 cm)	m^3	2354
2	挖掘机挖装松土	m^3	748
3	挖掘机挖装硬土	m^3	8651
4	挖掘机挖装腐殖土	m^3	967
5	挖除旧沥青混凝土路面(厚 3 cm)	m^3	3245
6	铲运机铲运普通土 60 m	m^3	5346
7	机械打眼开炸软石	m^3	1763
8	机械打眼开炸次坚石	m^3	874
9	自卸汽车运土 3 km(利用方)	m^3	9399
10	自卸汽车运腐殖土 5 km	m^3	967
11	本桩利用普通土填筑	m^3	5346
12	本桩利用石方填筑	m^3	2637
13	自卸汽车远运利用松土填筑	m^3	748
14	自卸汽车远运利用硬土填筑	m^3	8651
15	自卸汽车运输借方(普通土)	m^3	5692

习题表 3 工程量清单

子目号	子目名称	单位	数量

4. 某一级公路项目路面工程数量如习题表4所示，请列出清单（习题表5），计算清单工程量，写出计算过程（计算结果保留整数）。

习题表4　工程数量表

序号	工程项目	单位	工程量
1	行车道		
(1)	级配碎石垫层（厚 20 cm）	m^2	33745
(2)	石灰粉煤灰稳定碎石底基层（厚 28 cm）	m^2	31540
(3)	4% 水泥稳定碎石基层（厚 25 cm）	m^2	29170
(4)	沥青碎石下封层（厚 1 cm）+透层	m^2	29170
(5)	AC-25C 沥青混凝土下面层（厚 8 cm）	m^2	28260
(6)	AC-13C 沥青混凝土上面层（厚 6 cm）	m^2	28260
2	硬路肩		
(1)	级配碎石垫层（厚 12 cm）	m^2	2325
(2)	石灰粉煤灰稳定碎石底基层（厚 18 cm）	m^2	2130
(3)	4% 水泥稳定碎石基层（厚 25 cm）	m^2	2050
(4)	沥青碎石下封层（厚 1 cm）+透层	m^2	2050
(5)	AC-16C 沥青混凝土面层（厚 6 cm）	m^2	1950
3	培土路肩（厚 26cm）	m^2	365
4	混凝土预制块路缘石（横断面面积 0.04 m^2）	m	1000

习题表5　工程量清单

子目号	子目名称	单位	数量（写出计算过程）

5. 某二级公路项目部分路段设计采用浆砌块石挡土墙，挡土墙墙身横断面面积为 1.6 m²，工程数量如习题表 6 所示，所列清单如习题表 7 所示。请分析清单子目工程内容，选套正确定额，完成习题表 7（不用写定额名称，需计算的请写出计算过程）。

习题表 6　工程数量表

序号	工程内容	单位	工程量
1	M10 浆砌块石挡土墙墙身	m	40
2	沥青麻絮沉降缝	处	7
3	锥坡填土	m³	8
4	M10 水泥砂浆抹面	m²	45

习题表 7　清单子目项与定额子目对应关系

子目号/定额编号	工程细目/工程内容	单位/定额单位	设计工程量	定额抽换简述
209-3-a	M10 浆砌块石挡土墙	m³	64	
	砌墙			
	沉降缝			
	锥坡			
	抹面			

6. 某浆砌块石盖板排水沟采用 M12.5 砂浆砌筑、M10 砂浆勾缝，水沟盖板预制构件在小型构件预制场预制，并用手摇卷扬机装车、4t 以内载货汽车运至现场，预制场到现场的平均运距为 3.2 km。习题表 8 和习题表 9 是进行定额调整的过程，请按要求在习题表 8、习题表 9 中补充完整（消耗量保留 3 位小数）。

习题表 8　砂浆配合比定额换算

<table>
<tr><td colspan="2">定额编号</td><td colspan="4"></td></tr>
<tr><td colspan="2">工程细目名称</td><td colspan="4">浆砌块石盖板排水沟</td></tr>
<tr><td>项目</td><td>原定额砂浆强度等级</td><td>设计砂浆强度等级</td><td>砂浆用量(m³)</td><td>32.5 级水泥用量</td><td>中(粗)砂用量(m³)</td></tr>
<tr><td rowspan="2">配合比</td><td></td><td></td><td></td><td></td><td></td></tr>
<tr><td></td><td></td><td></td><td></td><td></td></tr>
<tr><td>砌筑</td><td></td><td></td><td></td><td></td><td></td></tr>
<tr><td>勾缝</td><td></td><td></td><td></td><td></td><td></td></tr>
<tr><td colspan="3">勾缝、砌筑合计</td><td></td><td></td><td></td></tr>
</table>

习题表 9　运距定额换算

<table>
<tr><td>定额编号</td><td colspan="4"></td></tr>
<tr><td>工程细目名称</td><td colspan="4">装载质量 4 t 以内载重汽车运输（手摇卷扬机装卸）</td></tr>
<tr><td rowspan="2">工料机名称</td><td rowspan="2">单位</td><td colspan="2">原定额消耗量</td><td>按设计要求换算的定额消耗量</td></tr>
<tr><td>第一个 1 km</td><td>每增运 0.5 km</td><td>运距 3.2 km</td></tr>
<tr><td>4 t 以内载货汽车</td><td>台班</td><td></td><td></td><td></td></tr>
</table>

7. 某 6% 水泥稳定石屑基层，压实厚度为 36 cm，拟采用稳定土拌和机拌和、路拌法施工，分两层摊铺、碾压。习题表 10、习题表 11 是进行定额调整的过程，请按要求在习题表 10、习题表 11 中补充完整（消耗量保留 3 位小数）。

习题表 10　水泥稳定石屑层定额换算分析

定额编号		
工程细目名称	路拌法水泥稳定石屑基层	
定额单位		
项目	原定额	设计
厚度（cm）		
混合料中的水泥剂量（%）		
混合料中的石屑用量（%）		

习题表 11　厚度、配合比、分层碾压定额换算

工料机名称	单位	原定额消耗量		按设计要求换算的定额消耗量	
		压实厚度 20 cm	每增减 1 cm	先换算厚度	再换算配合比及分层施工
人工	工日				
32.5 级水泥	t				
石屑	m^3				
12～15 t 光轮压路机	台班		—	—	
洒水汽车					

8. 某桥梁盖梁设计采用 C35 钢筋混凝土 30 m^3，现浇非泵送施工，钢筋采用集中加工，HPB300 钢筋 1200 kg，HRB400 钢筋 3 500 kg。习题表 12 是进行定额调整的过程，请按要求在习题表 12 中补充完整（消耗量保留 3 位小数）。

习题表 12　混凝土配合比定额换算

定额编号						
工程细目名称						
项目	原定额混凝土强度等级	设计混凝土强度等级	混凝土用量（m^3）	水泥用量	中粗砂用量（m^3）	碎石用量（m^3）
配合比						
现浇混凝土盖梁						

9. 某县中桥桥面防水剂防水层工程量为 500 m^2。请完成习题表 13，需要计算的，写出计算过程（金额保留整数）。

习题表 13 单价分析表(部分)

工程项目						防水层	
工程细目						桥面防水剂防水层	
定额单位						1000 m^2	
工程数量							
定额表号						4-11-4-6	
工料机名称	单位	定额单价	定额人工	预算单价	定额	数量(计算过程)	金额(计算过程)
人工	工日	106.28		101.25	2.6		
桥面防水涂料	m^3	10.26		11.00	1664		
4000 L 以内沥青洒布车	台班	587.79	1	543.08	0.06	0.03	16
基价(定额直接费)	元	1		1	17384		
其中:定额人工费	元						
其中:定额施工机械使用费	元						
直接费	元						
其中:人工费(含施工机械人工费)	元						

10. 某县中桥桥面防水剂防水层工程量为 500 m^2,套用定额 4-11-4-6,定额单位为 1000 m^2。请完成习题表 14,需要计算的,写出计算过程(金额保留整数,综合单价保留两位小数)。

习题表 14 单价分析表(部分)

费用名称		单位	费率	金额(计算过程及结果)
基价(定额直接费)		元		8692
其中:定额人工费		元		138
其中:定额施工机械使用费		元		18
直接费		元		9300
其中:人工费(含施工机械人工费)		元		135
措施费	Ⅰ	元	2.235%	
	Ⅱ	元	1.537%	
企业管理费		元	5.759%	
规费		元		
利润		元		
税金		元	9%	
合计金额		元		
综合单价		元/m^2		

第3部分　任务项目图纸

项目名称:陆塞至和驰高速公路 No.10 合同段

图纸目录

序号	图纸名称	图号	页码
	道路工程		
1	第一篇　总体设计说明	SⅠ-1	1
2	第三篇　路基、路面说明	SⅢ-1	2～3
3	耕地填前夯(压)实数量表	SⅢ-2-7	4
4	整修路基工程数量表	SⅢ-2-9	5
5	特殊路基处理工程数量表(挖方换填)	SⅢ-2-19-2	6
6	清除表土工程数量表	SⅢ-2-24	7
7	路基每公里土石方数量表	SⅢ-2-26	8～9
8	路基路面排水工程数量表(边沟)	SⅢ-2-36-1	10～11
9	路基排水一般设计图	SⅢ-2-37-1	12
10	路面工程数量表(行车道、路缘带及路肩部分)	SⅢ-2-31-1	13
11	路面工程数量表(中央分隔带开口部分)	SⅢ-2-31-2	14
12	路面工程数量表(中央分隔带部分)	SⅢ-2-31-3	15
13	主线路面结构图	SⅤ-4-1	16～17
14	沿线筑路材料料场表(石料、砂料、水泥)	SⅪ-2	18
15	临时工程数量表	SⅪ-3	19

第一篇　总体设计说明

1　技术标准

本标段按四车道高速公路标准建设，全部控制出入，主要技术标准采用如下：

设计速度：100 km/h；

路基宽度：26.0 m；

汽车荷载等级：公路-Ⅰ级；

设计洪水频率：特大桥为1/300，大、中、小桥、涵洞及路基为1/100；

其他按《公路工程技术标准》(JTG B01—2003)等交通运输部部颁标准执行。

抗震措施：依据《中国地震动参数区划图》(GB 18306—2001)，本项目沿线区域地区地震动峰值加速度系数为小于0.05 g基本烈度，地震动反应谱特征周期为0.35 s，基本烈度小于Ⅵ度。一般构筑物可不考虑抗震设防或做简易设防，重大构筑物可按Ⅵ度设防。

2　路线起讫点、中间控制点、全长、沿线主要城镇、河流等及工程概况

本项目路线起于河池市陆寨镇，接贵州省在建的都匀至新寨(黔桂界)高速公路，终点在河池市金城江区西郊，路线全长108.066667 km。

本文件为No.10标段，本标段路线起点位于河池市陆寨镇附近，起点桩号为YK86+198(ZK86+200)，终点位于河池市和驰镇地吴村以西600 m附近，终点桩号为K96+880，路线全长10.682 km。

沿线地貌主要为岩溶峰林谷地地貌，次为岩溶峰丛洼地地貌，地形起伏较大，相对高差在60～150 m，自然斜坡坡角在25°～65°。

3　沿线筑路材料、水、电等建设条件与公路建设的关系

根据现场调查及取样试验结果，本标段沿线天然筑路材料中石料和土料基本满足工程要求，砂料较为缺乏，水电沿途均有，使用方便。

3.1　片石、碎石

从总体上来看，石灰岩料场分布较均匀，供应充足，可充分满足本标段工程建设的需要。经过实地调查，主要的料场有六甲梅洞石场、都腊石场，石场总储量在100万m^3以上，开采条件好，岩石强度达到Ⅲ级以上，目前有片石、碎石及人工砂供应，质量较好，能满足公路各项工程质量要求。具体详见沿线筑路材料料场表。

那拔石场：位于田东县那拔镇那练村附近，辉绿岩，岩石坚硬，储量丰富，每天可供应3000 t碎石，质量较好，可用于沥青路面表面层工程；运输方式：采用汽运，石场上路桩号为K91+550，支线运距为240 km。

3.2　砂料

人工砂：沿线主要人工砂供应点分布在上述石料场，属于级配较好的中粗砂，质量较好，目前大部分生产规模相对较小，施工时可进一步扩大生产，可用于公路路基工程及桥涵下部结构。

河砂：钦州市黄屋屯砂场、平吉砂场及贵港砂场：质量好，储量丰富；各个料场每天可供应1000 m^3，但须远运，可采用汽运或铁路运输方式，距离路线运距为386～428 km。

3.3　路基填料

本标段地层岩性复杂多样，主要为灰岩、夹砂岩、泥岩、页岩等，路基挖方大部分可用作路基填料，局部为高液限黏土，不宜直接用作于路基填筑，部分路段挖方土料较缺乏。本标段设取土场2处，分别位于K95+250左侧100 m和K96+300左侧。

3.4　水泥

项目可采购水泥的水泥厂有多个，其中峻峰水泥集团位于小场火车站，每天可供应1 500 t水泥，崇山水泥厂年生产能力为45万t，距离路线较近，均为旋窑生产线，拟作为本工程的主要水泥供应点。具体详见沿线筑路材料料场表。

3.5　钢材、沥青及木材

钢材、沥青及木材等材料可在河池、南宁、南丹等地采购。由于本线属于特重交通道路，对沥青品质与规格有较高要求，且数量较大，因此需预定。

3.6　水

本标段地表水及地下水资源丰库，另有红沙河等，水质良好，工程用水比较方便。

3.7　电

施工用电考虑利用沿线农用电网，与地方电力部门协商加装变压器，改善及加铺电路解决，沿线通信须架设通信线。建议自行准备部分发电机，以备急用。

第三篇　路基、路面说明

1　施工标段划分情况说明

根据业主要求，本项目共划分为 12 个施工标段，本合同为 No. 10 标段，扣除桥隧长度后，实际路基施工长度为 9.68 km。

2　路基横断面布置形式

本标段有两种路基形式，即整体式路基和分离式路基。

（1）一般路段及短隧道采用整体式路基，路基宽度为 26.0 m。横断面组成为：0.75 m（土路肩）+3.0 m（硬路肩）+2×3.75 m（行车道）+0.750 m（内侧路缘带）+2 m（中央分隔带）+0.750 m（内侧路缘带）+2×3.75 m（行车道）+3.00 m（硬路肩）+0.75 m（土路肩）。路基设计标高为中央分隔带边缘标高，具体详见路基标准横断面图。

（2）长隧道采用分离式路基，上行线、下行线路基宽均为 13.0 m，横断面组成为：0.75 m（土路肩）+1.0 m（左侧硬路肩）+2×3.75 m 行车道+3.0 m（右侧硬路肩）+0.75 m（土路肩）。分离式路基设计标高为上行线、下行线距左侧路基边缘 1.0 m 处，具体详见路基标准横断面图。

3　路基设计

3.1　路基设计标高

路基设计标高为中央分隔带外侧边缘处路面标高（分离式路基为上行线、下行线距左侧路基边缘 1.0 m 处），按百年一遇洪水位+0.5 m 安全高度+路拱高度进行控制。受地下水和地表水影响的路段，路槽底面应高出地下水位和地表积水位 2 m，使路面处于干燥状态。

3.2　特殊路基设计

本标段主要的不良地质问题是软弱地基，使用换填法处治软弱地基。

沿线较弱土层厚度小于 3.0 m 的软弱地基，适宜采用换填法处理。换填法处理软基工程效果好、施工工艺简单、工期短、造价低，在广西近年兴建的多条高速公路中广泛运用。

换填法是将厚度不大的软弱土层全部清除，换填符合要求的路基填料，以达到彻底处理的效果。浅层换填则是在满足承载力和沉降要求的前提下，只对浅层的软弱土进行换填，以在软弱土层上形成一个垫层，在达到处理效果的同时，有效节省投资。

回填料宜优先选用级配好、强度高的砂砾或碎石土，缺少优质填料时，可采用含砂砾的细粒土或片石回填，如采用细粒土，要求其液限小于 50%、粗粒组（粒径在 0.075 ~ 60 mm）含量不小于 25%，且承载比值应达到相应层位的强度要求。如采用片石回填，片石顶面应设置一层碎石调平层，厚度不小于 30 cm。

软基厚度及工程性质受地下水影响显著，旱季与雨季反差明显，雨季土层含水量偏高、工程性质显著恶化，软弱土层厚度明显加深。为避免地下水的不利影响，软基的处治应选择在旱季施工，以达到最佳施工效果，在有利于顺利施工的同时，避免不必要的工程量增加。

另外，换填及浅层换填还应注意以下几个方面的问题：

（1）回填前应验槽，将基底表面浮土、淤泥、杂物清除干净。

（2）基底面标高不同时，土面应挖成阶梯搭接，并按先深后浅的顺序施工，搭接处应夯压密实。分层铺设时，接头处上下层阶梯应错开 0.5 ~ 1.0 m，并注意充分压实。

（3）如采用人工级配砂砾石，应将砂、卵石拌和均匀后，再铺夯压实。

（4）铺设砂层时，严禁扰动其下卧层及侧壁的软弱土层，防止被践踏或受浸泡。

（5）回填应分层铺设，分层夯实或压实，每层松铺层厚宜不大于 30 cm。夯实、碾压遍数通过试验确定，以满足路基填土压实标准为准。

（6）当地下水位较高或在饱和的软弱地基上铺设垫层时，应加强排水工作，防止坑内积水。

（7）回填土填筑完毕，应立即进行下道工序施工，严禁车辆及人在其上行走，必要时应铺板行走。

3.3　路基土石方计算

路基土石方数量计算，挖方按天然方进行计算，填方按压实方体积计。松方换算系数：普土为 1.16，硬土为 1.09，石方为 0.92。土石方计算对于填挖方路基均扣除路槽深度的体积，对于路堑计入边沟体积，对于路堤不计入排水沟开沟的体积；土石方数量计算均扣除桥梁长度，涵洞、通道则不扣除。土方施工采用推土机、铲运机及挖掘机配合汽车施工，石方采用推土机、装载机配合汽车施工。土方及石方施工推土机 20 m 内免运距，超过 20 m 后每增加 10 m 则增加一个运距；土方施工铲运机 100 m 内免运距，超过 100 m 后每增加 50 m 则增加一个运距；土方及石方施工汽车 1000 m 内免运距，超过 1000 m 后每增加 500 m 则增加一个运距。

4　路基挡土墙设计

挖方地段：本标段在挖方边坡地段不设挡土墙。

填方地段：本标段因地形横坡较陡，坡脚下填土伸出很远，不能放坡，因此设置了一处路肩挡土墙。挡土墙墙身控制在 7 m 内，墙顶上设置防撞墙，其数量一并列入挡土墙工程数量表中。

5　路基、路面排水系统及其防护设计

5.1　路基、路面排水设计原则

为保证路基和路面的稳定，防止路基路面水影响行车安全，通过设置完善的排水设施并对各类设施进行综合设计，以实现迅速排除路基、路面范围内的地表水和地下水。通过设置由涵洞、排水沟、边沟、纵向排水涵、急流槽、中央分隔带纵向排水沟和横向排水管及渗沟等组成的完整排水系统，将路基、路面、边坡及地下水排至路基外，避免冲刷路基，污染农田，并与自然河沟连接，避免雨水冲刷路基及减少沿线水土流失。

5.2　路基排水

（1）填方路段。填方坡脚位于水田地段时，路基排水沟采用高出原地面 0.2 m 的 M7.5 浆砌片石排水沟（一式），排水沟尺寸为宽 60 cm、深 60 cm 的矩形沟；填方坡脚位于旱地、坡地等路段时，路基排水沟采用 M7.5 浆砌片石排水沟（二式），排水沟尺寸为 60 cm×60 cm 的矩形沟。填方边坡平台上设置平台截水沟；在边沟出水口、填方段路面横向排水涵洞口、截水沟出水口等处，设置急流槽把水引排至坡脚以外沟渠或涵洞内。

（2）挖方路段。挖方路基边缘设浆砌片石矩形加盖板边沟，宽 60 cm、深 80 cm，边沟纵坡一般与路基纵坡一致。当路基纵坡小于 0.3% 时，应设置不小于 0.3% 沟底纵坡。在超高路段，当有横向排水管接边沟时，边沟需根据要求进行适当加深才能将水排水。当挖方边坡只有一级边坡，汇水面积很小，且非膨胀土、碳质岩路段时，采用浅碟形边沟。挖方坡顶上截水沟尽量少设或不设，当坡顶以上汇水面积较大，为防止雨水冲刷坡面，坡顶设 60 cm×60 cm 的矩形截水沟。对需引排边坡内的地下水的路段设置仰斜式深层排水孔。

（3）取土场及弃土场均进行专门的排水设计，其中弃土场多设置于沟槽洼地，必要时设置改沟收水。

6　取土、弃土设计方案、环保及节约用地措施

6.1　取土场

本标段对隧道出渣部分进行利用，以减少取土、弃土数量。本标段设集中取土场 3 处，分别是 K93+770 左侧 20 m 取土场、K95+250 左侧 100 m 取土场和 K96+300 左侧 500 m 取土场，具体位置及土料质量详见沿线筑路材料料场表（路基填料）。取土场用毕，进行复垦或绿化处理。

6.2　弃土堆

本标段为剥蚀残丘区，多数为砂岩、泥质粉砂岩，路基挖方的土料质量较好，通过纵向调配，基本满足路基填方量。

本标段共设有弃土堆 8 处，弃方为表土、软淤泥、路基弃方及部分隧道弃渣。弃土场选择在路基两侧的低地和沟谷中，弃土后对弃土堆进行整平复耕或绿化。对于每个弃土堆都要按要求分层进行适当碾压，在汇水处设置引水沟，将水排出弃土场外。弃土堆坡面尽量放缓，在出水口坡脚处设置护脚墙，防止水土流失。减少冲刷，弃土场封闭后，通过植草、植树进行绿化，防止水土流失。

施工中应充分重视腐质土的保护，陆地表面的腐质土一般经数万年的物理化学作用才逐渐形成，其中含有大量植物营养成分及植物种子和根系，它是当地植物赖以生存的条件。施工中将腐质土作为一种有限的自然资源对待，对清除的地表草皮和腐质土应集中堆放加以保护，并与路基弃方区分堆放。在工程后期进行沿线边坡、中央分隔带、互通立交及取弃土场等绿化或复耕前覆盖的极好材料。弃土堆弃土前也应清表堆放处理，待弃土堆施工完后将表土覆以弃土堆表面，植草绿化。

7 路面结构设计

7.1 设计参数与结构组合及厚度

本路段路面结构组合及厚度见下表。

主线、互通匝道及连线

结构层名称	厚度(cm)		
	中湿以上		
	主线	互通匝道	连接线
细粒式沥青混凝土表面层	4	4	—
中粒式沥青混凝土中面层	6	6	7
粗粒式沥青混凝土下面层	8	—	—
改性乳化沥青稀浆封层+透层	0.6	0.6	0.6
水泥稳定碎石基层	20	20	20
水泥稳定碎石底基层	40	40	20
级配碎石垫层	15	15	20
总厚度	93.6	85.6	67.6
土基回弹模量 E_0	35 MPa		

7.2 路肩设计

本路段路肩分土路肩及硬路肩两种形式，硬路肩结构与行车道结构相同，路基硬路肩宽度为 2.5 m，土路肩宽度为 0.75 m。填方路段的土路肩采用透水性的土培土种植草皮绿化，为加快路表水的排出，土路肩比路面低 5 cm。挖方路段采用浆砌片石护肩。填方路段的垫层采用级配碎石全路幅满铺，并在垫层边缘处采用土工布包裹，以防碎石外露散落及细料流失。一方面能保证在施工初期形成较好的板结效果，另一方面可以排除路面结构内部的渗水。

7.3 中央分隔带设计

中央分隔带宽度为 2 m。中央分隔带两侧设置与路面齐平的混凝土预制块缘石，缘石采用 C15 混凝土预制，分隔带内填土种植草皮、灌木，回填土底下设置排水渗沟。具体布置详见中央分隔带设计图。

7.4 路面各结构层施工要求

1）对水泥稳定碎石基层的要求

（1）应采用专门稳定碎石集中厂拌机械拌制混合料，拌合时含水量宜略大于最佳值，使混合料运到现场摊铺后碾压时的含水量不小于最佳值。采用摊铺机摊铺混合料时，不宜中断，如因故中断时间超过 2 h，应设置横向接缝，摊铺机应驶离混合料末端；本设计路段应避免纵向接缝，宜采用两台摊铺机一前一后相隔 5～10 m 同步向前摊铺，并一起进行碾压。在不能避免纵向接缝的情况下，应符合《公路路面基层施工技术规范》(JTJ 034—2000）中 3.5.14 的要求。

（2）水泥稳定碎石基层养生期间，除洒水车外，应封闭交通。养生期结束后，在清扫干净的基层上，应铺设透层和封层，以防止基层干缩开裂，同时保护基层免遭施工车辆破坏，宜在铺设下封层后的 10～30 d 内开始铺筑沥青面层。

2）对改性乳化沥青稀浆封层+透层的要求

（1）改性乳化沥青稀浆封层采用慢裂的拌和型改性乳化沥青铺筑，其质量应符合《公路沥青路面施工技术规范》(JTG F40—2004）表 4.7.1-2 的要求，稀浆封层的矿料级配应采用 ES-2 型。

（2）稀浆封层施工应在干燥情况下进行，严禁雨天施工，施工气温不得低于 10 ℃，采用稀浆封层铺筑机进行铺筑。铺筑机工作时应匀速前进，达到厚度均匀、表面平整的要求。

（3）宜在铺设下封层后的 10～30 d 内开始铺筑沥青面层。

（4）透层建议采用煤油稀释的液体石油沥青。透层沥青宜紧接在基层施工结束表面稍干后浇洒。当基层表面过分干燥时，应对基层进行清扫，并浇洒少量水，表面稍干后浇洒透层沥青。沥青下封层应在透层乳液充分渗透、水分蒸发后铺筑。

3）对改性乳化沥青粘层油、改性沥青黏结防水层的要求

（1）粘层沥青宜采用快裂或中裂的洒布型改性乳化沥青。

（2）粘层沥青洒布后待其破乳、水分蒸发完后应紧接铺筑上一层沥青层。

（3）橡胶改性沥青黏结防水层。由于橡胶沥青具有较高的黏度，在高温下具有良好的弹性恢复性能，高低温稳定性良好，并且橡胶改性沥青较 SBS 改性沥青的价格少 200～300 元/t。采用其作为沥青混凝土路面上、中面层间的黏结防水层能达到加强层间黏结、防水和提高防止反射裂缝的能力。橡胶改性沥青黏结防水层沥青用量为 1.5 kg/m^2，再撒布满铺量 60% 的单一粒径的碎石，规格为 9.5～13.2 mm，再用轮胎压路机碾压成型，然后铺筑表面层的沥青混凝土。

4）对沥青混凝土面层的要求

（1）本路段 AC-13C 表面层采用 SBS 改性沥青，碎石采用辉绿岩碎石。为提高路面的行车安全及路用性能，对于纵坡大于（或等于）4% 的路段，AC-20C 中面层采用岩沥青改性，以达到造价提高不大、路用性能有较大提高的功效。其余沥青混凝土结构层采用 A 级 70 号道路石油沥青，碎石采用石灰岩碎石。沥青和矿料应满足《公路沥青路面施工技术规范》(JTG F40—2004）中的有关规定，改性沥青应满足 SBS 类 I-D 的基本要求。

岩沥青是石油在岩石夹缝经过长达亿万年的沉积、变化，在热、压力、氧化、触媒、细菌的综合作用下生成的沥青类物质。岩沥青是天然沥青中的一种。岩沥青通常不直接使用，而是作为改性材料，将岩沥青与集料、基质沥青混合、掺配，改善基质沥青的路用性能。

岩沥青常年与自然环境共存，性能非常稳定，掺加岩沥青对基质沥青进行改性，可以提高沥青路面的高温抗车辙性能、抗水损坏性能、抗老化性能和混合料的强度，且更利于后期的再生利用且性能衰减较少。

岩沥青中含有不小于 25% 的天然沥青，其余的为呈碱性的极细的具有增强沥青与集料粘附的矿物质。岩沥青每吨约 3200 元，远低于目前高达约 5000 元/t 的基质沥青。考虑本工程纵坡大于（或等于）4% 路段的特点，推荐采用岩沥青：A 级 70 道路石油沥青=40：60 进行生产。

（2）沥青混合料必须在沥青拌和厂采用拌和机械拌制，所使用的拌和设备和摊铺机械均应符合规范的要求。材料须堆放在遮雨棚内，沥青应储存稳定。

（3）装运混合料的自卸车应采用大吨位的，且有覆盖设备，箱底板、侧板应涂拌一层隔离剂，并排除游离余液。摊铺应连续、均衡进行，严格控制摊铺温度、厚度和平整度。同时，还应严格控制碾压温度、速度和遍数，保证达到要求的密实度。

（4）沥青面层的摊铺，原则上力求将接缝的数量减到最少，必须设接缝时，应尽量采用热接缝，少用或不用冷接缝。在铺筑上或中面层时，均应对其下层的质量进行再次检查，仔细清除一切杂物和污染，如有必要，可喷洒一定数量的粘层沥青。

8 施工方案及注意事项

8.1 路基施工

（1）施工前应做好清理场地工作，如砍树、挖根、除草、清淤、清除种植土单独堆放、填前压实、排水等。路基填方施工应根据设计断面分层填筑、分层压实，分层的最大松铺厚度不超过 30 cm，填筑的断面每侧应超宽 30～50 cm，填筑至路床顶面的最后一层土压实后的厚度应大于 10 cm，以保证路基压实度。

（2）高液限土的施工应避开雨季作业，加强现场排水，边坡应及时封闭、防护。在下雨时且尚未防护前，应采用临时措施防止雨水直接侵蚀。

8.2 边坡防护及加固工程施工

（1）浆砌片石护坡、护脚施工。浆砌片石及砂浆要求同浆砌片石拱形骨架。护坡基底下土层较软时，可在基底下换填 20～30 cm 的砂（路基设砂垫层时利用砂垫层超宽部分换填）。浸水路基一般在围堰排水，清淤后进行护坡施工。

（2）挡土墙施工。墙后采用挖方中硬质碎石土、石方回填时，填料内摩擦角按 40°设计；采用碎石土回填时，填料内摩擦角按 35°设计。沉降缝每 5～10 m 设置一道，缝宽 2 cm，墙顶、内、外侧采用沥青麻絮充填 20 cm。ϕ10 泄水孔布置在地面或常水位以上 30 cm，间距 2～3 m，上下两排交错布置。锥坡表面、墙顶用 M10 砂浆勾缝。墙后回填土采用人工填筑、分层夯实。料石注意错缝砌筑，基础完成后，及时回填墙趾土石。挡土墙在施工时，注意预埋防撞护栏钢筋。遇到有中央排水沟的横向排水管时，应注意预留管孔和急流槽。

8.3 路面施工

路面底基层、基层以厂拌法施工，沥青混凝土路面上、中、下面层均以集中厂拌、摊铺机摊铺法施工，路面施工应尽可能避免安排在雨季施工。在施工中要严格按照路面面层、基层施工技术规范执行，在保证质量的前提下力争在当年雨季前完成计划路段的路面基层与底基层施工。

面层混合料拌和场和基层混合料拌和场合并设置，拟设置于 K91+900 左侧，占地面积 30 亩，上路支距 100 m，拟前期用于基层混合料的拌和，路面施工开始后逐步退让为路面混合料拌和场。

耕地填前(夯)压实数量表

起讫桩号	长度(m)	平均宽度(m)	面积(m^2)	备注	起讫桩号	长度(m)	平均宽度(m)	面积(m^2)	备注
1	2	3	4						
K89+800 ~ K89+880	80	44.1	3528						
K89+904 ~ K89+950	46	36.2	1665						
K90+240 ~ K90+390	150	35.2	5280						
K90+470 ~ K90+970	500	32.9	16450						
K91+100 ~ K91+180	80	30.3	2424						
K91+400 ~ K91+506	106	34.6	3668						
K91+561 ~ K92+832	1271	46.0	58466						
K94+100 ~ K94+190	90	29.8	2682						
K94+350 ~ K94+370	20	54.6	1092						
K94+515 ~ K94+580	65	36.6	2379						
K95+080 ~ K95+370	290	26.1	7569						
K95+390 ~ K95+550	160	20.1	3216						
K95+595 ~ K95+700	105	17.7	1859						
K95+820 ~ K96+000	180	26.8	4824						
K96+120 ~ K96+880	760	34.1	25916						
合　计	3903		141017						

编制:　　　　复核:　　　　审核:

整修路基工程数量表

序号	起讫桩号	长度(m)	工程名称	主要尺寸及说明	采用标准图编号	整修路拱		整修边坡(km)	备注
						石质段(km^2)	土质段(km^2)		
1	2	3	4	5	6	7	8	9	10
	ZK86+200 ~ ZK86+373	173				0.657	1.592	0.173	
	ZK88+020 ~ ZK88+365	345				3.873	0.612	0.345	
	ZK88+737 ~ ZK89+697	960				10.937	1.543	0.96	
	YK86+198 ~ YK86+345	147				0.955	0.956	0.147	
	YK88+035 ~ YK88+190	155				0.301	1.714	0.155	
	YK88+290 ~ YK88+375	85				0.922	0.11925	0.085	
	YK88+746 ~ YK89+697	951				5.086	7.277	0.951	
	K89+697 ~ K91+506	1809				10.712	36.322	1.809	
	K91+561 ~ K92+831	1270				0.546	32.474	1.27	
	K92+999 ~ K93+000	1				0	0.026	0.001	
	K94+100 ~ K96+880	2780				32.656	39.624	2.78	
	合计					66.645	122.25925	8.676	

编制: 复核: 审核:

特殊路基处理工程数量表(挖方换填)

序号	起讫桩号	长度(m)	宽度(m)	填料来源	清移挖方段96区		填料数量(m^3)	回填挖方段96区		机械碾压	GC50增强型土工格室(m^2)	渗沟				备注
					含挖装运第一个1km	汽车增运运量(m^3/0.5km)		含挖装运第一个1km	汽车增运运量(m^3/0.5 km)			C15现浇混凝土(m^3)	碎石或砾石(m^3)	无纺土工布(m^2)	φ175 mm PVC管(m)	
					高液限黏土(m^3)			低液限黏土质砂硬土(m^3)		硬土(m^3)						
	1	2		3	8	10	4	11	12	13	14					15
1	K94+170 ~ K94+190	20	5	由 K95+250 左侧 100 m 取土场借硬土	76		83	83		76	100					往 K94+250 左侧 230 m 弃土场弃土
2	K94+230 ~ K94+330	100	22	由 K95+250 左侧 100 m 取土场借硬土	1721		1876	1876		1721	2200					往 K94+250 左侧 230 m 弃土场弃土
3	K94+372 ~ K94+710	338	20	由 K95+250 左侧 100 m 取土场借硬土	5280		5755	5755		5280	6760					往 K94+250 左侧 230 m 弃土场弃土
4	K94+735 ~ K94+915	180	20	由 K95+250 左侧 100 m 取土场借硬土	2852		3109	3109		2852	3600					往 K94+250 左侧 230 m 弃土场弃土
5	K95+680 ~ K96+135	455	18	由 K95+250 左侧 100 m 取土场借硬土	6235		6796	6796		6235	8190					往 K95+550 左侧 60 m 弃土场弃土
6	K96+365 ~ K96+520	155	10	由 K96+300 左侧 400 m 取土场借硬土	1194		1301	1301		1194	1550					往 K95+550 左侧 60 m 弃土场弃土
7	K96+685 ~ K96+807	122	11	由 K96+300 左侧 400 m 取土场借硬土	984		1073	1073		984	1342					往 K96+650 右侧 100 m 弃土场弃土
8	K96+850 ~ K96+880	30	11	由 K96+300 左侧 400 m 取土场借硬土	248		270	270		248	330					往 K96+650 右侧 100 m 弃土场弃土
9																
10																
11																
12																
13																
14																
15																
16																
17																
18																
19																
20																
21	合 计	1400			18590		20263	20263		18590	24072					

编制:　　　　复核:　　　　审核:

清除表土工程数量表

序号	桩号	长度(m)	平均宽度(m)	平均深度(m)	清除表土		回填数量		推土机推表土		装载机装汽车运表土		挖掘机配自卸汽车运土				机械碾压		备注
					面积(m^2)	数量(m^3)	土方(m^3)	石方(m^3)	第一个20 m(m^3)	每增运10 m(m^3)	第一个1 km(m^3)	每增运0.5 km(m^3)	第一个1 km		每增运0.5 km		土方(m^3)	石方(m^3)	
													土方(m^3)	石方(m^3)	土(m^3)	石(m^3)			
1	2	3	4	5	6	7	8	9	10	11	12	13	14	15	16	17	18	19	20
1	YK86+198 ~ K86+359.0	161	32	0.3	5152	1546		1422	1546		1546							1546	往 K86+300 左 70 m 弃土 1546 m^3 由 YK86+324 进次坚石 1422 m^3
2	YK88+028 ~ K88+190.7	163	45	0.3	7344	2203		2027	2203		2203							2203	往 K88+240 右 80 m 弃土 10335 m^3 由 ZK88+174 进次坚石 9508 m^3
3	YK88+190.7 ~ K88+289.3	99	20	0.3	1972	592		545	592		592							592	
4	YK88+289 ~ K88+370.0	81	45	0.3	3645	1094		1006	1094		1094							1094	
5	YK88+742 ~ K89+100.0	358	60	0.3	21486	6446		5930	6446		6446							6446	
6	YK89+100 ~ K89+800.0	450	51	0.3	22950	6885		6334	6885		6885							6885	往 K89+860 左 80 m 弃土 21087 m^3 由 ZK88+174 进次坚石 6007 m^3、坚石 7063 m^3 在 K95+250 左 100 m 借硬土 7500 m^3
7	K89+800 ~ K90+500.0	540	41	0.3	22140	6642		6111	6642		6642							6642	
8	K90+500 ~ K91+200.0	700	36	0.3	25200	7560	7500	625	7560		7560		7500		52500		6881	679	
9	K91+340 ~ K91+506.0	166	18	0.3	2988	896	977		896		896		977		5862		896		往 K91+130 左 60 m 弃土 4686 m^3 在 K95+250 左 100 m 借硬土 5108 m^3
10	K91+561.0 ~ K91+900.0	339	27	0.3	9153	2746	2993		2746		2746		2993		14965		2746		
11	K91+900 ~ K92+335.0	435	8	0.3	3480	1044	1138		1044		1044		1138		4552		1044		
12	K92+335 ~ K92+831.5	497	14	0.3	6951	2085	2273		2085		2085		2273		6819		2085		往 K92+820 左 250 m 弃土 6611 m^3 在 K95+250 左 100 m 借硬土 7206 m^3
13	K94+100 ~ K94+717.0	397	38	0.3	15086	4526	4933		4526		4526	4526	4933				4526		
14	K94+717 ~ K94+800.0	83	41	0.3	3403	1021	1113		1021		1021	2042	1113				1021		往 K96+650 右 100 m 弃土 22214 m^3 在 K95+250 左 100 m 借硬土 14651 m^3 在 K96+300 左 500 m 借硬土 9563 m^3
15	K94+800 ~ K95+500.0	520	45	0.3	23400	7020	7652		7020		7020	7020	7652				7020		
16	K95+500 ~ K96+200.0	500	36	0.3	18000	5400	5886		5400		5400		5886				5400		
17	K96+200 ~ K96+818.0	618	42	0.3	25956	7787	8488		7787		7787		8488				7787		
18	K96+818 ~ K96+880.0	62	53	0.3	3286	986	1075		986		986		1075				986		
19																			
20	合计	6233			221592	66479	44028	24000	66479		66479	13588	44028		84698		40392	26087	

编制：　　　　复核：　　　　审核：

路基每公里土石方数量表

序号	起讫桩号	长度(m)	挖方(m^3)						填方数量(m^3)				填方(自然方)										弃方(m^3)					机械碾压(m^3)		备注
			总数量	土方		石方			总数量	填土石	填石	码砌石方	利用方(m^3)					借方(m^3)			合计							土方	石方	
				普通土	硬土	软石	次坚石	坚石					普通土	硬土	软石	次坚石	坚石	普通土	硬土	软石	土	石	普通土	硬土	软石	次坚石	坚石			
1	2	3	4	5	6	7	8	9	10	11	12	13	14	15	16	17	18	19	20	21	22	23	24	25	26	27	28	30	31	32
1	ZK86+200 ~ ZK87+000	150.09	910		91		819		4304	4304				91		3883					91	3883						83	4221	扣隧道桥长 649.91 m
2	ZK87+000 ~ ZK88+000																													扣隧道桥长 1000.0 m
3	ZK88+000 ~ ZK89+000	608.04	210393		21928	9831	171104	7530	26465	26465				3282	5570	15541	467				3282	21578						3011	23454	扣隧道桥长 389.96 m
4	ZK89+000 ~ ZK89+690.84	690.84	202521		31178	36695	134648		22077	22077				9170	7132	5438					9170	12570						8414	13663	
5	YK86+198 ~ YK86+990	147.00	5903		591		5312		730	730				580		182					580	182		11		644		532	198	扣隧道桥长 645.0 m
6	YK86+990 ~ YK88+000																													扣隧道桥长 1010.0 m
7	YK88+000 ~ YK89+000	495.83	60733		6074	4162	50497		175381	175381				19365	4162	140845					19365	145007						17765	157616	扣隧道桥长 504.17 m
8	YK89+000 ~ YK89+696.82	696.82	60727		18754	34594	7379		107416	107416				13812	18800	68365					13812	87165						12671	94745	
9	K89+696.82 ~ K89+977	280.18	30619	9068	13837	7714			90401	90401			9068	32817	43811	4466					41885	48277						37926	52475	
10	K89+977 ~ K91+000	1023.00	131417	1843	29356	50109	50109		218019	218019			1843	42681	63630	99460					44524	163090						40747	177272	
11	K91+000 ~ K92+000	945.00	41788	11035	21539	6645	2569		92031	92031			856	21016	6645	59607					21872	66252	10179	523				20018	72013	扣隧道桥长 55.0 m
12	K92+000 ~ K93+000	832.92							189697	189697			823	28134	67613	41261		20031	30047		79035	108874						71356	118341	扣隧道桥长 167.08 m
13	K94+100 ~ K95+000	900.00	225686	22570	85903	78990	38223		83620	83620			7248	60674	14282	5692					67922	19974	15322					61909	21711	
14	K95+000 ~ K96+000	1000.00	132761	15188	33606	43229	40738		98725	98725			4085	18040	5115	5064		30198	45297		97620	10179	3699					87661	11064	
15	K96+000 ~ K96+880	880.00	46619	6587	12214	13023	14795		181572	181572			6581	24875	48232	48808		21267	31902			97040	6587					76094	105478	
16																														
17																														
18																														
19																														
20																														
21	合计	8649.72	1150077	66291	275071	284992	516193	7530	1290438	1290438			30504	274537	284992	498612	467	71496	107246		399158	784071	35787	534		644		438187	852251	
22																														往换填出 次坚石 16937 m^3
23																														坚石 7063 m^3
24																														
25																														

路基每公里土石方数量表

起讫桩号	计价方分类															总计价方(m³)			总运量							备注或下一千米调配示意
	推土机(m³)		推土机施工石方(m³)			机械开炸石方(m³)			铲运机(m³)		挖掘机挖装土方(m³)		装载机装载石方(m³)			土	石	合计	铲运机增运(m³/50 m)	推土机增运(m³/10 m)		汽车运土(m³)		汽车运石(m³)		
	普土	硬土	软石	次坚石	坚石	软石	次坚石	坚石	普土	硬土	普土	硬土	软石	次坚石	坚石				土	土	石	第一个1 km	每增运0.5 km	第一个1 km	每增运0.5 km	
33	34	35	36	37	38	39	40	41	42	43	44	45	46	47	48	49	50	51	52	53	54	55	56	57	58	59
ZK86+200 ~ ZK87+000		91		819			819									91	819	910		65	17125					由 YK86 进:次坚石 3064
ZK87+000 ~ ZK88+000																										
ZK88+000 ~ ZK89+000		15693	9831	65233	467	9831	171104	7530				6235		105871	7063	21928	188465	210393			85954	6235		112934		硬土 5355 软石 4261
ZK89+000 ~ ZK89+690. 84		3815	2871	14804		36695	134648			14038		13325	33824	119844		31178	171343	202521		53550	42610	13325		153668		次坚石 11286
YK86+198 ~ YK86+990		580		3246			5312			11				2066		591	5312	5903		2480				2066		
YK86+990 ~ YK88+000																										
YK88+000 ~ YK89+000		1514	4162	9441		4162	50497			4560				41056		6074	54659	60733	9120	29818	398375			41056		硬土 13291 软石 90348
YK89+000 ~ YK89+696. 82		4247	12289	7379		34594	7379			14507			22305			18754	41973	60727	19130	7645	91387			22305		次坚石 49700
																										硬土 4942 软石 15794
K89+696. 82 ~ K89+977	1069	709	354			7714			7999	13128			7360			22905	7714	30619	97047					7360		硬土 14038 软石 20303 次坚石 4466
K89+977 ~ K91+000	1222	1731	306	306		50109	50109		621	27625			49803	49803		31199	100218	131417	62090				13325	99606	51492	硬土 13325 软石 13521 次坚石 49351
K91+000 ~ K92+000	856	4380	3571	2569		6645	2569		9655	16636	524	523	3074			32574	9214	41788	162053	6786	32844	1047		3074	162745	由 ZK89 进:次坚石 57038
K92+000 ~ K93+000											20031	30047				50078		50078				50078	278723		274702	由 ZK89 进:次坚石 7069
K94+100 ~ K95+000	1999	30344	3155	898		78990	38223		15747	30330	4824	25229	75835	37325		108473	117213	225686	155216	194280		30053		113160		硬土 25229 软石 64708 次坚石 32531
K95+000 ~ K96+000	4085	13909	5115	5064		43229	40738		40478	59853	823	5141	38114	35674		124289	83967	208256	106315	7030	630	5964		73788		普土 823 硬土 2905 软石 2905 次坚石 1661
K96+000 ~ K96+880		8218	6674	3574		13023	14795		6587	3996	21267	31902	6349	11221		71970	27818	99788	182592	4590	2661	53169	53169	17570		普土 6581 硬土 12661 软石 35209 次坚石 34013
合计	9231	85231	48328	113333	467	284992	516193	7530	81087	184684	47469	112402	236664	402860	7063	520104	808715	1328819	793563	306244	671586	159871	345217	646587	488939	

路基、路面排水工程数量表(边沟)

起讫桩号或中心桩号	工程名称	主要尺寸及说明	采用标准图编号	设置位置及数量		类型	工程数量															备注
							浆砌片石矩形边沟									渗沟						
				左	右		M7.5 浆砌片石	C20 现浇混凝土台帽	M10 砂浆抹面	C30 混凝土盖板	HPB300 φ8 钢筋	HRB400 φ14 钢筋	人工开挖基础 硬土	人工开挖基础 软石	人工开挖基础 次坚石	三维拉伸网+植草	C15 现浇混凝土垫层	碎石或砾石	无纺土工布	φ100 mm PVC 管	挖沟石方	
				(m)	(m)		(m^3)	(m^3)	(m^2)	(m^3)	(kg)	(kg)	(m^3)	(m^3)	(m^3)	(m^2)	(m^3)	(m^3)	(m^2)	(m)	(m^3)	
1	2	3	4	5	6	7	8	9	10	11	12	13	14	15	16	17	18	19	20	21	23	24
YK86+198 ~ YK86+345	浆砌片石边沟				147		141.12	41.75	88	14.4	238	1338			188.16		5.9	35.3	353	147	43	
ZK86+198 ~ ZK86+200	浆砌片石边沟			2			1.92	0.57	1	0.2	3.2	18.2			3		0.1	0.5	5	2	1	
ZK88+267 ~ ZK88+365	浆砌片石边沟			98			94.08	27.83	59	9.6	159	892			125.44		3.9	23.5	235	98	28	
YK88+035 ~ YK88+070	浆砌片石边沟				35		33.60	9.94	21	3.4	57	319			44.8		1.4	8.4	84	35	10	
YK88+290 ~ YK88+375	浆砌片石边沟				85		81.60	24.14	51	8.3	138	774			108.8		3.4	20.4	204	85	25	
YK88+926 ~ YK88+930	浆砌片石边沟				4		3.84	1.14	2	0.4	6	36			5.12		0.2	1.0	10	4	1	
ZK88+737 ~ K89+810	浆砌片石边沟			1073			1030.08	304.73	644	105.2	1738	9764			1373.4		42.9	257.5	2575	1073	311	
YK88+950 ~ YK88+956	浆砌片石边沟				6		5.76	1.70	4	0.6	10	55			7.68		0.2	1.4	14	6	2	
YK89+085 ~ YK89+180	浅碟形边沟				95												3.80	39.0	268	95	145	
YK89+240 ~ YK89+406	浅碟形边沟				166												6.64	68.1	468	166	254	
YK89+520 ~ K89+770	浆砌片石边沟				250		240.00	71.00	150	24.5	405	2275			320		10.0	60.0	600	250	73	
K89+850 ~ K90+220	浆砌片石边沟			370			355.20	105.08	222	36.3	599	3367			473.6		14.8	88.8	888	370	107	
K90+000 ~ K90+180	浆砌片石边沟				180		172.80	51.12	108	17.6	292	1638			230.4		7.2	43.2	432	180	52	
K90+360 ~ K90+460	浆砌片石边沟			100			96.00	28.40	60	9.8	162	910			128		4.0	24.0	240	100	29	
K90+400 ~ K90+420	浆砌片石边沟				20		19.20	5.68	12	2.0	32	182			25.6		0.8	4.8	48	20	6	
K91+020 ~ K91+420	浆砌片石边沟			400			384.00	113.60	240	39.2	648	3640			512		16.0	96.0	960	400	116	
K91+160 ~ K91+385	浆砌片石边沟				225		216.00	63.90	135	22.1	365	2048			288		9.0	54.0	540	225	65	
K91+605 ~ K91+625	浆砌片石边沟			20			19.20	5.68	12	2.0	32	182			25.6		0.8	4.8	48	20	6	
K91+700 ~ K91+740	浆砌片石边沟			40			38.40	11.36	24	3.9	65	364			51.2		1.6	9.6	96	40	12	
K94+170 ~ K94+190	浆砌片石边沟				20		19.20	5.68	12	2.0	32	182			25.6		0.8	4.8	48	20	6	
K94+239 ~ K94+320	浆砌片石边沟			81			77.76	23.00	49	7.9	131	737			103.68		3.2	19.4	194	81	23	
K94+260 ~ K94+300	浅碟形边沟				40												1.60	16.4	113	40	61	
K94+400 ~ K94+520	浆砌片石边沟			120			115.20	34.08	72	11.8	194	1092			153.6		4.8	28.8	288	120	35	
K94+382 ~ K94+524	浆砌片石边沟				142		136.32	40.33	85	13.9	230	1292			181.76		5.7	34.1	341	142	41	
K94+560 ~ K94+700	浆砌片石边沟			140			134.40	39.76	84	13.7	227	1274			179.2		5.6	33.6	336	140	41	
小计				2444	1415		3416	1010	2135	349	5764	32378			4554		154	977	9388	3859	1494	

路基、路面排水工程数量表(边沟)

起讫桩号或中心桩号	工程名称	主要尺寸及说明	采用标准图编号	设置位置及数量		类型	工程数量															备注
							浆砌片石矩形边沟									渗沟						
				左	右		M7.5浆砌片石	C20现浇混凝土台帽	M10砂浆抹面	C30混凝土盖板	HPB300 ϕ8钢筋	HRB400 ϕ14钢筋	人工开挖基础			三维拉伸网+植草	C15现浇混凝土垫层	碎石或砾石	无纺土工布	ϕ100 mm PVC管	挖沟石方	
													硬土	软石	次坚石							
				(m)	(m)		(m^3)	(m^3)	(m^2)	(m^3)	(kg)	(kg)	(m^3)	(m^3)	(m^3)	(m^2)	(m^3)	(m^3)	(m^2)	(m)	(m^3)	
1	2	3	4	5	6	7	8	9	10	11	12	13	14	15	16	17	18	19	20	21	23	24
K94+580 ~ K94+690	浅碟形边沟				110												4.40	45.1	310	110	168	
K94+745 ~ K94+887	浅碟形边沟				142												5.68	58.2	400	142	217	
K94+804 ~ K94+905	浆砌片石边沟			101			96.96	28.68	61	9.9	164	919			129.28		4.0	24.2	242	101	29	
K94+937 ~ K95+075	浆砌片石边沟			138			132.48	39.19	83	13.5	224	1256			176.64		5.5	33.1	331	138	40	
K94+943 ~ K95+055	浆砌片石边沟				112		107.52	31.81	67	11.0	181	1019			143.36		4.5	26.9	269	112	32	
K95+280 ~ K95+380	浆砌片石边沟				100		96.00	28.40	60	9.8	162	910			128		4.0	24.0	240	100	29	
K95+420 ~ K95+595	浆砌片石边沟				175		168.00	49.70	105	17.2	284	1593			224		7.0	42.0	420	175	51	
K95+574 ~ K95+652	浅碟形边沟			78													3.12	32.0	220	78	119	
K95+690 ~ K96+090	浆砌片石边沟			400			384.00	113.60	240	39.2	648	3640			512		16.0	96.0	960	400	116	
K95+700 ~ K95+805	浅碟形边沟				105												4.20	43.1	296	105	161	
K96+017 ~ K96+110	浆砌片石边沟				93		89.28	26.41	56	9.1	151	846			119.04		3.7	22.3	223	93	27	
K96+390 ~ K96+510	浆砌片石边沟			120			115.20	34.08	72	11.8	194	1092			153.6		4.8	28.8	288	120	35	
K96+695 ~ K96+795	浆砌片石边沟				100		96.00	28.40	60	9.8	162	910			128		4.0	24.0	240	100	29	
K96+860 ~ K96+880	浆砌片石边沟				20		19.20	5.68	12	2.0	32	182			25.6		0.8	4.8	48	20	6	
小计				837	957		1305	386	816	133	2202	12367			1740		72	505	4488	1794	1060	
合计				3281	2372		4720	1396	2951	482	7966	44745			6294		226	1482	13876	5653	2553	

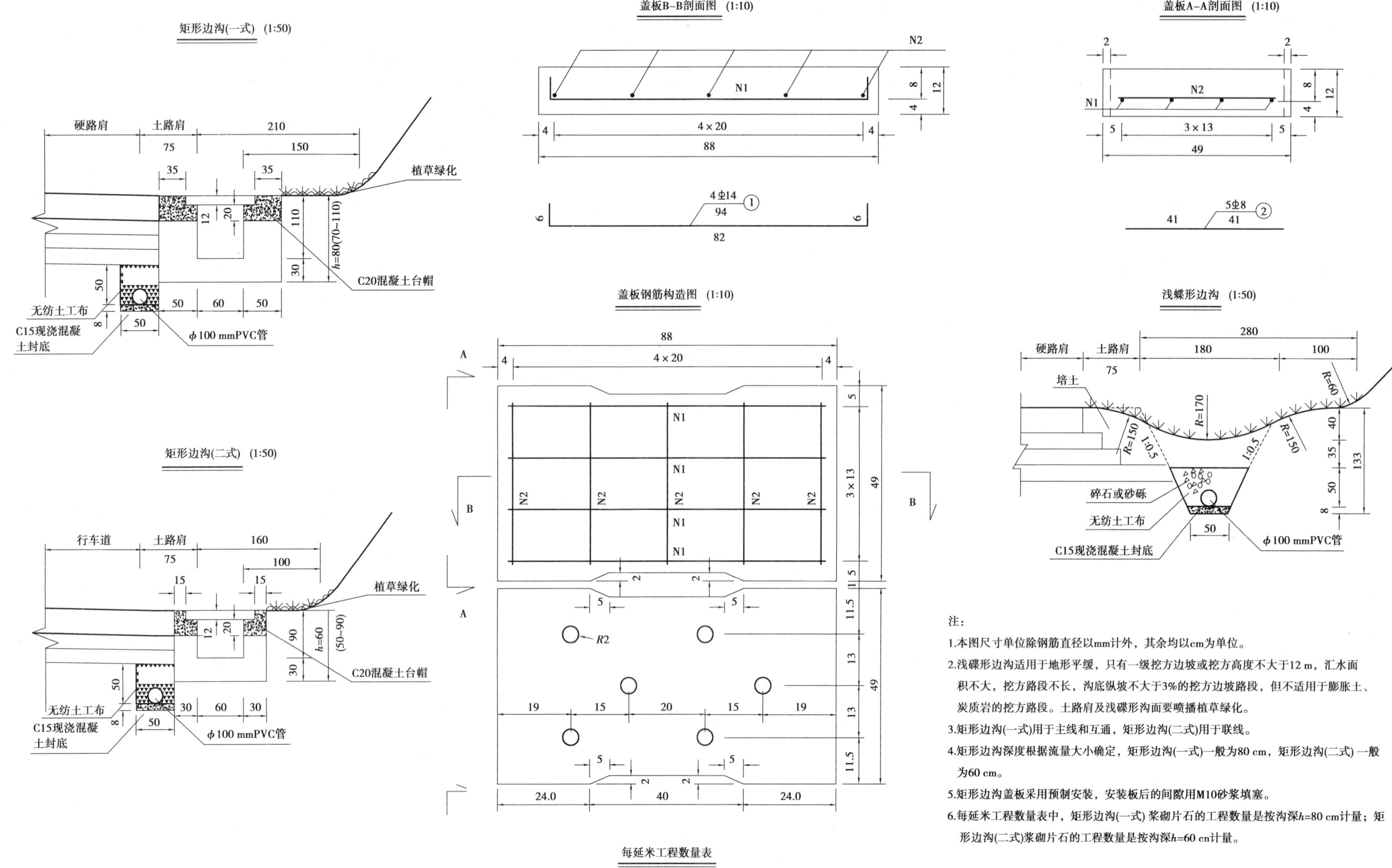

注:

1.本图尺寸单位除钢筋直径以mm计外，其余均以cm为单位。

2.浅碟形边沟适用于地形平缓，只有一级挖方边坡或挖方高度不大于12 m，汇水面积不大，挖方路段不长，沟底纵坡不大于3%的挖方边坡路段，但不适用于膨胀土、炭质岩的挖方路段。土路肩及浅碟形沟面要喷播植草绿化。

3.矩形边沟(一式)用于主线和互通，矩形边沟(二式)用于联线。

4.矩形边沟深度根据流量大小确定，矩形边沟(一式)一般为80 cm，矩形边沟(二式) 一般为60 cm。

5.矩形边沟盖板采用预制安装，安装板后的间隙用M10砂浆填塞。

6.每延米工程数量表中，矩形边沟(一式) 浆砌片石的工程数量是按沟深h=80 cm计量；矩形边沟(二式)浆砌片石的工程数量是按沟深h=60 cm计量。

每延米工程数量表

浅蝶形边沟							矩形边沟(一式)				矩形边沟(二式)				盖板			矩形边沟下纵向渗沟				
C15现浇混凝土(m^3)	碎石或砾石(m^3)	无纺土工布(m^2)	ϕ100 mm PVC管(m)	培土(m^3)	植草(m^2)	挖沟土方(m^3)	M7.5浆砌片石(m^3)	C20混凝土台帽(m^3)	M10砂浆抹面(m^2)	挖基土方(m^3)	M7.5浆砌片石(m^3)	C20混凝土台帽(m^3)	M10砂浆抹面(m^2)	挖基土方(m^3)	HPB300 ϕ8钢筋(kg)	HPB400 ϕ14钢筋(kg)	C30混凝土盖板(m^3)	C15现浇混凝土(m^3)	碎石或砾石(m^3)	无纺土工布(m^2)	ϕ100 mm PVC管(m)	挖沟土方(m^3)
0.04	0.41	2.82	1.00	1.00	4.09	1.53	0.96	0.284	0.60	1.28	0.53	0.147	0.60	0.72	1.62	9.10	0.098	0.04	0.24	2.40	1.00	0.29

路面工程数量表(行车道、路缘带及路肩部分)

序号	起讫桩号及中心桩号	长度(m)	结构类型	级配碎石垫层		4%水泥稳定碎石底基层		5%水泥稳定碎石基层	贫混凝土基层	透层(1000 m^2)	改性乳化沥青稀浆封层厚0.6 cm	水泥混凝土面层厚30 cm(1000 m^2)	水泥混凝土路面刻槽(1000 m^2)	AC-25C沥青混凝土下面层厚8 cm(1000 m^2)	改性乳化沥青粘层(1000 m^2)	AC-20C沥青混凝土中面层厚6 cm(1000 m^2)	橡胶改性沥青防水粘层(1000 m^2)	AC-13C沥青混凝土表面层厚4 cm(1000 m^2)	有纺土工布(m^2)	培土路肩厚74cm(m^2)	土路肩满铺草皮(m^2)	备注
				厚15 cm(1000 m^2)	厚20 cm(1000 m^2)	厚20 cm(1000 m^2)	厚40 cm(1000 m^2)	厚20 cm(1000 m^2)	厚20 cm(1000 m^2)													
1	2	3	4	5	6	7	8	9	10	11	12	13	14	15	16	17	18	19	20	21	22	23
1	ZK86+200.000 ~ ZK86+350.085	150.085	Ⅰ-1	2.299			1.890	1.824		1.824	1.824			1.768	1.756	1.747	1.738	1.732	659	203	203	
2	ZK88+020.000 ~ ZK89+690.836	1298.876	Ⅰ-1	17.977			16.234	15.955		15.955	15.955			15.570	15.466	15.388	15.310	15.258	2817	869	869	含隧道联络道
3	YK86+198.000 ~ YK86+345.000	147.000	Ⅰ-1	2.015			1.809	1.776		1.776	1.776			1.732	1.720	1.711	1.702	1.696	334	103	103	
4	YK88+035.000 ~ YK89+300.000	794.330	Ⅰ-1	12.114			9.991	9.652		9.652	9.652			9.357	9.294	9.246	9.198	9.167	3418	1054	1054	
5	YK89+300.000 ~ YK89+690.820	390.820	Ⅰ-1	5.728			4.875	4.738		4.738	4.738			4.604	4.573	4.549	4.526	4.510	1375	424	424	中面层岩沥青改性
6	K89+696.820 ~ K89+950.000	253.180	Ⅰ-1	7.087			6.218	5.990		5.990	5.990			5.767	5.747	5.732	5.717	5.707	1149	354	354	中面层岩沥青改性
7	K89+950.000 ~ K93+000.000	2827.920	Ⅰ-1	77.382			67.797	65.926		65.926	65.926			63.961	63.735	63.565	63.395	63.282	10501	3238	3238	
8	K94+100.000 ~ K95+950.000	1850.000	Ⅰ-1	51.051			45.367	44.090		44.090	44.090			43.005	42.857	42.746	42.635	42.561	5682	1752	1752	含视距加宽段
9	K95+950.000 ~ K96+400.000	450.000	Ⅰ-1	12.092			10.621	10.394		10.394	10.394			10.134	10.098	10.071	10.044	10.026	1378	425	425	中面层岩沥青改性
10	K96+400.000 ~ K96+880.000	480.000	Ⅰ-1	12.902			11.551	11.236		11.236	11.236			10.886	10.847	10.818	10.790	10.770	1476	455	455	
11																						
12																						
13																						
14																						
15																						
16																						
17	合计	8642.211		200.647			176.353	171.581		171.581	171.581			166.784	166.093	165.573	165.055	164.709	28789	8877	8877	
18																						
19																						
20																						
21																						
22																						
23																						
24																						
25																						

注:YK89+300 ~ YK89+690.82、K89+696.82 ~ K89+950、K95+950 ~ K96+400段中面层采用岩沥青改性,面积为20.352千平方米,其余中面层采用普通沥青。

路面工程数量表(中央分隔带开口部分)

序号	起讫桩号或中心桩号	开口长度(m)	分隔带宽度(m)	C20混凝土端头缘石(m^3)	级配碎石垫层		4%水泥稳定碎石底基层		5%水泥稳定碎石基层		贫混凝土基层		透层(1000 m^2)	改性乳化沥青稀浆封层厚0.6 cm(1000 m^2)	水泥混凝土路面厚30 cm(1000 m^2)	水泥混凝土路面刻槽(1000 m^2)	AC-25C沥青混凝土下面层厚8 cm(1000 m^2)	改性乳化沥青粘层(1000 m^2)	AC-20C沥青混凝土中面层厚6 cm(1000 m^2)	橡胶改性沥青防水粘层(1000 m^2)	AC-13C沥青混凝土表面层厚4 cm(1000 m^2)	备注
					厚15 cm(1000 m^2)	厚20 cm(1000 m^2)	厚20 cm(1000 m^2)	厚40 cm(1000 m^2)	厚18 cm(1000 m^2)	厚20 cm(1000 m^2)	厚18 cm(1000 m^2)	厚20 cm(1000 m^2)										
1	2	3	4	5	6	7	8	9	10	11	12	13	14	15	16	17	18	19	20	21	22	23
1	K89+717	40.0	2.0	0.14	0.019			0.043		0.081			0.081	0.081			0.081	0.081	0.081	0.081	0.081	
2	K92+791	40.0	2.0	0.14	0.019			0.043		0.061			0.061	0.061			0.081	0.081	0.081	0.081	0.081	
3	K94+137	40.0	2.0	0.14	0.019			0.043		0.061			0.061	0.061			0.081	0.081	0.081	0.081	0.081	
4																						
5																						
6																						
7																						
8																						
9																						
10																						
11																						
12																						
13	合计			0.42	0.057			0.129		0.203			0.203	0.203			0.243	0.243	0.243	0.243	0.243	
14																						
15																						
16																						
17																						
18																						
19																						
20																						
21																						

路面工程数量表(中央分隔带部分)

序号	起讫桩号及中心桩号	长度(m)	级配碎石垫层		4%水泥稳定碎石底基层		5%水泥稳定碎石基层	水泥混凝土面层	AC-25C 沥青混凝土下面层	改性乳化沥青粘层	AC-20C 沥青混凝土中面层	改性沥青防水粘层	AC-13C 沥青混凝土表面层	预制安装C15混凝土缘石	M7.5 砂浆坐浆	中央分隔带回填土	备注
			厚15 cm (1000 m^2)	厚20 cm (1000 m^2)	厚20 cm (1000 m^2)	厚40 cm (1000 m^2)	厚20 cm (1000 m^2)	厚30 cm (1000 m^2)	厚8 cm (1000 m^2)	(1000 m^2)	厚6 cm (1000 m^2)	(1000 m^2)	厚4 cm (1000 m^2)	(m^3)	厚2 cm (m^2)	(m^3)	
1	2	3	4	5	6	7	8	9	10	11	12	13	14	15	16	17	18
1	K89+737.000~K92+771.000	2979.000												134.14	838.4	3277	扣桥长 55.00 m
2	K92+811.000~K93+000.000	22.000												1.41	8.8	24	扣桥长 167.00 m
3	K94+157.000~K96+880.000	2723.000												96.54	603.4	2995	
4																	
5																	
6																	
7																	
8																	
9																	
10																	
11																	
12																	
13																	
14																	
15																	
16																	
17																	
18																	
19																	
20																	
21	合计	5724.000												232.09	1450.6	6296	

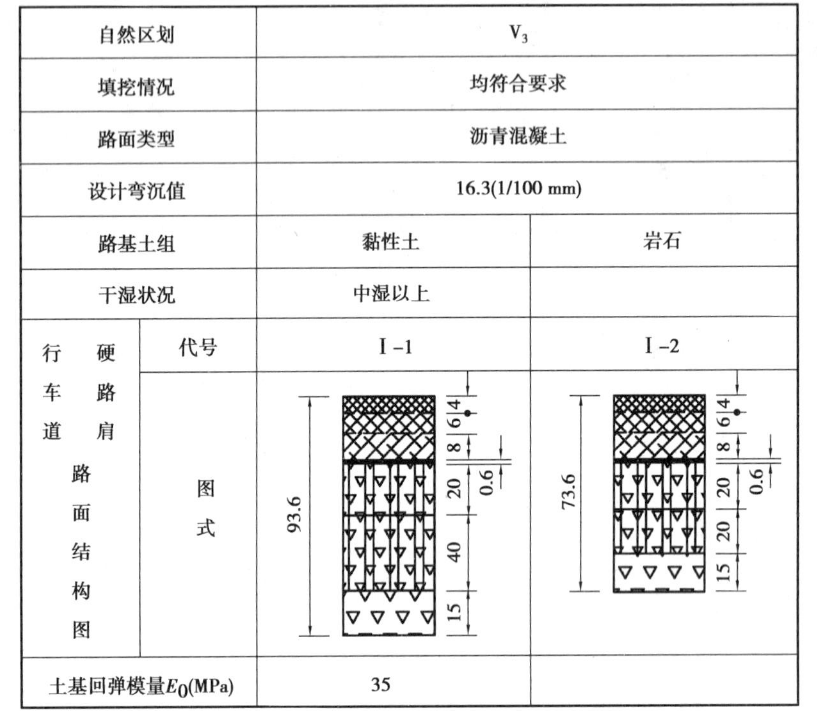

自然区划		V_3	
填挖情况		均符合要求	
路面类型		沥青混凝土	
设计弯沉值		16.3(1/100 mm)	
路基土组		黏性土	岩石
干湿状况		中湿以上	
行车道硬路肩路面结构图	代号	Ⅰ-1	Ⅰ-2
	图式	93.6; 4, 6, 8, 20, 40, 15; 0.6	73.6; 4, 6, 8, 20, 20, 15; 0.6
土基回弹模量E_0(MPa)		35	

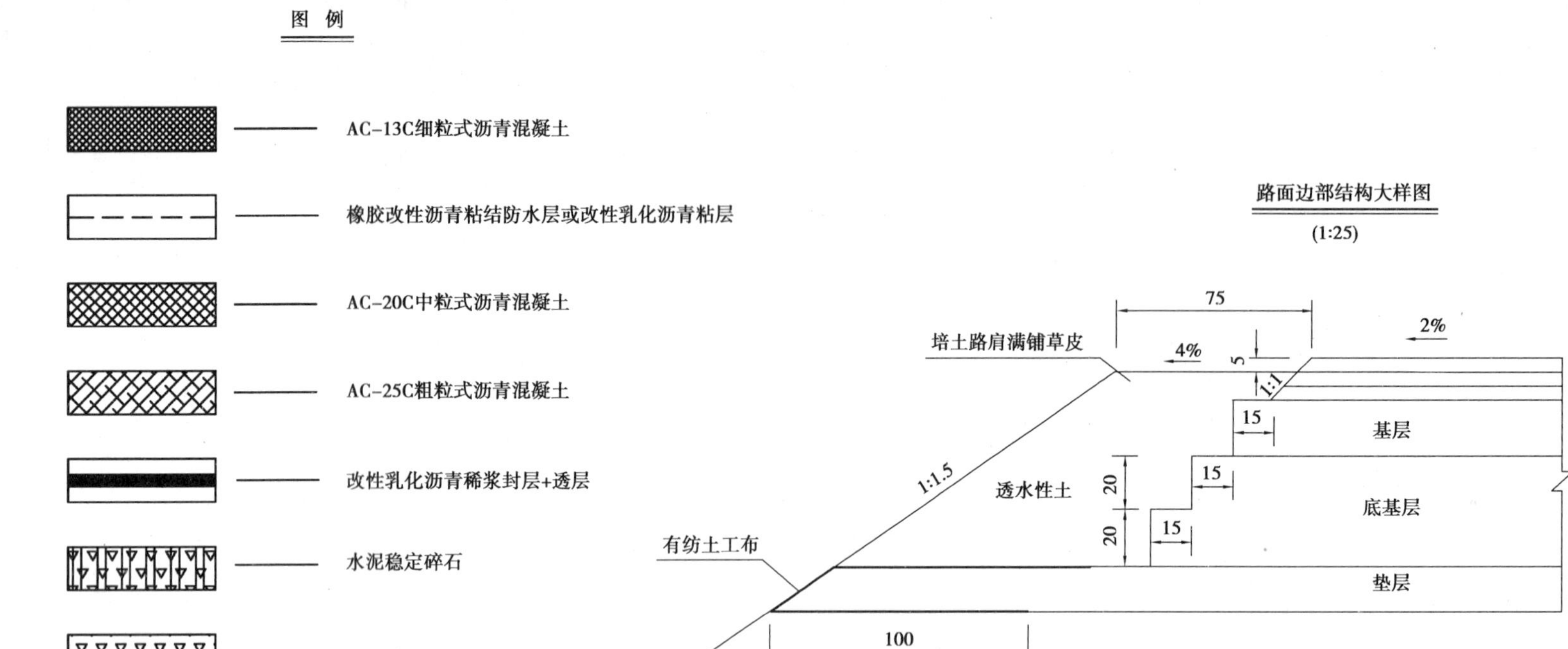

每千平方米路面材料用量表

项目名称	石油沥青(t)	改性沥青(t)	岩沥青(t)	改性乳化沥青(t)	水泥(t)	碎石(m^3)	砂(m^3)	石屑(m^3)	矿粉(m^3)	水(m^3)
4 cmAC-13C沥青混凝土		4.901				28.93	18.85	10.45	5.136	51
6 cmAC-20C沥青混凝土	6.472		0.336			51.28	23.39	13.61	7.063	
8 cmAC-25C沥青混凝土	8.469					82.26	23.73	13.45	7.688	
橡胶改性沥青粘结防水层		1.500				6.00				
改性乳化沥青粘层				0.464						
0.6 cm改性乳化沥青稀浆封层				1.476			0.60	2.95	0.287	
煤油稀释液体沥青透层	0.927							2.55		
20 cm5%水泥稳定碎石基层					22.340	293.77				26
20 cm4%水泥稳定碎石底基层					17.872	296.86				26
40 cm4%水泥稳定碎石底基层					35.744	593.75				46
15 cm级配碎石垫层						205.27		22.67		

注:

1.本图尺寸均以cm为单位。

2.AC-13C沥青混凝土表面层，沥青采用改性沥青，碎石采用辉绿岩碎石；纵坡≥4%的AC-20C采用岩沥青改性，其余AC-20C、AC-25C为70号A级沥青，碎石采用石灰岩碎石；防水粘层采用橡胶改性沥青；粘层及下封层沥青采用改性乳化沥青；透层沥青采用煤油稀释液体沥青。

3.水泥稳定碎石基层7天浸水抗压强度4.0 MPa，水泥稳定碎石底基层7天浸水抗压强度2.5 MPa。

4.采用“石质路段路面标准横断面图”结构的路段，其全断面岩石分类应属次坚石以上硬质岩类，其划分长度不应小于50 m。

5.泄水孔每5 m设一道，上、下排水孔应错开布设，孔背应填塞土工织物。

6.本图未详尽示明部分请参见另图。

土质路段路面标准横断面图
(示意)

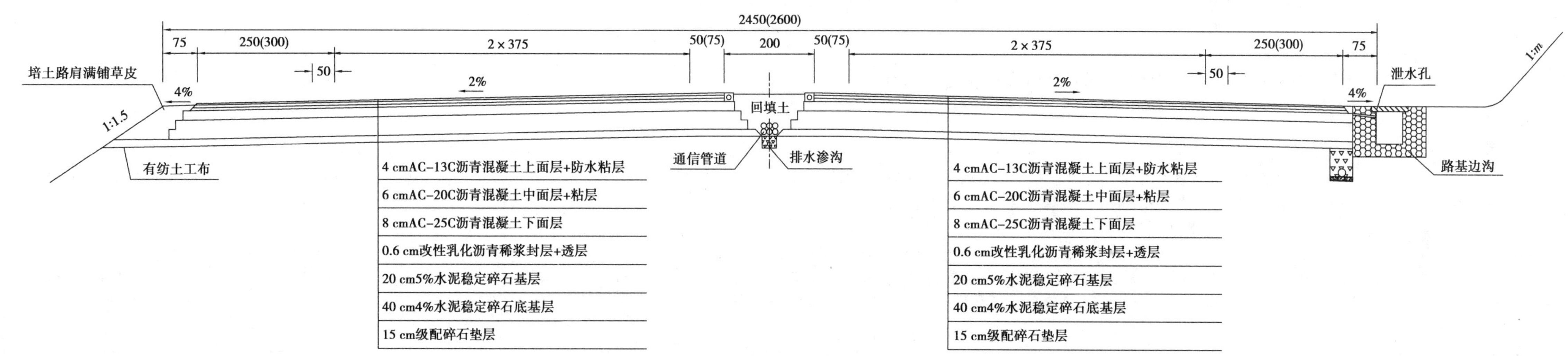

石质路段路面标准横断面图
(示意)

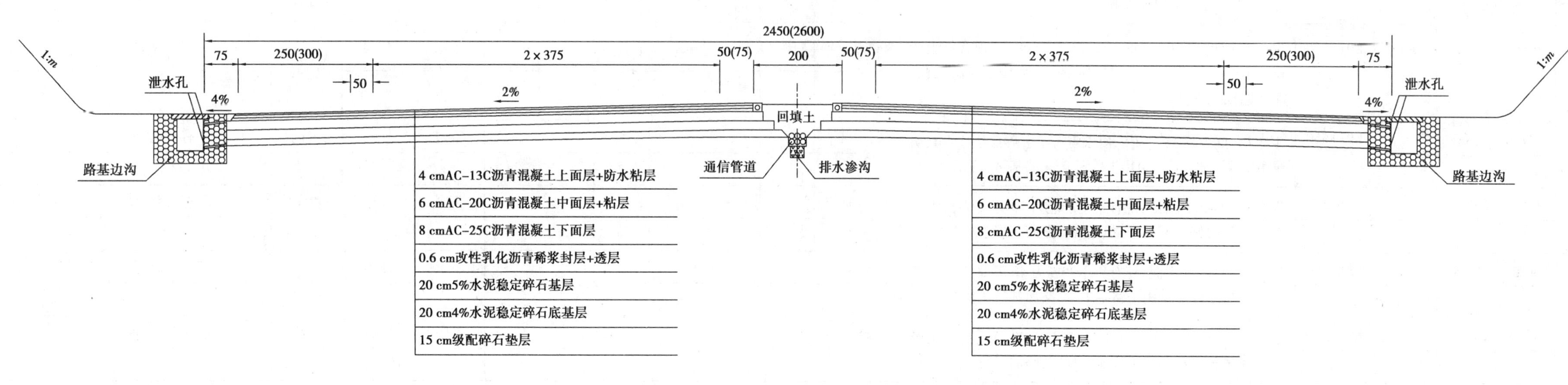

陆塞至和驰高速公路两阶段施工图设计		设计		复核		审定		页码	17

沿线筑路材料料场表(石料、砂料、水泥)

陆塞至和驰高速公路两阶段施工图设计(No. 10:YK86+198 ~ K96+880)

序号	料场名称	材料名称	料场位置			料场说明	储存量(m^3)	计划用量(m^3)			覆盖层			开采时间	开采方法	运输方式	通往料场的道路情况	备注
			距路线距离(km)		上路桩号			路面	大中桥	其他构造物	种类	厚度(cm)	面积(m^2)					
			左	右														
1	2	3	4	5	6	7	8	9	10	11	12	13	14	15	16	17	18	19
1	六甲梅洞石场	石灰岩	6300		K91+550	位于六甲河化集团附近,交通方便,微风化石灰岩,Ⅲ级以上强度,储量大,有片石、碎石及人工砂供应,适用于各项工程	100万					50		不限	外购	汽运	已有公路,路况好	
2	凌霄村都腊石场	石灰岩		4000	K107+000	位于凌霄村都腊屯附近,紧靠路线,交通方便,微风化石灰岩,Ⅲ级以上强度,有碎石及人工砂供应,可用于各项工程	30万					50		不限	外购	汽运	已有村级公路、便道	
3		人工砂				分布在上述各石场等,为级配合格的中粗砂,每个料场均可扩大生产规模,可用于公路路基排水、防护工程、桥涵下构部分	$200m^3$/天							不限	外购	汽运	已有公路、便道,路况好	
4	田东那拔石场	辉绿岩		240000	K91+550	位于田东县那拔镇那练村附近,微风化辉绿岩,岩石坚硬,储量较丰富,石场已经生产碎石,每天供应碎石1000 m^3,可用于沥青混凝土表面层	30万~50万					400		不限	外购	汽运	已有公路、便道,路况好	
5	钦州平吉砂场	河砂		418000	K91+550	位于钦州平吉附近,中粗砂,质量好,可用于路面混凝土及桥梁工程。曾用于坛百路桥梁工程	1000 m^3/天							不限	外购	火车/汽车运输	已有公路、铁路,路况好	
6	钦州黄屋屯砂场	河砂		386000	K91+550	位于钦州黄屋屯附近,中粗砂,质量好,可用于路面混凝土及桥梁工程。曾用于坛百路桥梁工程	1000 m^3/天							不限	外购	火车/汽车运输	已有公路、便道	
7	贵港砂场	河砂		428000	K91+550	位于贵港市西江桥码头附近,中粗砂,规模较大,质量好,可用于路面混凝土及桥梁工程	1000 m^3/天							不限	外购	火车/汽车运输	已有公路、便道	
8	峻峰水泥集团	水泥		61100	K91+550	生产P·O52.5/P·O42.5/P·O32.5水泥,现有年生产能力800万t(旋窑生产线),质量好。可用于桥涵工程、路基路面工程	800万t/年							不限	外购	火车/汽车运输	已有公路、便道	
9	崇山水泥厂	水泥	6300		K91+550	生产P·O42.5/P·O32.5水泥,现有年生产能力45万t(旋窑生产线),质量好。可用于桥涵工程、路基路面工程	45万t/年							不限	外购	汽运	已有公路、便道	
10	河池成金水泥厂	水泥	29200		K91+550	生产P·O42.5水泥,现有年生产能力30万t(立窑生产线),质量较好。可用于路基工程、路面基层工程	30万t/年							不限	外购	汽运	已有公路、便道	
11	河池大驰水泥厂	水泥	29200		K91+550	生产P·O42.5水泥,现有年生产能力40万t(立窑生产线),质量较好。可用于路基工程、路面基层工程	40万t/年							不限	外购	汽运	已有公路、便道	
12	河池特种水泥厂	水泥	29200		K91+550	生产P·O42.5水泥,现有年生产能力20万t(旋窑生产线),质量较好。可用于桥涵、路基及路面工程	20万t/年							不限	外购	汽运	已有公路、便道	

编制: 复核: 审核:

临时工程数量表

序号	工程名称	位置或桩号	工程说明	工程项目及数量														备注
				便道			便桥	电力线		电信线	轨道(32 kg)		路面拌和站	拌和场清表平整、压实	场地铺水泥混凝土厚20 cm	场地铺碎石厚15 cm	占地数量	
				利用老路	路基宽7 m	路面宽6 m		干线	支线		路基	桥面上						
				(km)	(km)	(km)	(m/座)	(km)	(km)	(km)	(m)	(m)						
1	2	3	4	5	6	7	8	9	10	11	12	13	14	15	16	17	18	19
1	电力电讯线		临时线路															
	YK88+035 ~ K92+000							4.5										
	K92+000 ~ K96+880							5.2										
2	取、弃土场便道		便道路基宽7 m															15 cm级配碎石路面
	取土坑1	K95+250			0.2	0.2											3.90	
	取土坑2	K96+300			0.5	0.5											9.75	
	弃土堆1	ZK86+300			0.1	0.1											1.95	
	弃土堆2	YK88+240			0.1	0.1											1.95	
	弃土堆3	K89+860			0.1	0.1											1.95	
	弃土堆4	K91+130			0.1	0.1											1.95	
	弃土堆5	K92+820			0.3	0.3											5.85	
	弃土堆6	K94+250			0.2	0.2											3.90	
	弃土堆7	K95+550			0.1	0.1											1.95	
	弃土堆8	K96+650			0.2	0.2											3.90	
3	横向施工便道		便道路基宽7 m															15 cm级配碎石路面
	YK88+500				0.9	0.9											17.55	
	K89+830				1.9	1.9											37.05	
	K90+680				7.0	7.0											136.50	
	K95+150				0.8	0.8											15.60	
	K95+650				1.5	1.5											29.25	
4	路面拌和站	K91+900											1	20010	10000	10000	30.00	
	合计				14.0	14.0		9.7					1.0	20010.0	10000.0	10000.0	303.00	

编制: 复核: 审核:

第 4 部分　案例项目图纸

项目名称:北塞至畔绥公路 No.1 合同段

图纸目录

第一篇 总体设计说明

1 任务依据、技术标准

1.1 任务依据

(略)

1.2 技术标准

项目根据工可报告及业主的要求,本路段采用40 km/h 的设计速度。由于项目投资的严格控制,根据业主及主管部门的意见,局部路段地形条件复杂困难,采用 30 km/h 的设计速度,分段采用不同的公路标准设计。

公路等级:二级公路 。

汽车荷载等级:公路-Ⅰ级 。

路基宽度:路基宽度为 8.5 m,由行车道宽度 2×3.5 m、两侧硬路肩 2×0.25 m、两侧土路肩 2×0.5 m 组成。

设计洪水频率:大、中桥为 1/100,小桥涵和路基为 1/50。

桥梁宽度:大、中、小桥与路基同宽,桥梁不设人行道,仅设钢筋混凝土防撞墙。

路面类型:采用水泥混凝土路面。

2 工程概况

广西北塞至畔绥公路为旧路改建项目,是百色市地方路网的重要组成部分。本设计标段起点 K10+000 位于百色市北塞乡附近,终点位于百色市畔绥镇附近,桩号 K33+000。第一标段全路段属右江区地域。

工程路线全长 23 km,路基宽度为 8.5 m,采用水泥混凝土路面。

沿线主要河流有昔仁河及其支流,昔仁河为福禄河的一级支流。福禄河属珠江流域西江水系,流入右江。路线所经区域内的水库主要有白龙和大棱水库,主要靠大气降水及地表水补给。

本标段区域内,路线起点接规划中的北塞至畔绥公路规划区边缘至那怀段。本项目作为区域内的干线公路,现有公路为县道 X236 线,三级公路,路基宽度为 7.5 m,路面宽度为 6.5 m,为沥青碎石路面,旧路养护情况正常,公路使用情况良好。X236 线与一些地方道路支线共同组成运输网络。项目沿线交通发达,路况尚好,且离路线近,对施工十分有利。

3 沿线筑路材料、水、电等建设条件及与公路建设的关系

3.1 路基填料

1)挖方土石料评价

项目区沿线绝大多数区域属碎屑岩区,岩性主要为泥质粉砂岩、砂岩与粉砂质泥岩互层等,为软质岩,第四系土层普遍发育,厚度在 2.0 ~4.0 m,风化层较厚,为 4.0 ~10.0 m,挖方土料及风化岩一般可用于路基填筑。龙细屯垭口至终点段主要为碳酸盐岩分布区,顶部覆盖层为第四系坡残积层碎石土,厚度在 2.0 ~4.0 m,风化岩岩性主要为硅质岩,覆盖层及风化岩均可用于路基填筑,下伏基岩为灰岩,岩质坚硬,岩体较完整,挖方石料可用于各项工程。

2)项目用土特点及取土场设置

项目路基用土特点为挖方大于填方,无须单独设置线外取土场。根据沿线路基挖填平衡情况及土石路用性能情况,全线设置备用取土场4 处,本次勘察对拟设的取土场均进行了调查与取样试验。各取土场情况详见沿线筑路材料料场表。

3.2 石料场

项目沿线石料较为丰富,共分布有石料场 2 个,均为石灰岩石料,均符合各项工程建设要求。各石料场储量为 100 万 ~500 万 m^3,每日可生产 2000 ~3000 m^3 各级石料,价格为 27 ~42 元/m^3 不等。各石料场均有公路或便道通往,运输方便,上路运距为 20 ~28 km 不等。具体详见料场表及料场分布示意图。

3.3 河砂

项目沿线缺乏优质的天然石英质河砂,需从钦州市平吉等周边地区远运。路基及防护工程用砂可从田阳县、百色市的砂场购运。

本次调查了田阳、百色、钦州等县市,共调查了 4 个砂场。从中选取了 1 个质量符合要求的砂场作为潜在的砂料来源,以供水泥混凝土路面及桥梁等重要工程使用。一般附属工程等用砂可从田阳、百色砂场购运或采用机制砂。

平吉亚伯砂场位于钦州平吉镇广平村沿河处,为较大型砂场,属天然中粗石英砂质河砂,质量好,符合各项工程建设要求。受供求关系影响处于半停产状态,目前日产砂 300 m^3,价格为 65 元/m^3(料场价不包括运距),有公路及便道通达,运输方便,上路运距为 425 km。

田阳县头塘镇鸿达砂场:料场位于田阳县头塘镇,田阳至百色 323 国道公路左侧约 150 m 处,为大型砂场。目前每天可供应河砂 3000 m^3,为中粗石英砂,价格为 90 元/m^3(料场价不包括运距)。交通便利,上路运距为 20 km。可用于除公路大桥、路面以外的各项工程。

东红砂场:料场位于百色市城东七塘竹洲大桥桥头附近。目前每天可供应 3000 m^3 中粗石英砂,价格为 65 元/m^3(料场价不包括运距),质量好,交通便利,上路运距为 15 km。可用于公路路基及防护等工程。

城东砂场:料场位于百色市城东七塘竹洲大桥桥头附近。目前每天可供应 300 m^3 机制砂,交通便利,上路运距为 15 km。中砂 60 元/m^3(料场价不包括运距),粗砂 75 元/m^3(料场价不包括运距)。可用于公路路基及防护等工程。

具体详见料场表及料场分布示意图。

3.4 水泥

共调查及选定水泥厂 3 个。

金柏林水泥有限公司:位于田阳县那坡镇,为立窑生产线,生产 P·O42.5 水泥。目前供应价分别为 310 元/t(袋装 320),质量符合本公路项目工程建设要求,可用于除水泥混凝土路面面层和桥梁上构以外的工程。厂址位于公路边,运输方便,上路运距为 30 km。

桦闰水泥(田阳)有限公司:位于田阳县那坡镇那音村,生产 P·C32.5/P·O42.5 水泥,现有年生产能力 200 万 t,为旋窑生产线,质量较好。目前供应价分别为:P·C32.5:255 元/t(袋装)、260 元/t(散装);P·O42.5: 320 元/t(袋装)、290 元/t(散装)。可用于桥涵、路基、路面工程。工厂位于公路边,运输方便,上路运距为 28 km。

虎王建材有限公司:位于田阳县头塘镇,生产 P·C32.5/P·O42.5 水泥,现有年生产能力 30 万 t,为旋窑生产线,质量较好。目前供应价分别为:P·C32.5:260 元/t(袋装)、250 元/t(散装);P·O42.5: 290 元/t(袋装)、280 元/t(散装)。可用于桥涵、路基、路面工程。工厂位于公路边,运输方便,上路运距为 20 km。

具体详见料场表及料场分布示意图。

3.5 钢筋

钢筋在百色市火车站进站大道南大建材综合市场购买。目前钢筋价格为 3700 元/t。交通便利,上路运距为 18 km。

3.6 沥青

可从百色市沥青供应站购买。目前沥青价格为 3700 元/t,上路运距为 20 km。

3.7 施工用电、用水

施工用电可与供电部门联系,就近接入。水可与自来水公司联系接入或从附近河沟采用。

3.8 沿线材料运输用的现有道路路况

沿线通往料场的公路主要是 X736、X920、G323、X850 等。总体路况一般,其具体情况如下表所示。

公路名称	路面等级	路面类型	路况简述	工程利用公路里程(km)
X736	三级	沥青碎石	路况一般、局部较差	90
X920	等外公路	砂石路面	路况一般	12
G323	二级	沥青混凝土	路况一般	60
X850	三级	沥青碎石	路况一般	6

3.9 沿线材料运输用的现有道路路况

根据外业验收拟定的路面结构情况,选取了具有代表性的地方材料,进行水泥稳定碎石基层配合比试验、水泥混凝面层土配合比试验,以及一些相关的材料试验。试验结果满足本项目要求,详见沿线筑路材料试验资料表。

4 旧路改建维持交通行车的情况

本项目主要为利用旧路改建工程,路线基本沿用原北塞至畔绥公路(原县道 X236 线)的走向和线位布设,二级公路的修建尽可能利用旧路路基进行改建。施工期间维持原有公路的交通畅通和确保行车、行人的安全是首要问题,施工期间平均每昼夜双向行车次数为 101 ~500 次。原旧路路基宽度在 6.5 ~7.5 m,改建公路中线若在旧路一侧,施工时可先行在加宽一侧施工。改建公路若在旧路中间,则需在保证通车的情况下先加宽一侧,然后再施工另一侧。在旧路改建全挖或全填路段,先挖填半幅,保留半幅旧路维持交通,而后再施工填挖另外半幅旧路。改建公路挖方地段为石质成分时,施工时开炸应采用小剂量炸药爆破,开炸面不应太宽,开炸过后应及时清除和运走石渣,以维持交通畅通。开炸时间宜选择在行车行人少的夜间,必须安排安检及安保人员,以确保行人和车辆的安全。

第三篇 路基、路面说明

1 路基设计说明

1.1 石方利用

路线有部分为石方地段，开挖路堑的次坚石和坚石除用于填筑路堤和回填清除表土和软土外，剩余次坚石和坚石全部留待作为料石。

1.2 土石方计算

路基土石方计算扣除路面厚度，大、中、小桥扣除土石方，涵洞不扣土石方。填方数量按预算定额规定，分别乘以相应的松方系数，并根据经济合理的原则确定土石方调配。

土方：0～100 m 推土机施工，100 m 以上自卸汽车配合挖掘机施工。

石方：0～100 m 推土机施工（开炸石方），100 m 以上装载机配合自卸汽车运输。

2 路基、路面排水系统

挖方路段：在路基边缘设置路堑边沟，形式为浆砌片石直形边沟；过乡镇路段采用浆砌片石矩形边沟加盖板，浆砌片石边沟采用 M7.5 砂浆砌筑、勾缝，M10 砂浆抹面。边沟纵坡一般与路基纵坡一致。当路基纵坡为平坡（0%）或小于 0.3% 时，应设置不小于 0.3% 的排水纵坡。施工时应视实地情况，适当调整边沟坡度，以利于排水。

填方路段：过水田地段在路田分界墙及护肩墙或挡土墙外设一土沟，这样可以防止路上的水冲刷农田和方便水田灌溉。如水田地段原有公路两侧为浆砌片石铺砌的路堤边沟，则按原样恢复。在旱地和坡地上一般设梯形土沟（不铺砌），其他一些荒坡地段，一般不设置路堤边沟。当有水流冲刷路堤坡脚影响路基稳定时才设路堤边沟。

3 路面结构设计

3.1 路面设计依据

（略）

3.2 路面结构组合设计

1）路面结构及厚度

采用的路面结构方案如下表所示。

层序	行车道及硬路肩	厚度（cm）
面层	水泥混凝土（5.0 MPa）	24
封层	沥青碎石下封层+透层	1
基层	水泥稳定碎石（3.0 MPa）	20
底基层	级配碎石	15
垫层	未筛分碎石	15
总厚度		75

2）水泥混凝土路面板接缝设计

（1）纵缝：纵缝的设置应视施工情况采用纵向缩缝或纵向施工缝。当一次铺筑宽度大于 4.5 m 时，设置纵向缩缝（假缝加拉杆型）；当一次铺筑宽度小于路面宽度时，设置纵向施工缝（平缝加拉杆型）。面板厚≥26 cm 时，拉杆采用 ϕ16 mm 螺纹钢筋，长度为 80 cm，间距为 50 cm；面板厚度小于 26 cm 时，拉杆采用 ϕ14 mm 螺纹钢筋，长度为 70 cm，间距为 50 cm。其构造详见相应面板厚度的水泥混凝土路面接缝构造设计图，其一般布设详见水泥面板平面尺寸及接缝钢筋布置图，特殊路段详见相应部位的水泥混凝土面板分块设计图。

（2）横向缩缝：临近胀缝或自由端部的 3 条横向缩缝，应采用假缝加传力杆型。此外，根据北塞至畔绥公路工程一阶段施工图设计外业勘察成果验收会议纪要（桂路纪要〔2013〕48 号），正常路段不设横向传力杆，采用不设传力杆假缝形式。24 cm 板厚的传力杆采用 ϕ30 mm 圆钢，长度为 40 cm，间距为 30 cm。横向缩缝不得错开设置，其构造详见水泥混凝土路面接缝构造设计图，其一般布设详见水泥面板平面尺寸及接缝钢筋布置图，特殊路段详见相应部位的水泥混凝土面板分块设计图。

（3）横向施工缝：每次施工终了或因故中断浇筑混凝土时，必须设置横向施工缝，其位置宜在胀缝或缩缝处。设在胀缝处的施工缝构造与胀缝相同；设在缩缝处的施工缝采用平缝加传力杆型，其构造详见相应面板厚度的水泥混凝土路面接缝构造设计图。

（4）胀缝：在邻近桥梁或其他固定构造物处或与其他道路相交处应设置横向胀缝。设置条数视膨胀量大小而定。胀缝采用滑动传力杆型，其采用的传力杆与横向缩缝的一致，其构造详见相应面板厚度的水泥混凝土路面接缝构造设计图。

4 路面各结构层技术指标及施工要求

4.1 基本要求

（1）路面各结构层进行施工前，均应按规范要求对其下承层进行严格检查。只有当其各项指标均满足验收要求时，方可进入下一工序的施工。否则，应采取相应的补救措施，使其各项指标均满足验收要求。

（2）路面施工应严格按照《公路路面基层施工技术规范》（JTJ 034—2000）、《公路水泥混凝土路面施工技术规范》（JTG F30—2003）、《公路沥青路面施工技术规范》（JTG F40—2004）等相关规范的规定执行。

（3）施工必须文明和注重环保。做好施工场地临时排水及防护设施，避免冲刷、污染农田以及大范围扬尘等扰民、污染环境的事件发生。

4.2 对路基的要求

路基是公路的重要组成部分，提高路基的强度及稳定性是保证路面结构稳定、耐久的前提条件。因此，在进行路面施工前应对路基进行严格检查，路基应密实、均匀、稳定，无过干使表层松散、过湿发生“弹簧”的现象。标高、平整度及压实度等各项指标均应符合验收要求。

4.3 对未筛分碎石垫层的要求

未筛分碎石的颗粒组成和塑性指数应符合《公路路面基层施工技术规范》（JTJ 034—2000）表 6.2.7 中 1 号级配的规定，集料最大粒径应控制在 53 mm 以内，石料压碎值不大于 35%。施工采用集中厂拌法进行，施工时配料要准确，拌和要均匀，没有粗细颗粒离析现象，宜在略大于最佳含水量 1% 时碾压，压实度必须达到 96%。其余未尽事宜参照级配碎石底基层的要求进行。

4.4 对级配碎石底基层的要求

（1）级配碎石应采用预先筛分成 3～4 个不同粒级的碎石与 4.75 mm 以下石屑组配而成，其级配和塑性指数应满足《公路路面基层施工技术规范》（JTJ 034—2000）表 6.2.4 中 1 号级配的规定。集料最大粒径应控制在 37.5 mm 以内，石料压碎值不大于 35%。

（2）施工时配料要准确，拌和要均匀，没有粗细颗粒离析现象，在最佳含水量时碾压。

（3）在混合料处于最佳含水量时进行碾压。应使用 12 t 以上的三轮压路机碾压，压实厚度不应超过 15～18 cm。当采用重型压路机和轮胎压路机时，压实厚度可达 20 cm。碾压应先慢后快、由低至高进行，边部应多压 2～3 遍。碾压结束时，表面应无明显的轮迹，压实度必须不小于 96%（重型击实标准）。

（4）施工时，严禁压路机在已完成的或正在碾压的路段上调头或急刹车；应避免纵向接缝；横向接缝应预留 5～8 m 拌和后不碾压，留待与下一施工段一起再次拌和后一起碾压。

4.5 对水泥稳定碎石基层的要求

（1）水泥稳定碎石基层采用骨架密实型级配。碎石应预先筛分成 3～4 个不同粒级，然后再组配而成，其级配范围符合下表的要求，集料的最大粒径不大于 31.5 mm，石料压碎值不大于 35%。水泥应选用初凝时间较长且满足规定要求的水泥，其等级宜为 42.5 或 32.5 级。不应使用快硬水泥、早强水泥以及已受潮变质的水泥。

通过下列筛孔(mm)质量百分率(%)						
31.5	19.0	9.50	4.75	2.36	0.6	0.075
100	68~86	38~58	22~32	16~28	8~15	0~3

(2)施工前，施工单位应根据自身的施工素质以及所选材料的情况，参照设计提供的试验资料，依相关规范的要求，按混合料 7 天浸水无侧限抗压设计强度 3.0 MPa 进行施工配合比试验，以确定最终的施工配合比，但水泥剂量不宜大于 6%。同时，还必须做延迟时间对混合料强度影响的试验，以确定应该控制的延迟时间(一般应不超过 2 h)，为施工的组织和作业段的划分提供科学的依据。

(3)施工宜在春末和气温较高季节进行，施工期的日最低气温应在 5 ℃以上，雨天应停止施工。施工时，严禁压路机在已完成的或正在碾压的路段上调头或急刹车。严禁采用薄层贴补法进行找平。

(4)施工采用集中厂拌法，并用摊铺机进行摊铺。拌和时配料要准确，拌和要均匀，含水量宜略大于最佳含水量；摊铺要连续、平整，无粗细集料离析现象，应特别注意消除粗集料“窝”。应在混合料处于或略大于最佳含水量时进行碾压，碾压宜先用轻型两轮压路机紧接在摊铺机后及时初压 1~2 遍，后用重型压路机继续碾压至密实。碾压应延纵向从断面低侧向高侧进行，边部应多压 2~3 遍，碾压结束时，表面应无明显的轮迹。压实度必须不小于 98%(重型击实标准)。

(5)施工必须在经试验确定的延迟时间内完成，并应通过施工工序的合理安排和作业段长度的合理划分，尽量缩短从拌和至碾压终止的延迟时间，以尽量减少施工延时对混合料抗压强度和密实度的影响，确保工程的施工质量。

(6)摊铺机摊铺混合料时，不宜中断。如因故中断时间超过 2 h，应设置横向接缝，摊铺机应驶离混合料末端；施工时应避免纵向接缝，宜采用两台摊铺机一前一后相隔 5~10 m 同步向前摊铺，并一起进行碾压。在不能避免纵向接缝的情况下，纵缝必须垂直相接，严禁斜接，并符合《公路路面基层施工技术规范》(JTJ 034—2000)中 3.5.14 的要求。

(7)在每一段碾压完成并经检查合格后，应立即开始养生，养生期不宜少于 7 天。宜采用湿砂进行养生，砂层厚宜为 7~10 cm，养生期间应保持砂的潮湿状态。期间除洒水车外，应封闭交通，不能封闭交通时，应限制重车通行，其他车辆的车速不应超过 30 km/h。养生期结束后，应及时将覆盖物清扫干净，进行封层施工。

4.6　对沥青透层的要求

透层采用渗透性好的中、慢凝液体石油沥青、煤沥青或慢裂的洒布型乳化沥青，建议采用煤油稀释的液体沥青 AL(M)-1、2。其规格和质量应符合《公路沥青路面施工技术规范》(JTG F40—2004)表 4.3.2、表 4.4.1、表 4.5.1 的要求。透层沥青施工时的稠度和用量宜通过试洒确定，并符合《公路沥青路面施工技术规范》(JTG F40—2004)表 9.1.4 的要求。透层沥青洒布后应不致流淌，并应渗透入基层一定深度，不得在表面形成油膜。喷洒后通过钻孔或挖掘确认透层油渗透入基层的深度不小于 5 mm，并能与基层联结成为一体。透层沥青宜紧接在基层施工结束表面稍干后浇洒。当基层表面过分干燥时，应对基层进行清扫，并浇洒少量水，表面稍干后浇洒透层沥青。如遇大风或即将降雨时，不得浇洒透层沥青。气温低于 10 ℃时，不宜浇洒透层沥青。浇洒透层沥青后，严禁车辆、行人通过，并应尽早铺筑沥青下封层。沥青下封层应在透层乳液充分渗透、水分蒸发后铺筑，该段时间一般不宜少于 24 h。

4.7　对沥青碎石下封层的要求

(1)沥青采用 A 级 70 号道路石油沥青，其技术指标要求见道路石油沥青技术指标表。集料规格为 S12，应符合《公路沥青路面施工技术规范》(JTG F40—2004)表 4.8.3 的要求，石料压碎值不大于 28%，碎石要求经过反击破碎(或锤式破碎)，针片状颗粒含量不大于 18%，水洗法小于 0.075 mm 颗粒含量不大于 1%，软石含量不大于 5%。

(2)施工宜选择在干燥和较热的季节，并在最高气温低于 15 ℃时期到来之前半个月及雨季前结束。

(3)封层设计为单层式层铺法施工，宜采用沥青洒布车及集料撒布机联合作业。沥青洒布车喷洒沥青时应保持稳定速度和喷洒量，并保持整个洒布宽度喷洒均匀。洒布设备的喷嘴应与沥青的稠度相适应，以确保能喷成与油管呈 15°~25°夹角的雾状。油管的高度应使同一地点接受 2~3 个喷油嘴喷洒的沥青，不得出现花白条。

(4)施工集料规格为 S12，用量为 7~9 m^3/1 000 m^2，沥青用量为 1.0~1.2 kg/m^2。

(5)施工时，石油沥青洒布温度宜为 130~170 ℃。前后两车喷洒的接茬处用铁板或建筑纸铺 1~1.5 m，使之搭接良好。

(6)沥青洒布后应及时撒布集料，以确保碎石颗粒立即与刚喷洒的热沥青相接触。此时，由于热沥青流动性较好，碎石颗粒能即时更深地埋入沥青内，使沥青结合料与骨料之间有最充分的接触，达到它们之间最大限度的黏结度；增加集料颗粒与沥青的裹覆面积，保证它们之间稳定的比例关系，确保沥青与集料的黏结效果，提高封层的成型效果。

(7)撒布集料后应及时扫匀，达到全面覆盖、厚度一致、集料不重叠，也不露出沥青的要求。局部有缺料时适当找补，积料过多的将多余集料扫出。

(8)集料撒布后，立即用 6~8 t 钢筒压路机从路边向路中心碾压 3~4 遍，每次轮迹重叠约 30 cm。碾压速度开始不宜超过 2 km/h，以后可适当增加。第二层可采用 8 t 以上的压路机碾压。

(9)施工结束后即可开放交通，以利于补充压实，成型稳定。但在开放初期应做好交通组织，控制行车，限制行车速度不超过 20 km/h，严禁畜力车及铁轮车通行。

4.8　对水泥混凝土面层的要求

(1)粗集料级别不低于Ⅱ级，预先筛分成 2~4 个不同粒级，然后再组配而成，其最大公称粒径不超过 31.5mm，其级配符合《公路水泥混凝土路面施工技术规范》(JTG F30—2003)表 3.3.2 的要求，集料压碎值小于 15%，针片状颗粒的含量小于 15%。细集料级别不低于Ⅱ级，采用河砂，其级配符合《公路水泥混凝土路面施工技术规范》(JTG F30—2003)表 3.4.2 的要求，砂的细度模数不宜小于 2.5，砂的硅质含量不低于 25%，含泥量小于 2%。水泥采用旋窑生产的道路硅酸盐水泥、硅酸盐水泥或普通硅酸盐水泥，28 天抗折强度不小于 7.0 MPa，并符合《公路水泥混凝土路面施工技术规范》(JTG F30—2003)表 3.1.2 的要求。

(2)施工前，施工单位对所备的材料进行各项检查及试验，并根据自身的施工素质以及所选材料的情况，参照设计提供的试验资料，根据相关规范的要求，按 28 天弯拉设计强度 5.0 MPa 进行施工配合比试验，以确定最终的施工配合比。但水灰比不得大于 0.46，水泥用量不得少于 300 kg/m^3。

(3)施工配合比一经批准确定后，未经批准不得随意更改。同一施工配合比用砂的细度模数变化范围不超过 0.3，否则分别堆放，并调整配合比中的砂率后使用。

(4)雨天、风速在 10.8 m/s 以上的 6 级以上大风天，现场气温高于 40 ℃或拌和物摊铺温度高于 35 ℃，以及现场连续 5 昼夜平均气温低于 5 ℃，夜间最低气温低于-3 ℃，均不得进行施工。

(5)当现场气温高于 30 ℃，拌和物摊铺温度在 30~35 ℃，且空气相对湿度小于 80%时，施工按高温季节施工规定进行。当现场连续 5 昼夜平均气温高于 5 ℃，夜间最低气温在-3~5 ℃时，施工按低温季节施工规定进行。1~5 级的风天施工，按《公路水泥混凝土路面施工技术规范》(JTG F30—2003)表 10.3.1 的规定，采取措施防止水泥混凝土路面的塑性收缩开裂。

(6)在施工前，宜储备正常施工一个月以上的砂石料。严禁不同规格的砂石料混杂堆放，严禁料堆积水和受泥土污染。还应配备一定数量的篷、布或薄膜等防雨器具，以防止突发性降雨对新铺筑路面造成破坏。

(7)施工宜采用散装水泥，水泥出厂温度不宜高于 65 ℃。搅拌时，水泥的温度不宜高于 60 ℃，低温季节不宜低于 10 ℃。拌和物出料温度宜控制在 10~35 ℃。

(8)运输过程中，装卸拌和物的落差高度不得大于 2 m，防止漏浆、漏料、离析。当有明显离析时，经重新拌匀方可用于铺筑。拌和物的运输时间必须满足《公路水泥混凝土路面施工技术规范》(JTG F30—2003)中的规定。

(9)浇筑混凝土路面时，必须严格按照设计要求埋设拉杆、传力杆，并在摊铺振捣时防止钢筋变形、移位。

(10)胀缝接缝板选用能适应混凝土面板收缩、施工时不变形、弹性复原率高、耐久性良好的材料。可采用橡胶泡沫板、沥青纤维板、塑胶等，其技术要求符合《公路水泥混凝土路面施工技术规范》(JTG F30—2003)中的有关规定。

(11)混凝土路面的横向缩缝(假缝)按《公路水泥混凝土路面施工技术规范》(JTG F30—2003)中的有关要求及时切缝，不得迟误。填缝料应与混凝土板壁黏结牢固，回弹性好，不溶于水，不渗水，高温时不挤出、不流淌，嵌入能力强，耐老化、抗龟裂，负温拉伸量大，低温时不脆裂，耐久性好。采用的填缝材料技术要求符合《公路水泥混凝土路面施工技术规范》(JTG F30—2003)中的有关规定。

(12)养生采用湿法养生，用旧麻袋、草席等覆盖，经常保持表面润湿状况。

(13)路面施工时，在强度达到 40%后，用刻槽机刻槽，构造深度 $D\geqslant 0.5$ m。平整度抗滑标准：混凝土路面的平整度以采用平整度仪检测为准，标准差不大于 2.0 mm，*IRI* 不大于 3.2 m/km。其抗滑标准符合下表规定。

构造深度(mm)	
一般路段	特殊路段
0.50～0.90	0.60～1.00

注:特殊路段是指急弯、陡坡、交叉口或集镇附近。

(14)水泥混凝土路面铺筑过程中,其各项技术指标的质量检验评定标准符合《公路水泥混凝土路面施工技术规范》(JTG F30—2003)表 11.3.3 的规定。

(15)其余未尽事宜,参照《公路水泥混凝土路面施工技术规范》(JTG F30—2003)中的有关规定执行。

(16)水泥混凝土路面各结构层顶面竣工验收弯沉值应符合下表规定。

结构层 \ 测定时间	不利季节弯沉值(1/100 mm)	非不利季节弯沉值(1/100 mm)
土基模量	60 MPa	72 MPa
20 cm 水泥稳定碎石基层顶	46.5	42.6
15 cm 级配碎石底基层顶面	118.7	104.5
15 cm 未筛分碎石垫层顶面	184.1	155.9
路基顶面	200.0	168.5

注:表中水泥稳定碎石层的弯沉值仅供参考,该结构层应按强度检测和评定。

5　施工方法及注意事项

5.1　路基施工

公路路基是公路工程的重要组成部分,应具有足够的强度和稳定性及耐久性,应能承受行车的反复荷载作用和抵御各种自然因素的影响。公路路基必须精心施工,确保工程质量。因此,路基施工严格按照《公路路基设计规范》(JTG D30—2004)和《公路路基施工技术规范》(JTJ 033—95)的要求进行。K42+000～K46+000 段为大王岭漂流路段沿河线,施工时应注意维持景区的交通畅通,路基弃土运往指定的弃土场。严禁向沿线河流倾倒废土、废渣、生活垃圾等由施工产生的废弃物质,及时做好路基排水防护措施。由施工产生的废水、废油等有害物质以及生活污水,不得直接排放于河流,要尽量减小噪声、废气、废水及尘埃等污染,减少施工对景区的干扰。

5.2　路面施工

1)水泥混凝土面层

因本工程项目资金较紧,同时考虑到本公路对路面平整度的要求较高速公路低。为节省钢筋从而降低工程造价,设计采用缩缝传力杆不设钢筋支架的插入装置(DBI)法,并配合滑模摊铺机施工。

(略)

耕地填前夯(压)实数量表

北塞至畔绥公路一阶段施工图设计 No.1 标段(K10+000 ~ K33+000)

序号	起讫桩号	长度(m)	平均宽度(m)	面积(m^2)	备注
1	2	3	4	5	6
	K10+140 ~ K10+220	80	20	1600	
	K10+280 ~ K10+340	60	17	1020	
	K10+570 ~ K10+675	105	20	2100	
	K10+710 ~ K10+800	90	5	450	
	K10+875 ~ K10+930	55	19	1045	
	K11+050 ~ K11+280	230	18	4140	
	K12+340 ~ K12+460	120	27	3240	
	K12+690 ~ K12+780	90	44	3960	
	K12+920 ~ K13+040	120	38	4560	
	K13+320 ~ K13+400	80	38	3040	
	K13+575 ~ K13+640	65	21	1365	
	K13+750 ~ K13+835	85	17	1445	
	K13+955 ~ K14+110	155	8	1240	
	K14+220 ~ K14+360	140	10	1400	
	K14+420 ~ K14+500	80	21	1680	
	K14+875 ~ K15+030	155	8	1240	
	K15+570 ~ K15+620	50	6	300	
	K15+790 ~ K15+910	120	28	3360	
	K15+930 ~ K16+020	90	19	1710	
	K16+740 ~ K16+820	80	47	3760	
	K17+120 ~ K17+220	100	48	4800	
	K17+600 ~ K17+720	120	24	2880	
	K17+800 ~ K18+040	240	7	1680	
	K18+080 ~ K18+165	85	10	850	
	K18+660 ~ K18+720	60	3	180	
	K18+880 ~ K18+980	100	27	2700	
	K19+740 ~ K19+860	120	27	3240	
	K19+930 ~ K20+060	130	33	4290	
	K20+215 ~ K20+280	65	11	715	

序号	起讫桩号	长度(m)	平均宽度(m)	面积(m^2)	备注
1	2	3	4	5	6
	K20+600 ~ K20+760	160	19	3040	
	K20+970 ~ K21+250	280	36	10080	
	K22+420 ~ K22+490	70	34	2380	
	K23+400 ~ K23+460	60	29	1740	
	K23+980 ~ K24+040	60	32	1920	
	K24+520 ~ K24+600	80	50	4000	
	K24+670 ~ K24+760	90	60	5400	
	K24+920 ~ K25+000	80	46	3680	
	K25+120 ~ K25+200	80	32	2560	
	K25+460 ~ K25+640	180	19	3420	
	K25+880 ~ K26+000	120	42	5040	
	K26+510 ~ K26+570	60	13	780	
	K26+960 ~ K27+140	180	34	6120	
	K27+160 ~ K27+240	80	12	960	
	K31+080 ~ K31+340	260	16	4160	
	K31+560 ~ K31+640	80	12	960	
	K31+660 ~ K31+800	140	13	1820	
	K31+855 ~ K32+005	150	9	1350	
	K32+065 ~ K32+110	45	22	990	
	K32+260 ~ K32+500	240	10	2400	
	合计			126790	

编制：　　　　复核：　　　　审核：

清除表土工程数量表

起讫桩号	长度（m）	平均宽度（m）	平均深度（m）	面积（m^2）	清除表土数量（m^3）	推土机推挖表土（m^3）		汽车运输表土（m^3）		备注
						第一个 20 m	每增运 10 m	第一个 1 km	每增运 500 m	
1	2	3	4	5	6	7	8	9	10	11
K10+140 ~ K10+220	80	20	0.3	1600	480	480		480		在 K10+710 左侧 180 m 弃土场弃表土，回填数量已在路基每公里土石方数量表中计列
K10+280 ~ K10+340	60	17	0.3	1020	306	306		306		在 K10+710 左侧 180 m 弃土场弃表土，回填数量已在路基每公里土石方数量表中计列
K10+570 ~ K10+675	105	20	0.3	2100	630	630		630		在 K10+710 左侧 180 m 弃土场弃表土，回填数量已在路基每公里土石方数量表中计列
K10+710 ~ K10+800	90	5	0.3	450	135	135		135		在 K10+710 左侧 180 m 弃土场弃表土，回填数量已在路基每公里土石方数量表中计列
K10+875 ~ K10+930	55	19	0.3	1045	314	314		314		在 K10+710 左侧 180 m 弃土场弃表土，回填数量已在路基每公里土石方数量表中计列
K11+050 ~ K11+280	230	18	0.3	4140	1242	1242		1242		在 K10+710 左侧 180 m 弃土场弃表土，回填数量已在路基每公里土石方数量表中计列
K12+690 ~ K12+780	90	44	0.3	3960	1188	1188		1188		在 K13+620 右侧 80 m 弃土场弃表土，回填数量已在路基每公里土石方数量表中计列
K12+920 ~ K13+000	80	38	0.3	3040	912	912		912		在 K13+620 右侧 80 m 弃土场弃表土，回填数量已在路基每公里土石方数量表中计列
K13+000 ~ K13+040	40	38	0.3	1520	456	456		456		在 K13+620 右侧 80 m 弃土场弃表土，回填数量已在路基每公里土石方数量表中计列
K13+320 ~ K13+400	80	38	0.3	3040	912	912		912		在 K13+620 右侧 80 m 弃土场弃表土，回填数量已在路基每公里土石方数量表中计列
K13+575 ~ K13+640	65	21	0.3	1365	410	410		410		在 K13+620 右侧 80 m 弃土场弃表土，回填数量已在路基每公里土石方数量表中计列
K13+955 ~ K14+000	45	8	0.3	360	108	108		108		在 K13+420 左侧 60 m 弃土场弃表土，回填数量已在路基每公里土石方数量表中计列
K14+000 ~ K14+110	110	8	0.3	880	264	264		264		在 K13+420 左侧 60 m 弃土场弃表土，回填数量已在路基每公里土石方数量表中计列
K14+220 ~ K14+360	140	10	0.3	1400	420	420		420		在 K13+420 左侧 60 m 弃土场弃表土，回填数量已在路基每公里土石方数量表中计列
K14+420 ~ K14+500	80	21	0.3	1680	504	504		504		在 K13+420 左侧 60 m 弃土场弃表土，回填数量已在路基每公里土石方数量表中计列
K14+875 ~ K15+000	125	8	0.3	1000	300	300		300	372	在 K13+420 左侧 60 m 弃土场弃表土，回填数量已在路基每公里土石方数量表中计列
K15+000 ~ K15+030	30	8	0.3	240	72	72		72	372	在 K13+420 左侧 60 m 弃土场弃表土，回填数量已在路基每公里土石方数量表中计列
K15+570 ~ K15+620	50	6	0.3	300	90	90		90	90	在 K17+190 右侧 110 m 弃土场弃表土，回填数量已在路基每公里土石方数量表中计列
K15+790 ~ K15+910	120	28	0.3	3360	1008	1008		1008	1008	在 K17+190 右侧 110 m 弃土场弃表土，回填数量已在路基每公里土石方数量表中计列
K15+930 ~ K16+000	70	19	0.3	1330	399	399		399	513	在 K17+190 右侧 110 m 弃土场弃表土，回填数量已在路基每公里土石方数量表中计列
K16+000 ~ K16+020	20	19	0.3	380	114	114		114	513	在 K17+190 右侧 110 m 弃土场弃表土，回填数量已在路基每公里土石方数量表中计列
K16+740 ~ K16+820	80	47	0.3	3760	1128	1128		1128		在 K17+190 右侧 110 m 弃土场弃表土，回填数量已在路基每公里土石方数量表中计列
K17+120 ~ K17+220	100	48	0.3	4800	1440	1440		1440		在 K17+190 右侧 110 m 弃土场弃表土，回填数量已在路基每公里土石方数量表中计列
K17+600 ~ K17+720	120	24	0.3	2880	864	864		864		在 K17+190 右侧 110 m 弃土场弃表土，回填数量已在路基每公里土石方数量表中计列
K17+800 ~ K18+000	200	7	0.3	1400	420	420		420		在 K17+190 右侧 110 m 弃土场弃表土，回填数量已在路基每公里土石方数量表中计列
K18+000 ~ K18+040	40	7	0.3	280	84	84		84		在 K17+190 右侧 110 m 弃土场弃表土，回填数量已在路基每公里土石方数量表中计列
K18+080 ~ K18+165	85	10	0.3	850	255	255		255	510	在 K19+800 左侧 30 m 弃土场弃表土，回填数量已在路基每公里土石方数量表中计列
K18+660 ~ K18+720	60	3	0.3	180	54	54		54	54	在 K19+800 左侧 30 m 弃土场弃表土，回填数量已在路基每公里土石方数量表中计列

编制：　　　　复核：　　　　审核：

清除表土工程数量表

起讫桩号	长度（m）	平均宽度（m）	平均深度（m）	面积（m^2）	清除表土数量（m^3）	推土机推挖表土（m^3）		汽车运输表土（m^3）		备注
						第一个 20 m	每增运 10 m	第一个 1 km	每增运 500 m	
1	2	3	4	5	6	7	8	9	10	11
K18+880 ~ K18+980	100	27	0.3	2700	810	810		810		在 K19+800 左侧 30 m 弃土场弃表土，回填数量已在路基每公里土石方数量表中计列
K19+740 ~ K19+860	120	27	0.3	3240	972	972		972		在 K19+800 左侧 30 m 弃土场弃表土，回填数量已在路基每公里土石方数量表中计列
K19+930 ~ K20+000	70	33	0.3	2310	693	693		693		在 K19+800 左侧 30 m 弃土场弃表土，回填数量已在路基每公里土石方数量表中计列
K20+000 ~ K20+060	60	33	0.3	1980	594	594		594		在 K19+800 左侧 30 m 弃土场弃表土，回填数量已在路基每公里土石方数量表中计列
K20+215 ~ K20+280	65	11	0.3	715	215	215		215		在 K20+000 左侧 25 m 弃土场弃表土，回填数量已在路基每公里土石方数量表中计列
K20+600 ~ K20+760	160	19	0.3	3040	912	912		912		在 K21+040 左侧 35 m 弃土场弃表土，回填数量已在路基每公里土石方数量表中计列
K20+970 ~ K21+000	30	36	0.3	1080	324	324		324		在 K21+040 左侧 35 m 弃土场弃表土，回填数量已在路基每公里土石方数量表中计列
K21+000 ~ K21+250	250	36	0.3	9000	2700	2700		2700		在 K21+040 左侧 35 m 弃土场弃表土，回填数量已在路基每公里土石方数量表中计列
K22+420 ~ K22+490	70	34	0.3	2380	714	714		714		在 K21+890 左侧 90 m 弃土场弃表土，回填数量已在路基每公里土石方数量表中计列
K23+400 ~ K23+460	60	29	0.3	1740	522	522		522		在 K23+880 右侧 180 m 弃土场弃表土，回填数量已在路基每公里土石方数量表中计列
K23+980 ~ K24+000	20	32	0.3	640	192	192		192		在 K23+880 右侧 180 m 弃土场弃表土，回填数量已在路基每公里土石方数量表中计列
K24+000 ~ K24+040	40	32	0.3	1280	384	384		384		在 K23+880 右侧 180 m 弃土场弃表土，回填数量已在路基每公里土石方数量表中计列
K24+520 ~ K24+600	80	50	0.3	4000	1200	1200		1200		在 K24+770 右侧 100 m 弃土场弃表土，回填数量已在路基每公里土石方数量表中计列
K24+670 ~ K24+760	90	60	0.3	5400	1620	1620		1620		在 K24+770 右侧 100 m 弃土场弃表土，回填数量已在路基每公里土石方数量表中计列
K24+920 ~ K25+000	80	46	0.3	3680	1104	1104		1104		在 K24+770 右侧 100 m 弃土场弃表土，回填数量已在路基每公里土石方数量表中计列
K25+120 ~ K25+200	80	32	0.3	2560	768	768		768		在 K24+770 右侧 100 m 弃土场弃表土，回填数量已在路基每公里土石方数量表中计列
K25+460 ~ K25+640	180	19	0.3	3420	1026	1026		1026		在 K24+770 右侧 100 m 弃土场弃表土，回填数量已在路基每公里土石方数量表中计列
K25+880 ~ K26+000	120	42	0.3	5040	1512	1512		1512		在 K26+020 右侧 60 m 弃土场弃表土，回填数量已在路基每公里土石方数量表中计列
K26+510 ~ K26+570	60	13	0.3	780	234	234		234	468	在 K28+080 左侧 300 m 弃土场弃表土，回填数量已在路基每公里土石方数量表中计列
K26+960 ~ K27+000	40	34	0.3	1360	408	408		408	1836	在 K28+080 左侧 300 m 弃土场弃表土，回填数量已在路基每公里土石方数量表中计列
K27+000 ~ K27+140	140	34	0.3	4760	1428	1428		1428	1836	在 K28+080 左侧 300 m 弃土场弃表土，回填数量已在路基每公里土石方数量表中计列
K27+160 ~ K27+240	80	12	0.3	960	288	288		288		在 K27+870 左侧 150 m 弃土场弃表土，回填数量已在路基每公里土石方数量表中计列
K31+080 ~ K31+340	260	16	0.3	4160	1248	1248		1248		在 K30+360 右侧 300 m 弃土场弃表土，回填数量已在路基每公里土石方数量表中计列
K31+560 ~ K31+640	80	12	0.3	960	288	288		288	288	在 K30+360 右侧 300 m 弃土场弃表土，回填数量已在路基每公里土石方数量表中计列
K31+660 ~ K31+800	140	13	0.3	1820	546	546		546	546	在 K30+360 右侧 300 m 弃土场弃表土，回填数量已在路基每公里土石方数量表中计列
K31+855 ~ K32+000	145	9	0.3	1305	392	392		392	810	在 K30+360 右侧 300 m 弃土场弃表土，回填数量已在路基每公里土石方数量表中计列
K32+000 ~ K32+005	5	9	0.3	45	14	14		14	810	在 K30+360 右侧 300 m 弃土场弃表土，回填数量已在路基每公里土石方数量表中计列
K32+065 ~ K32+110	45	22	0.3	990	297	297		297	594	在 K30+360 右侧 300 m 弃土场弃表土，回填数量已在路基每公里土石方数量表中计列
K32+260 ~ K32+500	240	10	0.3	2400	720	720		720	2160	在 K30+360 右侧 300 m 弃土场弃表土，回填数量已在路基每公里土石方数量表中计列
合计				126790	38040	38040		38040	14724	

编制：　　　　复核：　　　　审核：

挖台阶工程数量表

起讫桩号或中心桩号	工程名称	长度（m）	平均宽度（m）	挖台阶面积（m²）		备注
				普通土	硬土	
1	2	3	4	5	6	7
K10+150 ~ K10+210		60	47	2820		
K10+290 ~ K10+330		40	33	1320		
K10+370 ~ K10+390		20	6	120		
K10+450 ~ K10+510		60	4	240		
K10+730 ~ K10+790		60	14	840		
K10+890 ~ K10+910		20	11	220		
K11+050 ~ K11+090		40	24	960		
K11+150 ~ K11+230		80	36	2880		
K12+340 ~ K12+438		98	32	3136		
K12+588 ~ K12+628		40	6	240		
K12+708 ~ K12+748		40	70	2800		
K12+930 ~ K13+030		100	57	5700		
K13+330 ~ K13+370		40	66	2640		
K13+490 ~ K13+590		100	17	1700		
K13+630 ~ K13+770		140	24	3360		
K13+950 ~ K14+110		160	20	3200		
K14+170 ~ K14+190		20	10	200		
K14+230 ~ K14+350		120	18	2160		
K14+420 ~ K14+490		70	24	1680		
K14+890 ~ K14+910		20	8	160		
K15+670 ~ K15+710		40	8	320		
K15+810 ~ K15+910		100	33	3300		
K15+930 ~ K16+010		80	18	1440		
K16+670 ~ K16+690		20	51	1020		
K16+745 ~ K16+810		65	37	2405		
K17+130 ~ K17+170		40	55	2200		
K17+190 ~ K17+210		20	36	720		
K17+610 ~ K17+650		40	20	800		
K17+810 ~ K17+890		80	16	1280		
K17+970 ~ K18+030		60	19	1140		
K18+090 ~ K18+145		55	10	550		
K18+890 ~ K18+930		40	27	1080		
K19+070 ~ K19+210		140	22	3080		
本页小计				55711		

起讫桩号或中心桩号	工程名称	长度（m）	平均宽度（m）	挖台阶面积（m²）		备注
				普通土	硬土	
1	2	3	4	5	6	7
K21+070 ~ K21+175		105	48	5040		
K21+195 ~ K21+215		20	61	1220		
K21+225 ~ K21+255		30	9	270		
K21+370 ~ K21+410		40	25	1000		
K22+110 ~ K22+170		60	6	360		
K22+430 ~ K22+490		60	40	2400		
K22+630 ~ K22+710		80	6	480		
K22+770 ~ K22+850		80	5	400		
K23+225 ~ K23+270		45	14	630		
K23+350 ~ K23+370		20	10	200		
K23+410 ~ K23+450		40	50	2000		
K23+710 ~ K23+845		135	5	675		
K23+990 ~ K24+040		50	33	1650		
K24+145 ~ K24+190		45	6	270		
K24+290 ~ K24+350		60	16	960		
K24+530 ~ K24+590		60	79	4740		
K24+730 ~ K24+750		20	84	1680		
K24+835 ~ K24+880		45	17	765		
K24+930 ~ K25+010		80	34	2720		
K25+130 ~ K25+310		180	16	2880		
K25+410 ~ K25+430		20	27	540		
K25+470 ~ K25+550		80	15	1200		
K25+570 ~ K25+630		60	34	2040		
K25+710 ~ K25+750		40	7	280		
K25+890 ~ K26+000		110	55	6050		
K26+250 ~ K26+310		60	3	180		
K26+470 ~ K26+490		20	6	120		
K26+510 ~ K26+570		60	14	840		
K26+650 ~ K26+730		80	4	320		
K26+970 ~ K27+150		180	41	7380		
K27+196 ~ K27+240		44	9	396		
K28+385 ~ K28+396		11	6	66		
K28+450 ~ K28+470		20	4	80		
本页小计				59832		

挖台阶工程数量表

起讫桩号或中心桩号	工程名称	长度（m）	平均宽度（m）	挖台阶面积（m^2）		备注
				普通土	硬土	
1	2	3	4	5	6	7
K19+750 ~ K19+770		20	29	580		
K19+810 ~ K19+850		40	25	1000		
K19+937 ~ K20+050		113	26	2938		
K20+230 ~ K20+270		40	10	400		
K20+610 ~ K20+670		60	18	1080		
K20+750 ~ K20+770		20	17	340		
K20+850 ~ K21+030		180	19	3420		
K31+210 ~ K31+270		60	10	600		
K31+290 ~ K31+330		40	21	840		
K31+450 ~ K31+470		20	12	240		
K31+570 ~ K31+630		60	10	600		
K31+670 ~ K31+790		120	13	1560		
K32+090 ~ K32+110		20	16	320		
K32+270 ~ K32+350		80	13	1040		
K32+410 ~ K32+490		80	10	800		
本页小计				15758		

起讫桩号或中心桩号	工程名称	长度（m）	平均宽度（m）	挖台阶面积（m^2）		备注
				普通土	硬土	
1	2	3	4	5	6	7
K28+670 ~ K28+730		60	10	600		
K28+810 ~ K28+850		40	20	800		
K28+950 ~ K28+970		20	6	120		
K29+605 ~ K29+650		45	11	495		
K30+070 ~ K30+110		40	20	800		
K30+450 ~ K30+510		60	36	2160		
K31+090 ~ K31+150		60	10	600		
本页小计				5575		
总计				126876		

编制：　　　　复核：　　　　审核：

特殊路基设计工程数量表(填方区软基换填及排水)

序号	起讫桩号	处理长度(m)	平均处理宽度(m)	平均处理深度(m)	平均水深(m)	挖方		排水		回填压实方			土石方汽车运输						调配情况
						淤泥质黏土(m^3)	饱和黏性土(m^3)	围堰(m)	排水(m^3)	可利用土方(m^3)	可利用石方(m^3)	碎、片石(m^3)	第一个1 km清不良土数量(m^3)	增运0.5 km清不良土数量(m^3)	第一个1 km回填数量(m^3) 次坚石	第一个1 km回填数量(m^3) 硬土	汽车增运(m^3·0.5 km) 硬土	汽车增运(m^3·0.5 km) 石	
1	2	3	4	5	6	7	8	9	10	11	12	13	14	15	16	17	18	19	20
1	K10+140 ~ K10+200 左侧	60	20.4	1.2			1468				1350		1468						在K10+710左侧180 m弃土场弃软土，回填数量已在路基每公里土石方数量表中计列
2	K10+710 ~ K10+760	50	5.8	2.5			726				668		726						在K10+710左侧180 m弃土场弃软土，回填数量已在路基每公里土石方数量表中计列
3	K13+580 ~ K13+880 左侧	300	12.9	1.0			3858				3549		3858						在K13+620右侧80 m弃土场弃软土，回填数量已在路基每公里土石方数量表中计列
4	K13+980 ~ K14+080 左侧	120	16.3	1.0			1952				1796		1952						在K13+420左侧60 m弃土场弃软土，回填数量已在路基每公里土石方数量表中计列
5	K19+080 ~ K19+220 左侧	140	19.9	1.2			3349				3081		3349						在K19+800左侧30 m弃土场弃软土，回填数量已在路基每公里土石方数量表中计列
6	K20+600 ~ K20+660 左侧	60	15.8	1.9			1801				1657		1801						在K21+040左侧35 m弃土场弃软土，回填数量已在路基每公里土石方数量表中计列
7	K28+660 ~ K28+740 左侧	80	16.2	1.2			1550				1426		1550						在K30+360右侧300 m弃土场弃软土，回填数量已在路基每公里土石方数量表中计列
8	K29+580 ~ K29+650 左侧	70	18.0	1.5			1887				1736		1887						在K30+360右侧300 m弃土场弃软土，回填数量已在路基每公里土石方数量表中计列
9	K30+060 ~ K30+100 左侧	40	6.9	1.0			276				254		276						在K30+360右侧300 m弃土场弃软土，回填数量已在路基每公里土石方数量表中计列
10	K30+440 ~ K30+520 左侧	80	21.0	1.5			2525				2323		2525						在K30+360右侧300 m弃土场弃软土，回填数量已在路基每公里土石方数量表中计列
	合计						19392				17840		19392						

编制：　　　　复核：　　　　审核：

路基每公里土石方数量表

序号	起讫桩号	长度（m）	挖方（m^3）						清除表土和软土回填	填方数量（m^3）	填方（自然方）											弃方（m^3）					机械碾压（m^3）		备注或上下公里调配示意
			总数量	土方		石方					利用方（m^3）					借方（m^3）				合计							土方	石方	
				普通土	硬土	软石	次坚石	坚石			普通土	硬土	软石	次坚石	坚石	普通土	硬土	软石	次坚石	土	石	普通土	硬土	软石	次坚石	坚石			
1	2	3	4	5	6	7	8	9	10	11	12	13	14	15	16	17	18	19	20	21	22	23	24	25	26	27	28	29	30
1	K10+000 ~ K11+000	1000.00	19330	2442	12809	4079			4059	18558	431	13103	9406							13534	9406	2011					12393	10224	硬土:294　软石:5327
2	K11+000 ~ K12+000	1000.00	17484	2245	9982	4503	754		1242	14954	448	11005	4503	754						11453	5257	1797					10482	5714	硬土:1023
3	K12+000 ~ K13+000	1000.00	73509	7353	29397	31776	4983		3528	66046	717	39809	27442	2396						40526	29838	6636		23	2587		37141	32433	硬土:11729　软石:1016
4	K13+000 ~ K14+000	1004.84	102237	10225	49231	39046	3735		5614	54852	1721	37502	20635	1976						39223	22611	8504		17395	1759		35889	24577	
5	K14+000 ~ K15+000	1000.00	95438	4772	13756	48252	28658		3620	20548	933	6928	12619	3029						7861	15648	3839	6828	35633	25629		7159	17009	
6	K15+000 ~ K16+000	1055.87	74650	3735	11196	37324	22395		1611	27892	1218	9576	12433	5661						10794	18094	2517	466	14388	10825		9836	19667	硬土:1154　软石:10503　次坚石:5909
7	K16+000 ~ K17+000	1000.00	48960	2450	7342	24480	14688		1128	31066	102	7342	16560	6781						7444	23341	2348					6823	25371	软石:7920　次坚石:7907
8	K17+000 ~ K18+000	1000.00	8604	489	1572	4189	2354		2808	55720	357	5833	29894	18745						6190	48639	132					5660	52868	硬土:3107　软石:7282　次坚石:2575
9	K18+000 ~ K19+000	1000.00	31926	3191	13650	12332	2753		1119	14816	672	10543	5050	178						11215	5228	2519					10252	5683	
10	K19+000 ~ K20+000	1000.00	41299	4133	24774	12392			5608	33785	641	26807	13107							27448	13107	3492					25146	14247	硬土:2033　软石:715
11	K20+000 ~ K21+000	993.41	49969	5068	27905	15000	1996		2928	29776	946	21282	9380	1996						22228	11376	4122	4590	4905			20339	12365	
12	K21+000 ~ K22+000	1000.00	98486	9850	49241	29545	9850		3024	53191	479	31128	18798	6267						31607	25065	9371	18113	10747	3583		28970	27245	
13	K22+000 ~ K23+000	1000.00	60354	6039	30166	18110	6039		714	10576	595	7092	2950	978						7687	3928	5444	23074	15160	5061		7020	4270	
14	K23+000 ~ K24+000	1000.00	82634	8267	41308	24792	8267		522	14550	1075	10679	3471	529						11754	4000	7192	30629	21321	7738		10724	4348	
15	K24+000 ~ K25+000	1000.00	135622	13565	67809	40683	13565		4500	114922	1348	67809	38877	12690						69157	51567	12217		1806	875		63371	56051	
16	K25+000 ~ K26+000	1000.00	77118	7716	38550	23136	7716		3306	94000	3920	54889	32368	7716						58809	40084	3796					53736	43570	硬土:16339　软石:9232
17	K26+000 ~ K27+000	1000.00	109131	10914	54562	32741	10914		234	7002	1557	4725	1253	181						6282	1434	9357	19704	3895	10733		5677	1559	硬土:13794　软石:18361
18	K27+000 ~ K28+000	836.63	6360	636	3844	1578	302		2124	36536	554	17638	19939	302						18192	20241	82					16659	22001	
19	K28+000 ~ K29+000	948.16	9240	466	2060	5239	1475			3446	187	993	1622	561						1180	2183	279	1067	3617	914		1073	2373	
20	K29+000 ~ K30+000	1000.00	31848	1612	4140	15950	10146		1887	2750	368	920	2967	231						1288	3198	1244	3220	12983	9915		1161	3476	
21	K30+000 ~ K31+000	1000.00	35162	1760	5273	17581	10548		2801	14340	218	5273	8810	2337						5491	11147	1542		8771	8211		5025	12116	
22	K31+000 ~ K32+000	1000.00	22886	2223	17475	2802	386		2487	17116	504	17118	2802	386						17622	3188	1719	1094				16138	3465	硬土:737
23	K32+000 ~ K33+000	935.20	20259	1900	12049	5672	638		1017	5994	488	6009	992							6497	992	1412	5303	4680	638		5933	1078	
	本标段合计		1252506	111051	528091	451202	162162		55881	742436	19479	414003	295878	73694						433482	369572	91572	114088	155324	88468		396607	401710	

编制：　　　　　　复核：　　　　　　审核：

路基每公里土石方数量表

北塞至畔绥公路一阶段施工图设计 No. 1 标段（K10+000 ~ K33+000）

序号	计价方分类												总计价方（m³）			推土机增运（m³/10m）				汽车运路基土方		汽车运路基石方		汽车运借土方		汽车运借石方		汽车运弃土		汽车运弃石	
	推土机施工土方（m³）		机械开炸石方（m³）		挖掘机挖装土方				装载机装载石方（m³）				土	石	合计					5 km 以内（m³）		5 km 以内（m³）		5 km 以内（m³）		5 km 以内（m³）		5 km 以内（m³）		5 km 以内（m³）	
					路基土方（m³）		借方（m³）		路基石方		借方					土	软石	次坚石	坚石	第一个 1 km	每增运 0.5 km	第一个 1 km	每增运 0.5 km	第一个 1 km	每增运 0.5 km	第一个 1 km	每增运 0.5 km	第一个 1 km	每增运 0.5 km	第一个 1 km	每增运 0.5 km
	普土	硬土	软石	次坚石	普土	硬土	普土	硬土	软石	次坚石	软石	次坚石																			
31	32	33	34	35	36	37	38	39	40	41	42	43	44	45	46	47	48	49	50	51	52	53	54	55	56	57	58	59	60	61	62
1	431	4644	4079		2011	8165			1926				15251	4079	19330	16386	9732			8165	588	1926	10654					2011			
2	448	2420	4503	754	1797	7562			4028	754			12227	5257	17484	8570	1836			7562		4782						1797			
3	717	2084	31776	4983	6636	27313			30482.1	4827			36750	36759	73509					27313		32699						6636	2502	2610	23
4	1721	14287	39046	3735	8504	34944			29544	2778			59456	42781	102237	41723	38035	4332		34944		13168						8504		19154	
5	933	2403	48252	28658	3839	11353			44654	28417			18528	76910	95438	8876	18130	252		4525		11809						10667	5431	61262	14834
6	1218	1966	37324	22395	2517	9230			33357	21973			14931	59719	74650	1337	4032	736		8764		30117						2983	4849	25213	28776
7	102	250	24480	14688	2348	7092			23713	14228			9792	39168	48960		555	445		7092		37941						2348			
8	357	997	4189	2354	132	575			2352	1518			2061	6543	8604	1994	9228	5236		575	1154	3870	19274					132			
9	672	3190	12332	2753	2519	10460			10932	2675			16841	15085	31926	2982	1039	146		10460		13607						2519	2453		
10	333	6440	12392		3800	18334			9245				28907	12392	41299	28480	14735			18642		9245						3492			
11	946	3878	15000	1996	4122	24027			13834	1908			32973	16996	49969	14924	4242			19437		10837						8712		4905	
12	479	4823	29545	9850	9371	44418			28574	9528			59091	39395	98486	26088	4314	1440		26305		23772						27484		14330	
13	595	1501	18110	6039	5444	28665			17541	5855			36205	24149	60354	88	62	28		5591		3175						28518		20221	
14	1075	10679	24792	8267	7192	30629			21321	7738			49575	33059	82634	35823	12406	1167										37821		29059	
15	1348	19760	40683	13565	12217	48049			28407	9592			81374	54248	135622	58752	52116	17489		48049		35318						12217		2681	
16	2548	16909	23136	7716	5168	21641			16049	6887			46266	30852	77118	87902	29338	862		23013		22936						3796			
17	1557	4726	32741	10914	9357	49836			31488	10733			65476	43655	109131					30132		27593						29061	38557	14628	7790
18	554	2655	1578	302	82	1189			357				4480	1880	6360	2944	855			1271		357									
19	187	519	5239	1475	279	1541			4394	1132			2526	6714	9240	709	1213	601		474		995						1346		4531	
20	368	335	15950	10146	1244	3805			15698	10072			5752	26096	31848	40	150	55		585		2872						4464	871	22898	3474
21	218	354	17581	10548	1542	4919			15470	9567			7033	28129	35162	3	11391	7255		4919		8055						1542		16982	
22	504	6261	2802	386	1719	11214			2013	337			19698	3188	22886	24990	3563			10120		2350						2813	3137		
23	488	6009	5672	638	1412	6040			4680	638			13949	6310	20259	23516	3549			737								6715	19169	5318	19592
标段合计	17799	117090	451202	162162	93252	411001			390059	151157			639142	613364	1252506	386127	220521	40044		298675	1742	297424	29928					205578	76969	243792	74489

编制： 复核： 审核：

整理路基工程数量表

序号	起讫桩号	长度(m)	工程名称	主要尺寸及说明	采用标准图编号	整修路拱		整修边坡(km)	备注
						土质段(m^2)	石质段(m^2)		
1	2	3	4	5	6	7	8	9	10
1	K10+000 ~ K13+288.53	3288.5				27952		3.289	
2	K13+283.6 ~ K15+951.8	2668.2				22680		2.668	
3	K15+895.93 ~ K20+302.95	4407				37460		4.407	
4	K20+309.54 ~ K27+576.63	7267.1				61770		7.267	
5	K27+740 ~ K28+391.02	597				5075		0.597	扣除桥长 54 m
6	K28+388.8 ~ K32+633	4182.2				35549		4.182	扣除桥长 62 m
7	K32+635.76 ~ K33+000	364.2				3096		0.364	
	合计					193581		22.774	

编制：　　　　复核：　　　　审核：

路基、路面排水工程数量表(路堑边沟)

序号	起讫桩号	工程名称	结构说明	单位	长度(m)		挖基(m^3)		M7.5 浆砌片石路堑边沟						备注
					左	右	土方	石方	M7.5 浆砌片石(m^3)	C20 混凝土台帽(m^3)	M10 砂浆抹面(m^2)	C30 混凝土盖板(m^3)	HPB300 钢筋(kg)	HRB400 钢筋(kg)	
1	2	3	4	5	6	7	8	9	10	11	12	13	14	15	21
1	K10+000 ~ K10+015	浆砌片石路堑边沟	二式	m	15		6		6		8				
2	K10+000 ~ K10+410	浆砌片石路堑边沟	二式	m		410	164		164		205				
3	K10+021 ~ K10+050	浆砌片石路堑边沟	二式	m	29		11.6		11.6		15				
4	K10+515 ~ K10+585	浆砌片石路堑边沟	二式	m		70	28		28		35				
5	K10+534 ~ K10+583	浆砌片石路堑边沟	二式	m	49		19.6		19.6		25				
6	K10+669 ~ K10+770	浆砌片石路堑边沟	二式	m		101	40.4		40.4		51				
7	K10+676 ~ K10+721	浆砌片石路堑边沟	二式	m	45		18		18		23				
8	K10+803 ~ K10+910	浆砌片石路堑边沟	二式	m		107	42.8		42.8		54				
9	K10+831 ~ K10+882	浆砌片石路堑边沟	二式	m	51		20.4		20.4		26				
10	K10+927 ~ K11+042	浆砌片石路堑边沟	二式	m	115		46		46		58				
11	K10+931 ~ K11+035	浆砌片石路堑边沟	二式	m		104	41.6		41.6		52				
12	K11+260 ~ K11+520	浆砌片石路堑边沟	二式	m	260		104		104		130				
13	K11+525 ~ K11+550	浆砌片石路堑边沟	二式	m		25	10		10		13				
14	K11+750 ~ K12+357	浆砌片石路堑边沟	二式	m	607		242.8		242.8		304				
15	K11+798 ~ K11+875	浆砌片石路堑边沟	二式	m		77	30.8		30.8		39				
16	K11+925 ~ K12+205	浆砌片石路堑边沟	二式	m		280	112		112		140				
17	K12+290 ~ K12+325	浆砌片石路堑边沟	二式	m		35	14		14		18				
18	K12+435 ~ K12+708	浆砌片石路堑边沟	二式	m	273		109.2		109.2		137				
19	K12+445 ~ K12+470	浆砌片石路堑边沟	二式	m		25	10		10		13				
20	K12+505 ~ K12+566	浆砌片石路堑边沟	二式	m		61	24.4		24.4		31				
21	K12+634 ~ K12+698	浆砌片石路堑边沟	二式	m		64	25.6		25.6		32				
22	K12+766 ~ K12+870	浆砌片石路堑边沟	二式	m		104	41.6		41.6		52				
23	K12+766 ~ K12+975	浆砌片石路堑边沟	二式	m	209		83.6		83.6		105				
24	K12+902 ~ K12+921	浆砌片石路堑边沟	二式	m		19	7.6		7.6		10				
25	K13+010 ~ K13+316	浆砌片石路堑边沟	二式	m	306		122.4		122.4		153				
26	K13+036 ~ K13+070	浆砌片石路堑边沟	二式	m		34	13.6		13.6		17				
27	K13+103 ~ K13+318	浆砌片石路堑边沟	二式	m		215	86		86		108				
28	K13+388 ~ K13+585	浆砌片石路堑边沟	二式	m		197	78.8		78.8		99				
29	K13+399 ~ K13+470	浆砌片石路堑边沟	二式	m	71		28.4		28.4		36				
30	K13+643 ~ K13+775	浆砌片石路堑边沟	二式	m		132	52.8		52.8		66				
31	K13+872 ~ K14+000	浆砌片石路堑边沟	二式	m		128	51.2		51.2		64				
32	K13+890 ~ K13+950	浆砌片石路堑边沟	二式	m	60		24		24		30				

路基、路面排水工程数量表(路堑边沟)

序号	起讫桩号	工程名称	结构说明	单位	长度(m)		挖基(m^3)		M7.5 浆砌片石路堑边沟						备注
					左	右	土方	石方	M7.5 浆砌片石(m^3)	C20 混凝土台帽(m^3)	M10 砂浆抹面(m^2)	C30 混凝土盖板(m^3)	HPB300 钢筋(kg)	HRB400 钢筋(kg)	
1	2	3	4	5	6	7	8	9	10	11	12	13	14	15	21
33	K14+105 ~ K14+240	浆砌片石路堑边沟	二式	m		135	54		54		68				
34	K14+112 ~ K14+165	浆砌片石路堑边沟	二式	m	53		21.2		21.2		27				
35	K14+410 ~ K14+600	浆砌片石路堑边沟	二式	m		190	76		76		95				
36	K14+497 ~ K14+600	浆砌片石路堑边沟	二式	m	103		41.2		41.2		52				
37	K14+665 ~ K14+710	浆砌片石路堑边沟	二式	m		45	18		18		23				
38	K14+765 ~ K14+877	浆砌片石路堑边沟	二式	m		112	44.8		44.8		56				
39	K14+791 ~ K14+858	浆砌片石路堑边沟	二式	m	67		26.8		26.8		34				
40	K14+993 ~ K15+090	浆砌片石路堑边沟	二式	m	97		38.8		38.8		49				
41	K15+042 ~ K15+259	浆砌片石路堑边沟	二式	m		217	86.8		86.8		109				
42	K15+302 ~ K15+539	浆砌片石路堑边沟	二式	m		237	94.8		94.8		119				
43	K15+460 ~ K15+536	浆砌片石路堑边沟	二式	m	76		30.4		30.4		38				
44	K15+681 ~ K15+775	浆砌片石路堑边沟	二式	m		94	37.6		37.6		47				
45	K15+717 ~ K15+768	浆砌片石路堑边沟	二式	m	51		20.4		20.4		26				
46	K15+901 ~ K15+951.8	浆砌片石路堑边沟	二式	m		50.8	20.32		20.3		25				
47	K15+915 ~ K15+951.8	浆砌片石路堑边沟	二式	m	36.8		14.72		14.7		18				
48	K15+895.9 ~ K15+950	浆砌片石路堑边沟	二式	m		54.1	21.64		21.6		27				
49	K15+895.9 ~ K15+923	浆砌片石路堑边沟	二式	m	27.1		10.84		10.8		14				
50	K16+221 ~ K16+459	浆砌片石路堑边沟	二式	m		238	95.2		95.2		119				
51	K16+240 ~ K16+430	浆砌片石路堑边沟	二式	m	190		76		76		95				
52	K16+704 ~ K16+756	浆砌片石路堑边沟	二式	m		52	20.8		20.8		26				
53	K16+827 ~ K17+117	浆砌片石路堑边沟	二式	m		290	116		116		145				
54	K16+832 ~ K17+070	浆砌片石路堑边沟	二式	m	238		95.2		95.2		119				
55	K17+254 ~ K17+300	浆砌片石路堑边沟	二式	m	46		18.4		18.4		23				
56	K17+360 ~ K17+616	浆砌片石路堑边沟	二式	m		256	102.4		102.4		128				
57	K17+870 ~ K17+910	浆砌片石路堑边沟	一式	m		40	51.2		38.4	11.4	24	4	67	367	
58	K18+040 ~ K18+390	浆砌片石路堑边沟	二式	m		350	140		140		175				
59	K18+153 ~ K18+437	浆砌片石路堑边沟	二式	m	284		113.6		113.6		142				
60	K18+441 ~ K18+641	浆砌片石路堑边沟	二式	m		200	80		80		100				
61	K18+487 ~ K18+553	浆砌片石路堑边沟	二式	m	66		26.4		26.4		33				
62	K18+682 ~ K18+878	浆砌片石路堑边沟	二式	m		196	78.4		78.4		98				
63	K18+982 ~ K19+098	浆砌片石路堑边沟	二式	m		116	46.4		46.4		58				
64	K18+986 ~ K19+074	浆砌片石路堑边沟	二式	m	88		35.2		35.2		44				

路基、路面排水工程数量表(路堑边沟)

序号	起讫桩号	工程名称	结构说明	单位	长度(m)		挖基(m^3)		M7.5 浆砌片石路堑边沟						备注
					左	右	土方	石方	M7.5 浆砌片石(m^3)	C20 混凝土台帽(m^3)	M10 砂浆抹面(m^2)	C30 混凝土盖板(m^3)	HPB300 钢筋(kg)	HRB400 钢筋(kg)	
1	2	3	4	5	6	7	8	9	10	11	12	13	14	15	21
65	K19+245 ~ K19+680	浆砌片石路堑边沟	二式	m	435		174		174		218				
66	K19+425 ~ K19+460	浆砌片石路堑边沟	二式	m		35	14		14		18				
67	K19+490 ~ K19+565	浆砌片石路堑边沟	二式	m		75	30		30		38				
68	K19+628 ~ K19+652	浆砌片石路堑边沟	二式	m		24	9.6		9.6		12				
69	K19+839 ~ K19+953	浆砌片石路堑边沟	二式	m	114		45.6		45.6		57				
70	K19+860 ~ K19+934	浆砌片石路堑边沟	二式	m		74	29.6		29.6		37				
71	K20+027 ~ K20+215	浆砌片石路堑边沟	二式	m	188		75.2		75.2		94				
72	K20+049 ~ K20+186	浆砌片石路堑边沟	二式	m		137	54.8		54.8		69				
73	K20+241 ~ K20+595	浆砌片石路堑边沟	二式	m	354		141.6		141.6		177				
74	K20+363 ~ K20+510	浆砌片石路堑边沟	二式	m		147	58.8		58.8		74				
75	K20+679 ~ K20+925	浆砌片石路堑边沟	二式	m	246		98.4		98.4		123				
76	K20+776 ~ K20+843	浆砌片石路堑边沟	二式	m		67	26.8		26.8		34				
77	K21+003 ~ K21+025	浆砌片石路堑边沟	二式	m	22		8.8		8.8		11				
78	K21+229 ~ K21+396	浆砌片石路堑边沟	二式	m		167	66.8		66.8		84				
79	K21+256 ~ K21+369	浆砌片石路堑边沟	二式	m	113		45.2		45.2		57				
80	K21+437 ~ K21+530	浆砌片石路堑边沟	二式	m	93		37.2		37.2		47				
81	K21+441 ~ K22+438	浆砌片石路堑边沟	二式	m		997	398.8		398.8		499				
82	K21+570 ~ K21+670	浆砌片石路堑边沟	二式	m	100		40		40		50				
83	K21+685 ~ K21+755	浆砌片石路堑边沟	二式	m	70		28		28		35				
84	K21+775 ~ K22+100	浆砌片石路堑边沟	二式	m	325		130		130		163				
85	K22+178 ~ K22+295	浆砌片石路堑边沟	二式	m	117		46.8		46.8		59				
86	K22+325 ~ K22+421	浆砌片石路堑边沟	二式	m	96		38.4		38.4		48				
87	K22+463 ~ K22+710	浆砌片石路堑边沟	二式	m		247	98.8		98.8		124				
88	K22+490 ~ K22+622	浆砌片石路堑边沟	二式	m	132		52.8		52.8		66				
89	K22+750 ~ K22+980	浆砌片石路堑边沟	二式	m		230	92		92		115				
92	K22+856 ~ K22+910	浆砌片石路堑边沟	二式	m	54		21.6		21.6		27				
93	K22+950 ~ K23+000	浆砌片石路堑边沟	二式	m	50		20		418.4		523				
90	K23+005 ~ K23+070	浆砌片石路堑边沟	二式	m		65	26		26		33				
91	K23+110 ~ K23+124	浆砌片石路堑边沟	二式	m		14	5.6		5.6		7				
93	K23+000 ~ K23+996	浆砌片石路堑边沟	二式	m	996		398.4		418.4		523				
94	K23+180 ~ K23+221	浆砌片石路堑边沟	二式	m		41	16.4		16.4		21				
95	K23+278 ~ K23+315	浆砌片石路堑边沟	二式	m		37	14.8		14.8		19				

路基、路面排水工程数量表(路堑边沟)

序号	起讫桩号	工程名称	结构说明	单位	长度(m)		挖基(m^3)		M7.5 浆砌片石路堑边沟						备注
					左	右	土方	石方	M7.5 浆砌片石(m^3)	C20 混凝土台帽(m^3)	M10 砂浆抹面(m^2)	C30 混凝土盖板(m^3)	HPB300 钢筋(kg)	HRB400 钢筋(kg)	
1	2	3	4	5	6	7	8	9	10	11	12	13	14	15	21
96	K23+460 ~ K23+542	浆砌片石路堑边沟	二式	m		82	32.8		32.8		41				
97	K23+607 ~ K23+703	浆砌片石路堑边沟	二式	m		96	38.4		38.4		48				
98	K23+863 ~ K23+980	浆砌片石路堑边沟	二式	m		117	46.8		46.8		59				
99	K24+023 ~ K24+550	浆砌片石路堑边沟	二式	m	527		210.8		210.8		264				
100	K24+045 ~ K24+100	浆砌片石路堑边沟	二式	m		55	22		22		28				
101	K24+196 ~ K24+290	浆砌片石路堑边沟	二式	m		94	37.6		37.6		47				
102	K24+355 ~ K24+522	浆砌片石路堑边沟	二式	m		167	66.8		66.8		84				
103	K24+603 ~ K24+672	浆砌片石路堑边沟	二式	m	69		27.6		27.6		35				
104	K24+611 ~ K24+672	浆砌片石路堑边沟	二式	m		61	24.4		24.4		31				
105	K24+746 ~ K25+129	浆砌片石路堑边沟	二式	m	383		153.2		153.2		192				
106	K24+757 ~ K24+838	浆砌片石路堑边沟	二式	m		81	32.4		32.4		41				
107	K25+029 ~ K25+120	浆砌片石路堑边沟	二式	m		91	36.4		36.4		46				
108	K25+181 ~ K25+417	浆砌片石路堑边沟	二式	m	236		94.4		94.4		118				
109	K25+318 ~ K25+407	浆砌片石路堑边沟	二式	m		89	35.6		35.6		45				
110	K25+423 ~ K25+479	浆砌片石路堑边沟	二式	m	56		22.4		22.4		28				
111	K25+434 ~ K25+461	浆砌片石路堑边沟	二式	m		27	10.8		10.8		14				
112	K25+506 ~ K25+904	浆砌片石路堑边沟	二式	m	398		159.2		159.2		199				
113	K25+755 ~ K25+882	浆砌片石路堑边沟	二式	m		127	50.8		50.8		64				
114	K25+994 ~ K27+160	浆砌片石路堑边沟	二式	m	1166		466.4		466.4		583				
115	K26+020 ~ K26+100	浆砌片石路堑边沟	二式	m		80	32		32		40				
116	K26+147 ~ K26+240	浆砌片石路堑边沟	二式	m		93	37.2		37.2		47				
117	K26+318 ~ K26+355	浆砌片石路堑边沟	二式	m		37	14.8		14.8		19				
118	K26+390 ~ K26+469	浆砌片石路堑边沟	二式	m		79	31.6		31.6		40				
119	K26+573 ~ K26+640	浆砌片石路堑边沟	二式	m		67	26.8		26.8		34				
120	K26+743 ~ K26+855	浆砌片石路堑边沟	二式	m		112	44.8		44.8		56				
121	K26+870 ~ K26+970	浆砌片石路堑边沟	二式	m		100	40		40		50				
122	K27+200 ~ K27+305	浆砌片石路堑边沟	二式	m	105		42		42		53				
123	K27+357 ~ K27+410	浆砌片石路堑边沟	二式	m	53		21.2		21.2		27				
124	K27+480 ~ K27+550	浆砌片石路堑边沟	二式	m	70		28		28		35				
125	K27+490 ~ K27+550	浆砌片石路堑边沟	二式	m		60	24		24		30				
126	K27+750 ~ K27+810	浆砌片石路堑边沟	二式	m	60		24		24		30				
127	K27+821 ~ K27+919	浆砌片石路堑边沟	二式	m		98	39.2		39.2		49				

路基、路面排水工程数量表(路堑边沟)

序号	起讫桩号	工程名称	结构说明	单位	长度(m)		挖基(m^3)		M7.5 浆砌片石路堑边沟						备注
					左	右	土方	石方	M7.5 浆砌片石(m^3)	C20 混凝土台帽(m^3)	M10 砂浆抹面(m^2)	C30 混凝土盖板(m^3)	HPB300 钢筋(kg)	HRB400 钢筋(kg)	
1	2	3	4	5	6	7	8	9	10	11	12	13	14	15	21
128	K28+020 ~ K28+113	浆砌片石路堑边沟	一式	m	93		119.04		89.3	26.4	56	9.3	156	854	
129	K28+030 ~ K28+113	浆砌片石路堑边沟	一式	m		83	106.24		79.7	23.6	50	8.3	139	762	
130	K28+167 ~ K28+205	浆砌片石路堑边沟	二式	m		38	15.2		15.2		19				
131	K28+167 ~ K28+239	浆砌片石路堑边沟	二式	m	72		28.8		28.8		36				
132	K28+301 ~ K28+390	浆砌片石路堑边沟	二式	m		89	35.6		35.6		45				
133	K28+330 ~ K28+360	浆砌片石路堑边沟	二式	m	30		12		12		15				
134	K28+847 ~ K28+899	浆砌片石路堑边沟	二式	m		52	20.8		20.8		26				
135	K28+940 ~ K29+140	浆砌片石路堑边沟	二式	m		200	80		80		100				
136	K29+220 ~ K29+260	浆砌片石路堑边沟	二式	m		40	16		16		20				
137	K29+302 ~ K29+340	浆砌片石路堑边沟	二式	m		38	15.2		15.2		19				
138	K29+360 ~ K29+400	浆砌片石路堑边沟	二式	m		40	16		16		20				
139	K29+461 ~ K29+579	浆砌片石路堑边沟	二式	m		118	47.2		47.2		59				
140	K29+430 ~ K29+530	浆砌片石路堑边沟	二式	m	100		40		40		50				
141	K29+821 ~ K29+980	浆砌片石路堑边沟	二式	m		159	63.6		63.6		80				
142	K29+865 ~ K29+910	浆砌片石路堑边沟	二式	m	45		18		18		23				
143	K30+101 ~ K30+437	浆砌片石路堑边沟	二式	m		336	134.4		134.4		168				
144	K30+118 ~ K30+236	浆砌片石路堑边沟	二式	m	118		47.2		47.2		59				
145	K30+522 ~ K30+620	浆砌片石路堑边沟	二式	m		98	39.2		39.2		49				
146	K30+551 ~ K30+615	浆砌片石路堑边沟	二式	m	64		25.6		25.6		32				
147	K30+684 ~ K30+739	浆砌片石路堑边沟	二式	m		55	22		22		28				
148	K30+900 ~ K30+979	浆砌片石路堑边沟	二式	m		79	31.6		31.6		40				
149	K31+024 ~ K31+118	浆砌片石路堑边沟	二式	m		94	37.6		37.6		47				
150	K31+317 ~ K31+440	浆砌片石路堑边沟	二式	m		123	49.2		49.2		62				
151	K31+335 ~ K31+350	浆砌片石路堑边沟	二式	m	15		6		6		8				
152	K31+481 ~ K31+579	浆砌片石路堑边沟	二式	m		98	39.2		39.2		49				
153	K31+640 ~ K31+718	浆砌片石路堑边沟	二式	m		78	31.2		31.2		39				
154	K31+800 ~ K31+878	浆砌片石路堑边沟	二式	m		78	31.2		31.2		39				
155	K32+104 ~ K32+260	浆砌片石路堑边沟	二式	m	156		62.4		62.4		78				
156	K32+117 ~ K32+399	浆砌片石路堑边沟	二式	m		282	112.8		112.8		141				
157	K32+469 ~ K32+540	浆砌片石路堑边沟	二式	m		71	28.4		28.4		36				
158	K32+498 ~ K32+505	浆砌片石路堑边沟	一式	m	7		8.96		6.7	2	4	0.7	12	64	
159	K32+576 ~ K32+613	浆砌片石路堑边沟	一式	m	37		47.36		35.5	10.5	22	3.7	62	340	

路基、路面排水工程数量表（路堑边沟）

序号	起讫桩号	工程名称	结构说明	单位	长度（m）		挖基（m^3）		M7.5 浆砌片石路堑边沟						备注
					左	右	土方	石方	M7.5 浆砌片石（m^3）	C20 混凝土台帽（m^3）	M10 砂浆抹面（m^2）	C30 混凝土盖板（m^3）	HPB300 钢筋（kg）	HRB400 钢筋（kg）	
1	2	3	4	5	6	7	8	9	10	11	12	13	14	15	21
160	K32+702 ~ K32+900	浆砌片石路堑边沟	二式	m		198	79.2		79.2		99				
161	K32+920 ~ K33+458	浆砌片石路堑边沟	二式	m		538	215.2		215.2		269				
162	K32+960 ~ K33+000	浆砌片石路堑边沟	二式	m	40		16		16		20				
			一式合计		137	123	332.8		249.6	73.9	156	26	436	2387	
	合计		二式合计		10780.9	12092.9	9149.52		9567.8						

一式M7.5浆砌片石矩形盖板路堑边沟(1:50)

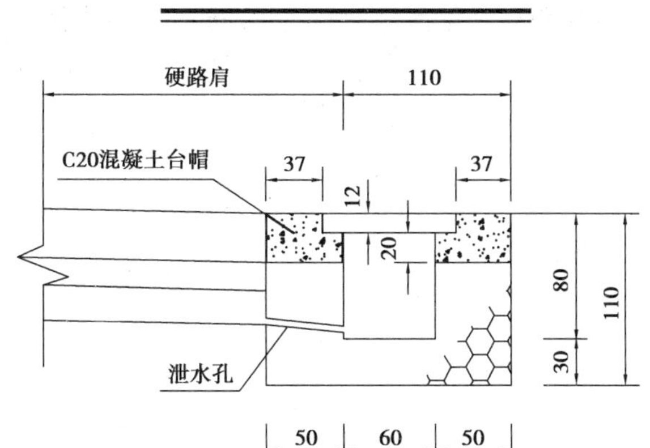

二式M7.5浆砌片石路堑边沟(1:50)

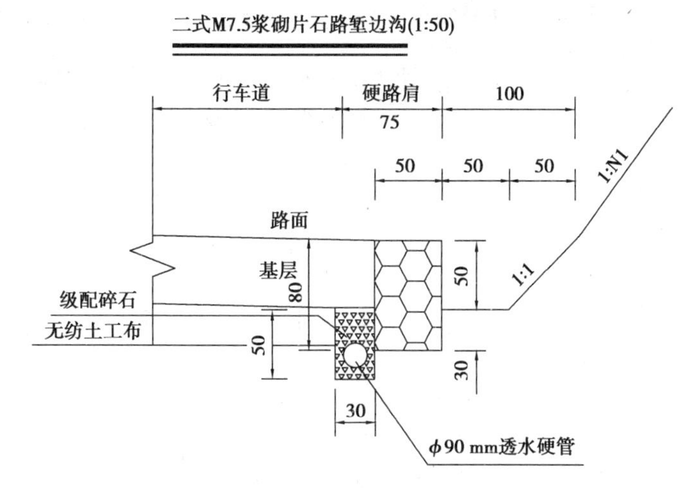

三式M7.5浆砌片石路堑边沟(1:50)

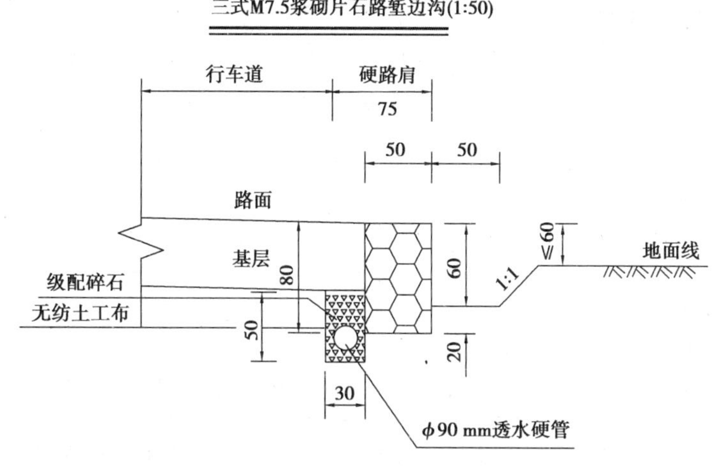

盖板钢筋构造图(1:10)

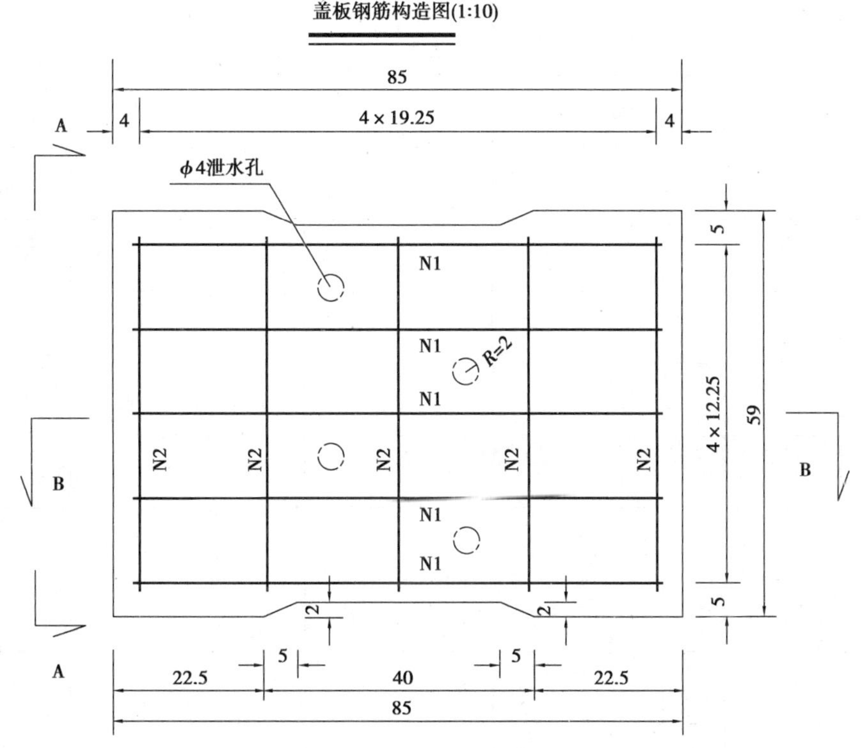

盖板A–A剖面图(1:10)

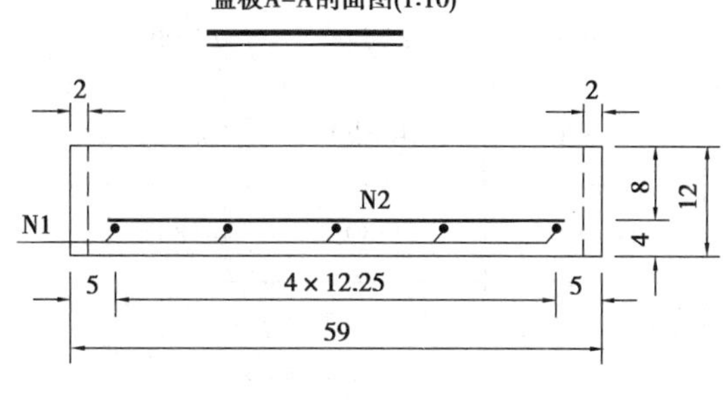

盖板B–B剖面图(1:10)

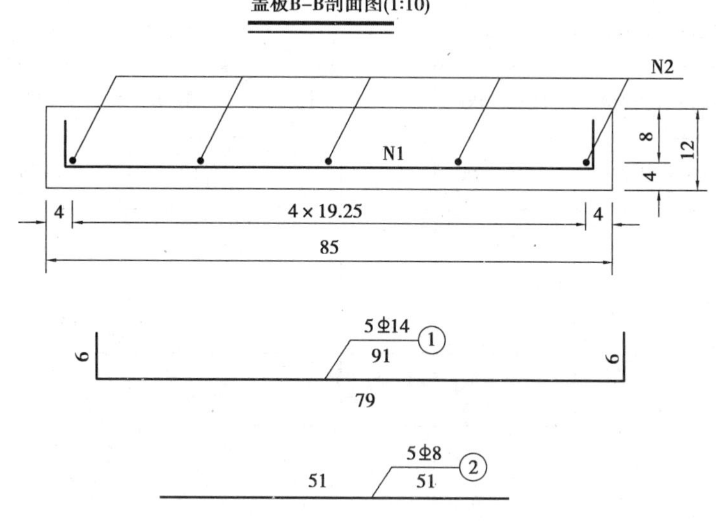

矩形路堑边沟台帽顶大样图(1:50)

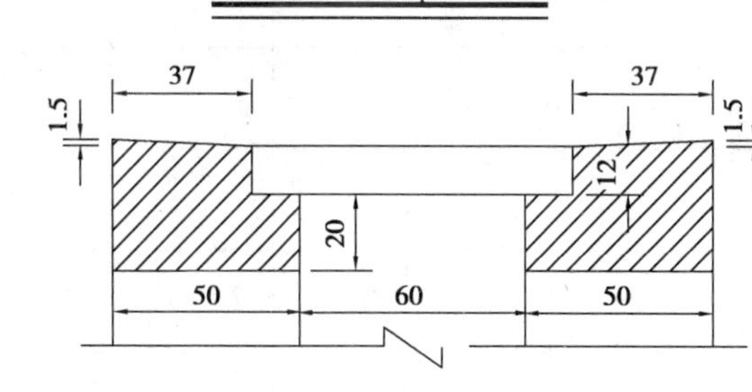

注：

1.本图尺寸单位除钢筋直径以mm计外，其余均以cm为单位。

2.矩形边沟盖板采用预制安装方法施工。

3.各种沟渠设置的位置详见路基一般设计图。

4.二式路堑边沟适用于挖方路段，三式路堑边沟适用于填方不高于60 cm并有水流可能冲刷路段。

5.一式矩形盖板路堑边沟适用于过城镇路段，泄水孔每隔5 m设置1道。

6.原则上一般不设置边沟下纵向渗沟，实际地下水位较高时可考虑设置。

7.盖板设计荷载:公路Ⅱ级。

路面工程数量表(行车道、路肩部分)

北塞至畔绥公路一阶段施工图设计 No. 1 标段(K10+000 ~ K33+000)

序号	起讫桩号及中心桩号	长度(m)	结构类型	级配碎石调平层	未筛分碎石垫层	级配碎石底基层	水泥稳定碎石基层	煤油稀释液体沥青透层(1000 m²)	沥青碎石下封层厚 1 cm(1000m²)	水泥混凝土面层		预制安装 C20 混凝土透水块		路肩培土(m^3)	M7.5 浆砌片石护肩(m^3)	渗沟			ϕ8 cm 软式透水管(m)	备注
				厚 10 cm (1000 m²)	厚 15 cm (1000 m²)	厚 15 cm (1000 m²)	厚 20 cm (1000 m²)			厚 24 cm (1000 m²)	厚 26 cm (1000 m²)	C20 混凝土(m^3)	无纺土工布(m^2)			长度(m)	碎石(m^3)	无纺土工布		
1	2	3	4	5	6	7	8	9	10	11	12	13	14	15	16	17	18	19	20	21
1	K10+000.000 ~ K14+040.000	4044.840	Ⅰ-1		38.994	38.137	33.658	33.658	33.658	33.658					1448					
2	K14+040.000 ~ K14+300.000	260.000	Ⅰ-2	2.300	1.040	1.040	2.300	2.300	2.300	2.300					126					
3	K14+300.000 ~ K14+760.000	460.000	Ⅰ-1		4.623	4.492	3.808	3.808	3.808	3.808					221					
4	K14+760.000 ~ K17+580.000	2875.868	Ⅰ-2	24.492	11.503	11.503	24.492	24.492	24.492	24.492					1262					
5	K17+580.000 ~ K28+900.000	11092.392	Ⅰ-1		104.157	102.000	90.732	90.732	90.732	90.732					3644					扣桥及断链 227.61 m
6	K28+900.000 ~ K29+580.000	680.000	Ⅰ-2	5.345	2.720	2.720	5.345	5.345	5.345	5.345					313					
7	K29+580.000 ~ K29+900.000	320.000	Ⅰ-1		3.296	3.152	2.400	2.400	2.400	2.400					243					
8	K29+900.000 ~ K31+160.000	1260.000	Ⅰ-2	10.520	5.040	5.040	10.520	10.520	10.520	10.520					559					
9	K31+160.000 ~ K33+000.000	1775.196	Ⅰ-1		17.574	17.129	14.805	14.805	14.805	14.805					751					扣桥及断链 64.80 m
	合计	22768.296		42.657	188.947	185.213	188.06	188.06	188.06	188.06					8567					

编制：　　　　复核：　　　　审核：

沿线筑路材料料场表

序号	料场编号	料场名称	材料名称	料场位置			料场说明	储存量(m^3)	计划用量(m^3)			覆盖层			开采时间	开采方法	运输方式	通往料场道路情况	备注
				距路线距离(km)		上路桩号			路面	大中桥	其他构造物	种类	厚度(cm)	面积(m^2)					
				左	右														
1	2	3	4	5	6	7	8	9	10	11	12	13	14	15	16	17	18	19	20
1	Ⅰ-1	田阳县那坡镇进业石场	石灰岩		28.0	K10+000	料场位于百色市田阳县那坡镇附近。当地现已开采,为大型采石场,日总产石料3000 m^3。供应各级石料,质量较好、强度较高、运输方便,可供桥涵及路面等各项工程使用	500万							不限	外购	汽运	有道路通往	
2																			
3																			
4	Ⅰ-2	百色市凤凰石业有限责任公司	石灰岩		20.0	K10+000	料场位于田阳至百色323国道左侧约500 m处。当地现已开采,为中型采石场,日总产石料约2000 m^3。供应各级石料,质量较好、强度较高、运输方便,可供桥涵及路面等各项工程使用	100万							不限	外购	汽运	有便道通往	
5																			
6																			
7	Ⅱ-1	田阳县头塘镇鸿达砂场	河砂	20.0		K10+000	料场位于田阳县头塘镇,田阳至百色323国道公路左侧约150 m处,为大型砂场。目前每天可供应河砂3000 m^3,为中粗石英砂。交通便利,可用于除公路大桥、路面以外的各项工程	3000 m^3/天							非洪期	外购	汽运	通公路	
8																			
9																			
10	Ⅱ-2	东红砂场	河砂		15.0	K10+000	料场位于城东七塘竹洲大桥桥头附近。目前每天可供应3000 m^3 中粗石英砂,质量好,交通便利,可用于公路路基及防护等工程	3000 m^3/天							非洪期	外购	汽运	通公路	
11																			
12																			
13	Ⅱ-3	城东砂场	机制砂		15.0	K10+000	料场位于城东七塘竹洲大桥桥头附近。目前每天可供应300 m^3 机制砂,交通便利,可用于公路路基及防护等工程	100 m^3/天							非洪期	外购	汽运	通公路	
14																			
15																			
16	Ⅱ-4	平吉亚伯(21号)砂场	河砂	425.0		K10+000	料场位于钦州市平吉镇广平村沿河一带,附近有多家类似规模的砂场。目前每天可供应300 m^3 中粗石英砂,质量好,交通便利,可用于公路大桥及路面等各项工程	300m^3/天							非洪期	外购	汽运	通公路便道	
17																			
18																			
19	Ⅲ-1	金柏林水泥有限公司	水泥		30.0	K10+000	位于田阳县那坡镇,为立窑生产线,生产P·O42.5水泥。质量符合本公路项目各项工程建设要求,可用于除水泥混凝土路面面层和桥梁上构以外的工程	15万t/年							不限	外购	汽运	通公路	
20																			
21																			
22	Ⅲ-2	桦闰水泥(田阳)有限公司	水泥		28.0	K10+000	位于田阳县那坡镇那音村,生产P·C32.5/P·O42.5红水河牌水泥,现有年生产能力200万t,为旋窑生产线,质量较好。可用于桥涵、路基、路面工程	200万t/年							不限	外购	汽运	通公路	
23																			
24																			
25	Ⅲ-3	田阳虎王建材有限公司	水泥		20.0	K10+000	位于田阳县头塘镇,县城往百色公路11 km处,生产P·C32.5/P·O42.5水泥,现有年生产能力30万t,为旋窑生产线,质量较好。可用于桥涵、路基、路面工程	30万t/年							不限	外购	汽运	通公路	
26																			
27																			

编制:　　　　复核:　　　　审核:

其他临时工程数量表

序号	设置地点或桩号	工程名称	说明	工程数量												备注
				汽车便桥（m/座）	架设输电线路		预制场或拌和场及施工场地清表平整、压实（m^2）	场地铺水泥混凝土厚 20 cm（m^2）	场地铺碎石厚 15 cm（m^2）	临时占地			临时排水			
					角铁横担干线三线橡皮线（km）	支线（km）				旱地（亩）	林地（亩）	荒地（亩）	ϕ0.5 m 铅圆管涵	C20 混凝土（m^3）	钢筋 ϕ6.5（kg）	
1	2	3	4	5	6	7	9	10	11	12	13	14	15	16	17	18
一	电力及电讯线															
1	K10+000 ~ K33+000				5											路线长度为 23 km
二	路面拌和场															
1	K31+680 ~ K32+000 左侧	路面拌和站	水泥稳定碎石基层 水泥混凝土路面				23333	10000	10000	35.0						本合同段只设置一处路面拌和站
	合计				5		23333	10000	10000	35.0						

编制：　　　　复核：　　　　审核：